Dr. Manfred Marquardt

Handbuch Kinder- und Jugendliteratur

1. Auflage

Bestellnummer 08121

■ Bildungsverlag EINS

Haben Sie Anregungen oder Kritikpunkte zu diesem Produkt?
Dann senden Sie eine E-Mail an 08121_001@bv-1.de
Autor und Verlag freuen sich auf Ihre Rückmeldung.

www.bildungsverlag1.de

Bildungsverlag EINS GmbH
Sieglarer Straße 2, 53842 Troisdorf

ISBN 978-3-427-**08121**-0

© Copyright 2010: Bildungsverlag EINS GmbH, Troisdorf
Das Werk und seine Teile sind urheberrechtlich geschützt. Jede Nutzung in anderen als den gesetzlich zugelassenen Fällen bedarf der vorherigen schriftlichen Einwilligung des Verlages.
Hinweis zu § 52a UrhG: Weder das Werk noch seine Teile dürfen ohne eine solche Einwilligung eingescannt und in ein Netzwerk eingestellt werden. Dies gilt auch für Intranets von Schulen und sonstigen Bildungseinrichtungen.

Inhaltsverzeichnis

Vorwort 7
Einleitung 8

1 Literacy 11

1.1 Literacy-Bildung und Erziehung 12
1.2 Schrift, Zeichen, Symbole... 12
1.3 Bilderbücher, Märchen, Erzählungen.................................... 13
1.4 Didaktische Anregungen 13
1.5 Literatur zur pädagogischen Arbeit.................................... 14
     Weiterführende Literatur 15

2 Bilderbücher.. 17

2.1 Merkmale der Bilderbücher... 18
2.2 Zielgruppen der Bilderbücher 19
2.3 Formen- und Themengruppen... 19
2.3.1 Die ersten Bilderbücher 20
2.3.2 Szenenbilderbücher/Fabulierbilderbücher 21
2.3.3 Kinderlyrik im Bilderbuch 22
2.3.4 Bilderbücher als Spielmittel... 25
2.3.5 Bilderbücher nach Volks- und Kunstmärchen und Fabeln 26
2.3.6 Wirklichkeitsnahe Bildergeschichten.................................. 29
2.3.7 Fantastische Bildergeschichten 33
2.3.8 Sachbilderbücher 35
2.3.9 Literaturklassiker als Bilderbuch 37
2.3.10 Religiöse Bildergeschichten 38
2.4 Zur Bilderbuchgestaltung 39
2.5 Pädagogische Bedeutung 42
2.6 Die Bilderbuchbetrachtung... 50
2.7 Auswahlkriterien 52
2.8 Literatur zur pädagogischen Arbeit 54
     Weiterführende Literatur 55

3 Kinderlyrik 57

3.1 Zum Begriff „Kinderlyrik" 59
3.2 Zur Entstehung der Kinderlyrik 59
3.3 Themenfeld der Kinderlyrik.. 64
3.4 Psychologische und soziologische Aspekte der Kinderlyrik.............. 68
3.5 Zur Didaktik der Kinderlyrik.. 71
3.6 Anthologien 73
3.7 Literatur zur pädagogischen Arbeit 74
     Weiterführende Literatur 75

4	**Märchen**	77
4.1	Zur schriftlichen Fixierung und Unterscheidung der Märchen	78
4.2	Entstehung, Form und Wesen der Volksmärchen	80
4.3	Variationen und Abweichungen zu bekannten Volksmärchen	81
4.4	Märchen und Kind	82
4.5	Ausgangsüberlegungen und Anregungen für die pädagogische Arbeit	84
4.6	Märchensammlungen und Märchenausgaben	86
4.7	Mediale Märchenfassungen	87
4.8	Literatur zur pädagogischen Arbeit mit Märchen	88
	Weiterführende Literatur	90
5	**Kinderbücher**	**93**
5.1	Erstlesealter	94
5.2	Themen, Motive und Schauplätze	95
5.3	Bereiche der erzählenden Kinderliteratur	95
5.4	Realistische Kinderbücher	95
5.5	Fantastische Kinderbücher	99
5.6	Realistische Kindergeschichten	102
5.7	Fantastische Kindergeschichten	103
5.8	Didaktische Überlegungen für den Umgang mit Kinderbüchern	104
5.9	Anthologien	105
5.10	Literatur zur pädagogischen Arbeit	106
	Weiterführende Literatur	108
6	**Mädchenbücher**	**110**
6.1	Begriff und Eigenart des Mädchenbuches	111
6.2	Charakteristik des Mädchenbuches	112
6.3	Das Mädchen und seine Welt im Mädchenbuch	113
6.4	Zur Beurteilung des Mädchenbuches	114
	Weiterführende Literatur	117
7	**Jugendbücher**	**119**
7.1	Zum Begriff Jugendbuch	120
7.2	Entwicklungspsychologische Aspekte zum Leserpublikum	121
7.3	Themen und Inhalte der problemorientierten Jugendbücher	122
7.4	Aspekte der Beurteilung	129
	Weiterführende Literatur	131
8	**Abenteuerbücher**	**132**
8.1	Zum Begriff „Abenteuerbuch"	133
8.2	Formen des Abenteuerbuches	133
8.2.1	Völkerkundlich-geografisch orientierte Abenteuerbücher	134
8.2.2	Robinsonaden	135
8.2.3	Seegeschichten	136

8.2.4	Historisch orientierte Abenteuergeschichten	137
8.2.5	Indianergeschichten	138
8.2.6	Abenteuerliche Erzählungen mit Tieren	139
8.2.7	Detektivgeschichten	139
8.2.8	Utopische Abenteuergeschichten/fantastische Abenteuergeschichten	140
8.3	Aspekte der Beurteilung	141
	Weiterführende Literatur	144

9 Sachbücher … 145

9.1	Zum Begriff „Sachbuch"	146
9.2	Formen des Sachbuches	146
9.3	Das Kinder-Sachbuch	148
9.4	Das Jugend-Sachbuch	150
9.5	Aspekte der Beurteilung	154
	Weiterführende Literatur	155

10 Religiöse Kinder-und Jugendbücher … 157

10.1	Der Begriff „religiös" ist weit gefasst	158
10.2	Formale und inhaltliche Ansprüche	158
10.3	Religiöse Kinderbücher	159
10.4	Gebetbücher für Kinder	160
10.5	Kinderbibeln	161
10.6	Religiöse Jugendbücher	163
10.7	Aspekte der Beurteilung	164
10.8	Literatur zur pädagogischen Arbeit	165
	Weiterführende Literatur	166

11 Comics … 168

11.1	Was sind Comics?	169
11.2	Geschichte der Comics	169
11.3	Gestaltungselemente der Comics	173
11.4	Manga	174
11.5	Beurteilung und Empfehlungen	176
11.6	Didaktische Anregungen	180
11.7	Literatur zur pädagogischen Arbeit	181
	Weiterführende Literatur	183

12 Kinder- und Jugendliteratur multimedial … 184

12.1	Kinder- und Jugendliteratur als Film/DVD	185
12.2	Kinder- und Jugendliteratur zum Hören	187
12.3	Kinder- und Jugendliteratur auf CD-ROM	188
12.4	Aspekte der Beurteilung	188
12.5	Didaktische Anregungen	189
12.6	Literatur zur pädagogischen Arbeit	190
	Weiterführende Literatur	191

13	Kinder- und Jugendzeitschriften	193
13.1	Zum Begriff „Kinder- und Jugendzeitschriften"	194
13.2	Zur Geschichte der Kinder- und Jugendzeitschriften	195
13.3	Kinderzeitschriften	197
13.3.1	Zur Marktsituation der Kinderzeitschriften	197
13.3.2	Kioskzeitschriften	198
13.3.3	Abonnementzeitschriften	198
13.3.4	Zur Beurteilung der Kinderzeitschriften	199
13.3.5	Didaktische Anregungen	200
13.4	Jugendzeitschriften	201
13.4.1	Zur Marktsituation der Jugendzeitschriften	201
13.4.2	Die kommerziellen Jugendzeitschriften	201
13.4.3	Die nichtkommerziellen Jugendzeitschriften	203
13.4.4	Zur Beurteilung der Jugendzeitschriften	205
13.4.5	Didaktische Anregungen	206
	Weiterführende Literatur	208

Bildquellenverzeichnis	210
Sachwortverzeichnis	211

Vorwort

Das *Handbuch Kinder- und Jugendliteratur* ist für Leserinnen und Leser konzipiert, die sich in der Ausbildung zur Erzieherin bzw. zum Erzieher befinden. Sie bieten aber auch bereits praktizierenden pädagogischen Fachkräften und interessierten Eltern grundlegende Informationen und Anregungen.

Die handlungsorientierte Perspektive vom *Handbuch Kinder- und Jugendliteratur* ist auf die pädagogischen Notwendigkeiten und Möglichkeiten gerichtet. Gleichwohl werden aber auch die ästhetischen Bedingungen und Möglichkeiten nicht gering geschätzt. In diesem Sinne wird der Gegenstandsbereich „Kinder- und Jugendliteratur" in einem ausgewogenen Verhältnis von literaturwissenschaftlichen und pädagogischen Aspekten der Einschätzung und Beurteilung erörtert.

In 13 Kapiteln werden die Gattungen der Kinder- und Jugendliteratur vorgestellt. Dabei konnte es nicht das Ziel sein, jede Gattung erschöpfend darzustellen. Wesentlich war, im Rahmen einer kompakten Gesamtdarstellung, alle grundlegenden Informationen zu vermitteln, Denkanstöße zu liefern und didaktische Anregungen für die Arbeit in den sozialpädagogischen Arbeitsfeldern zu geben. Jedem Kapitel ist ein Abschnitt „Weiterführende Literatur" angefügt, der eine weitergehende Vertiefung ermöglicht.

Hannover, September 2009   Dr. Manfred Marquardt

Einleitung

Die Kindheit ist heute stark durch die elektronischen Medien geprägt. Bereits Kleinkinder erfahren schon früh den Fernseher und Computer, je nach familiären Gegebenheiten, als einflussreich und raumgreifend. Die Mediensozialisation beginnt somit unübersehbar in der Familie mit ihren qualitativen und quantitativen Nutzungsmustern. Mit diesen Erfahrungen und Gewohnheiten kommen die Kinder in die Krippe und Kita und begegnen nicht selten hier erstmals der Schriftkultur.

In diesem Kontext ist die Literacy-Bildung (siehe Kapitel 1) in der frühen Kindheit zweifellos eine notwendige Zielsetzung für alle in frühpädagogischer Verantwortung stehenden Fachkräften, um das Interesse an der Schrift- und Buchkultur zu wecken und zielgerichtet bis zum Schuleintritt zu fördern. Das bedeutet, dass eine nachhaltig wirkende Leseförderung – im vorbereitenden Sinne – bereits im Kleinst- und Kleinkindalter beginnen muss, um notwendige und wichtige Grundlagen für eine Lesemotivation und Lesekompetenz im Schulalter zu legen.

Bereits für die Kleinsten gibt es robuste und handliche Bilderbücher (siehe Kapitel 2), die das Interesse der Kinder mit Abbildungen von vertrauten Gegenständen zu wecken vermögen und den Einstieg in den Umgang mit Büchern, die immer auch Sprach- und Bildungsmöglichkeiten eröffnen, darstellen. Daran anschließend können Bilderbücher, Märchen und Erzählungen folgen, die der voranschreitenden Entwicklung der Kinder entsprechen. Durch diese frühe literarische Sozialisation von Kindern wird häufig bestimmt, ob Literatur zu einem Wegbegleiter durch das Leben wird, der die Emotionalität anzuregen vermag, das Einfühlen in andere Menschen erleichtert, Wissensaneignung ermöglicht und der ästhetische Bedürfnisbefriedigung dient.

Die Schule bleibt trotz dieser Hinführung der Ort, an dem die Lesefertigkeit gelernt und gefestigt wird, also die Leseerziehung stattfindet. Wobei die Leseerziehung eng mit der Schreiberziehung zusammenhängt. Lesen und Schreiben beherrschen zu lernen, sind für den Schul- und Berufserfolg von zentraler Bedeutung. Insofern ist der Aufbau einer nachhaltig wirkenden Motivation dafür von nicht zu unterschätzender Bedeutung.

Aber nicht nur im möglichen Bildungs- und Berufserfolg ist der Gewinn der Lesekompetenz zu ermessen. Sicher ist es ebenso bedeutsam, in andere Lebens- und Erlebniswelten einzutauchen, Träume und Wünsche im Geist wahr werden zu lassen, sich zu entspannen und auf angenehme Weise zu unterhalten, um nur einige Möglichkeiten zu nennen. Sich selbstständig Wissen durch Bücher anzueignen, dürfte schließlich auch von nicht zu unterschätzender Bedeutung sein.

Wie bereits zu Anfang angesprochen werden die Mediengewohnheiten maßgeblich in der Familie bzw. im familiären Umfeld geprägt. Dieses gilt nicht nur für das Fernsehen und den Computer. Es gilt in gleicher Weise für das Buch bzw. den Umgang mit Büchern. Kinder lernen sehr früh, welche Bedeutung die Eltern bzw. Bezugspersonen den jeweiligen Medien einräumen.

Spielt das Lesen von Büchern eine eher untergeordnete oder keine Rolle im familiären Umfeld, so erwachsen hier den Erzieherinnen und Erziehern wichtige Bildungsaufgaben in der vorbereitenden Literaturförderung und Leseförderung. Denn durch das gemeinsame Betrachten von Bilderbüchern, dem Vorlesen von Geschichten und auch dem Erzählen von Märchen, können bereits entstandene Barrieren oder Widerstände abgebaut und eine Motivation für ein lebenslanges Lesen, was letztendlich auch lebenslanges Lernen bedeutet, geschaffen und gefördert werden.

Gleichzeitig sollten Eltern durch gezielte Elternarbeit von den pädagogischen Fachkräften ermuntert und bestärkt werden, mit ihren Kindern gemeinsame Bucherlebnisse, gemeinsame Schau- und Vorleseerfahrungen zu machen, die dann in der Krippe oder Kita fortgesetzt und vertieft werden können.

In den Kapiteln *Literacy, Bilderbücher, Kinderlyrik, Märchen* und *Kinder- und Jugendliteratur multimedial* werden neben den theoretischen Grundlagen vielfältige Anregungen für eine Lese- und Literaturförderung gegeben.

In den sozialpädagogischen Praxisfeldern der außerschulischen Kinder- und Jugendarbeit ist die Leseförderung auf den Freizeitbereich gerichtet. Dabei können von den sozialpädagogischen Fachkräften Wege und Möglichkeiten aufgezeigt und erprobt werden, das Buch und das Lesen als sinnvolle, bereichernde und dabei spaßmachende Freizeitbeschäftigung zu erleben. Gleichzeitig sollte sie aber auch darauf gerichtet werden, die Medienkompetenz, also das Beurteilungsvermögen, zu entwickeln und zu stärken. In den Kapiteln *Kinderbücher, Abenteuerbücher, Sachbücher, Religiöse Kinder- und Jugendbücher, Comics, Kinder- und Jugendliteratur multimedial* und *Kinder- und Jugendzeitschriften* werden zahlreiche Ideen und Anregungen für eine Leseförderung im vorgenannten Sinne gegeben. Weitergehende didaktische Praxisideen sind den jeweiligen Abschnitten *Literatur zur pädagogischen Arbeit* zu entnehmen.

1 Literacy

1.1 Literacy-Bildung und Erziehung

1.2 Schrift, Zeichen, Symbole

1.3 Bilderbücher, Märchen, Erzählungen

1.4 Didaktische Anregungen

1.5 Literatur zur pädagogischen Arbeit

Für den angelsächsischen Begriff „Literacy" gibt es keine adäquate deutsche Übersetzung. Er beinhaltet die frühen kindlichen Erfahrungen mit der Buch-, Erzähl-, Lyrik- und Schriftkultur, die viele Kinder bereits vor der Schule sammeln können. Es geht dabei um alle Erfahrungen und Begegnungen mit der Lese-, Erzähl-, Schrift- und Zeichenkultur, die Kinder machen und die in ihrer Lebenswirklichkeit eine Rolle spielen. Es handelt sich in einem weiten Sinne um das Erfassen der Bedeutung der Schriftsprache in unserer Gesellschaft, die alle schriftbezogenen Medien (z. B. Internet) einschließt.

Literacy wird entweder in der frühen Kindheit (gegebenenfalls nur in Ansätzen) oder nicht entwickelt. Insofern ergeben sich für die Erzieherin wichtige pädagogische Aufgabenstellungen, um gerade bei den Kindern ausgleichend und kompensatorisch zu wirken, die in ihrer Familie kaum oder nur wenig Literacy-Erfahrungen sammeln können.

1.1 Literacy-Bildung und Erziehung

Literacy-Erfahrungen in der frühen Kindheit werden in der Familie und im familiären Umfeld entscheidend geprägt. Besuchen Kleinkinder bereits eine Einrichtung, kann diese die Einstellung zu Büchern und Geschichten ebenfalls nicht unerheblich beeinflussen. Literacy-Erfahrungen wirken positiv und anregend auf die sprachliche Entwicklung der Kinder, da Bilderbücher und Geschichten den Spracherwerb und den Wissenszuwachs fördern. Gleichzeitig fördern sie auch das Interesse der Kinder, Schrift und Zeichen zu verstehen, Lesen zu lernen und erste, eigene Schreibversuche zu machen.

In diesem Sinne ist die Ermöglichung von vielseitigen Erfahrungen rund um Bücher und Schriftkultur wichtig für eine nachhaltige Sprachförderung, die darüber hinaus den zukünftigen Schriftspracherwerb in der Schule auf die dafür notwendige Motivationsstufe stellt.

Für das erfolgreiche Lesen- und Schreiben-Lernen ist die positive Einstellung zur Schriftkultur kaum zu unterschätzen, zumal diese Kompetenz für den Bildungserfolg und die Teilhabe an unserer Buchkultur von maßgeblicher Bedeutung ist.

1.2 Schrift, Zeichen, Symbole

Das Interesse an Buchstaben, Ziffern, Zeichen und Symbolen wird schon bei kleinen Kindern geweckt, es begleitet sie in ihren Alltag. Es fordert die Kinder heraus, Buchstaben und Symbole zu verstehen, Zeichen und Ziffern zu „entschlüsseln". Der Wunsch, lesen zu wollen und sich auch schriftlich mitteilen zu können, wird in der Regel früh geweckt. Diese Neugier aufzunehmen und spielerisch zu fördern, bedeutet nicht die Vorverlegung des Lesen- und Schreiben-Lernens, sondern das aufkeimende Interesse zu verstärken, gegebenenfalls auch erst zu wecken, um Kindern einen frühen, spielerischen Zugang zur Schriftkultur zu ermöglichen.

1.3 Bilderbücher, Märchen, Erzählungen

„Vielseitige Erfahrungen der Kinder rund um Bücher, Reime, Erzählungen und Schriftkultur sind ein wichtiger Bestandteil einer nachhaltigen Sprachförderung mit positiver Auswirkung auf den zukünftigen Schriftspracherwerb in der Schule" (Rothe, 2007, S. 161).

Kinder lernen in der Begegnung mit Geschichten, Märchen und Erzählungen aber auch die Struktur, den Aufbau, die Figuren und eventuelle Konflikte kennen. Sie entwickeln „ein Gefühl für die besonderen Merkmale von Schriftsprache bzw. geschriebener Erzählsprache" (Ulich, 2003, S. 14).

1.4 Didaktische Anregungen

Sicher gehört die Bilderbuchbetrachtung zu den wirksamsten Formen einer Literacy-Erziehung im frühen Kindesalter, da durch sie Kinder eine besondere Nähe und Zuwendung von Erwachsenen erfahren. Die Kommunikation und die sprachlichen Anregungen können durch ein Verweilen bei Bildern und Texten intensiv erlebt werden und auf die eigene Sprachentwicklung anregend wirken. Kinder entdecken nebenbei auch einiges über die Bedeutung der Schrift- und Buchkultur.

Aber auch die Beschäftigung mit Bilderbüchern ohne Erwachsene als Begleiter und Deuter kann gezielt durch die Einrichtung einer Bücher- und Leseecke das Interesse der Kinder fördern. Besuche von Bibliotheken, regelmäßige Vorleseangebote unterstützen wirksam die Literacy-Erziehung.

Die frühe Hinführung zur Schrift- und Buchkultur ist besonders für Kinder aus sozial- und bildungsbenachteiligten Familien bedeutsam, da sich für diese Lernchancen eröffnen, die ihnen den Eintritt in die Schule erheblich erleichtern. Hier spielerisch gute Angebote zu entwickeln, dürfte eine wichtige Herausforderung für die Erzieherin und den Erzieher sein.

„Kinder mit reichhaltigen Literacy-Erfahrungen in der frühen Kindheit haben auch langfristig Entwicklungsvorteile sowohl im Bereich Sprachkompetenz als auch beim Lesen und Schreiben. Nachweislich gehören Sprach-, Lese- und Schreibkompetenz zu den wichtigsten Grundlagen für den Schulerfolg und die Bildungslaufbahn von Kindern" (Ulich, 2003, S. 8).

1.5 Literatur zur pädagogischen Arbeit

In *Literacy. Erste Entdeckungsreisen in die Welt der Schrift* von Rae Pica (Verlag an der Ruhr, Mühlheim a. d. R. 2008) werden zahlreiche Übungen und Spiele geboten, die den Schriftspracherwerb spielerisch im Kindergarten anbahnen können. Kinder erhalten mithilfe dieses Buches die Möglichkeit, die Inhalte ganzheitlich, also mit Körper und Stimme zu erfassen. Alle Übungen sind mit Materialtipps und didaktischen Anregungen beschrieben.

In *Literacy im Kindergarten* von Iris Füssenich und Carolin Geisel (Ernst Reinhardt Verlag, München 2008) wird fundiert dargelegt, wie Erzieher Kinder in der Einrichtung gezielt beobachten und fördern können. Neben der Erläuterung theoretischer Grundlagen sind Kopiervorlagen und Protokollbögen diesem Arbeitsheft beigefügt. Das eingelegte Bilderbuch „Tony feiert Geburtstag" ist als Hilfe für spielerische Beobachtungsaufgaben gedacht.

In *Bücherspaß in der Kita* von Christine Neumann (Don Bosco Verlag, München 2005) wird eine reichhaltige Ideensammlung für die Leseförderung im Kindergarten geboten. Basisideen, Projekte und Lesen als besonderes Ereignis bilden das Spektrum dieser Arbeitshilfe für den Kita-Alltag.

In *Literacy in der Kita* von Heike Tenta (Don Bosco Verlag, München 2007) werden Ideen und Spiele für Kinder als Schrift- und Zeichenforscher geboten, die mit Spaß und Freude zu vielfältigen Entdeckungsreisen anzuregen vermögen.

Rea Pica: Literacy. 1. Auflage, Verlag an der Ruhr, Mühlheim a. d. R. 2008

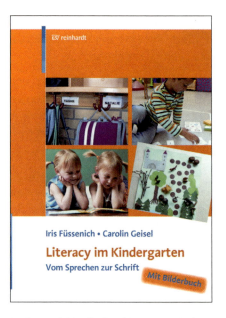

Iris Füssenich/Carolin Geisel: Literacy im Kindergarten. 1. Auflage, Reinhardt Verlag, München 2008

> **Anregungen für den Unterricht**
> Für die Studierenden könnte es interessant sein, die „Beschriftung" eines Kindergartens zu untersuchen, um die konkrete Bedeutung für die Kinder herauszufinden. So gibt es sicher Namenslisten, Regeln, eigene Geschichten und vieles mehr, um diese in spielerische Aktivitäten hinsichtlich des Erfahrungs- und Verstehens-Hintergrundes zu vertiefen.
>
> Des Weiteren könnten im Rahmen von Aktivitäten in einer Kita Schilder und Logos aus der Umgebung in den Mittelpunkt gestellt werden, um die jeweilige Bedeutung gemeinsam mit den Kindern zu ergründen. Aber auch die Entwicklung von eigenen Ideen der Studierenden ermöglicht die spielerische Förderung der ersten Schreibversuche von Kindern.
>
> Eine Auseinandersetzung mit Projekten zur Leseförderung, z. B. mit Unterstützung der Arbeitshilfe Bücherspaß in der Kita, könnte neue Anregungen und Ideen bei den Studierenden entstehen lassen, weitere Hinführungswege zum Buch zu finden und diese auch praktisch zu erproben.

Weiterführende Literatur

Brandenburg, Mirja: Family Literacy in Deutschland. 1. Auflage, Verlag Dr. Kovac´, Hamburg 2006

Dehn, Mechthild: Kinder & Lesen und Schreiben. 1. Auflage, Klett Verlag, Stuttgart 2007

Dohrn, Antje: Mehr Lesekompetenz für mein Kind. 1. Auflage, Urania Verlag, Stuttgart 2005

Füssenich, Iris/Geisel, Carolin: Literacy im Kindergarten. 1. Auflage, Ernst Reinhardt Verlag, München 2008

Kain, Winfried: Die positive Kraft der Bilderbücher. Bilderbücher in Kindertagesstätten pädagogisch einsetzen. 1. Auflage, Beltz Verlag, Weinheim 2006

Klein, Heike: Kinder schreiben. Erste Erfahrungen mit Schrift im Kindergarten. 1. Auflage, , Kallmeyer-Verlag, Seelze-Velber 2005

Näger, Sylvia: Literacy – Kinder entdecken Buch-, Erzähl- und Schriftkultur. 2. Auflage, Herder Verlag, Freiburg i. B. 2005

Rau, Marie Luise: Literacy. Vom ersten Bilderbuch zum Erzählen, Lesen und Schreiben. 1. Auflage, Haupt Verlag, Bern, Stuttgart, Wien 2007

Rothe, Jutta: Lieblingsbücher und Geschichten zu verschenken. in: KITA ND, Heft 7/8, Carl Link/Wolters Kluwer Verlag, Köln 2007

Ulich, Michaela: Literacy – Sprachliche Bildung im Elementarbereich. in: Kindergarten Heute, Heft 3, Herder Verlag, Freiburg 2003

Whitehead, Marian R.: Sprache und Literacy von 0 bis 8 Jahren. 1. Auflage, Bildungsverlag EINS, Troisdorf 2007

Zinke, Petra/Bostelmann, Antje/Metze, Thomas (Hrsg.): Vom Zeichen zur Schrift. Begegnungen mit Schreiben und Lesen im Kindergarten. 1. Auflage, Beltz Verlag, Weinheim 2005

2 Bilderbücher

2.1 Merkmale der Bilderbücher

2.2 Zielgruppen der Bilderbücher

2.3 Formen und Themengruppen

2.4 Zur Bilderbuchgestaltung

2.5 Pädagogische Bedeutung

2.6 Die Bilderbuchbetrachtung

2.7 Auswahlkriterien

2.8 Literatur zur pädagogischen Arbeit

Im Leben eines Kindes sind in der Regel Bilderbücher die ersten Bücher, die ihm elementare und emotionale Bucherfahrungen vermitteln. Insofern ist die Bedeutung von Bilderbüchern, insbesondere für Kinder zwischen zwei und acht Jahren, unbestritten. Bilderbücher unterhalten Kinder durch die einzigartige Verbindung von Text und Bild und regen ihre Fantasie an. Sie können wichtige Impulse für ihre Entwicklung geben und sie auf vielfältige Weise fördern.

Bereits die Allerkleinsten, wenige Monate alte Babys, fühlen sich zu den Bilderbüchern aus Pappe, Stoff und Plastik hingezogen, wenn sie diese durch ihre Bezugspersonen angeboten bekommen.

Bilderbücher sind daher eine unerschöpfliche Quelle für die pädagogische Arbeit. Sie bieten Erzieherinnen und Erziehern unzählige Möglichkeiten, indem sie die Kinder in ihrem alltäglichen Lernprozess lustvoll und engagiert unterstützen und fördern können.

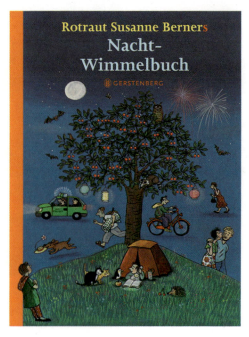

Rotraut Susanne Berner: Nacht-Wimmelbuch, Gerstenberg Verlag, Hildesheim 2008

2.1 Merkmale der Bilderbücher

Bilderbücher sind reich illustrierte Bücher, die speziell für Kinder gemacht wurden. Nicht das Wort, sondern das Bild nimmt die dominierende Stellung ein. Inhalt und Handlungsablauf werden im Wesentlichen visuell vermittelt.

Es lassen sich formal gesehen drei Gruppen von Bilderbüchern unterscheiden:

1. **Bilderbücher ohne Textbeigabe**
   Textfreie Bilderbücher beschränken sich ausschließlich auf das Bild, um entweder den noch nicht lesekundigen Klein- und Vorschulkindern entgegenzukommen oder um die Bilderbuchaussagen ausschließlich visuell zu vermitteln.

2. **Bilderbücher mit kleinen Textbeigaben**
   In solchen Bilderbüchern übernimmt der Text die Hilfsfunktion, die Bilder näher zu verdeutlichen. Die Textbeigaben sollen helfen, die visuellen Eindrücke in gesprochene Sprache umzusetzen.

3. **Bilderbücher, in denen Text und Abbildung gleichbedeutend nebeneinander stehen.**
   Hier ist der Text nicht die Bildergänzung, sondern Bild und Text bilden in ihrem Verbund eine Einheit, die zum Verstehen des Geschehens bzw. des Handlungsablaufes von gleichrangiger Bedeutung sind.

2.2 Zielgruppen der Bilderbücher

Das Bilderbuch wendet sich vorwiegend an Kinder, die noch nicht lesen können (Klein- und Vorschulkinder), und an die, die im Begriff sind, das Lesen zu erlernen (Grundschulkinder in den ersten beiden Schuljahren). Daraus ergibt sich eine ungefähre Alterseingrenzung des Leserpublikums zwischen dem ersten und achten Lebensjahr. Allerdings darf diese Alterseingrenzung nicht starr gesehen werden, da es zahlreiche Bilderbücher gibt, die unter Einbeziehung neuer Gestaltungselemente (z. B. Comic-Rezeption im Bilderbuch) diese Eingrenzung sprengen und damit das Leserpublikum erheblich erweitern.

Wenngleich nun das Bilderbuch durchaus als Vorläufer des Textbuches gelten kann, so ist es doch mehr als nur dieses. Es ist ein eigenständiges Medium mit einer **vorwiegend visuellen Ästhetik**, das über andere Möglichkeiten als die der Textliteratur verfügt und insofern nicht von den Kindern nach dem Lesenkönnen überwunden ist, indem Textliteratur quasi auf eine höhere Stufe gestellt wird. Zahlreiche Bilderbücher sind eben auch für ältere Kinder konzipiert und können diesen künstlerische Erstbegegnungen ermöglichen.

Bei den Bilderbüchern, die in erster Linie für Klein- und Vorschulkinder gedacht sind, ist die unterstützend-begleitende, also die helfende Gegenwart der Mutter, des Vaters, eines älteren Geschwisterkindes im häuslichen Rahmen und im pädagogisch-institutionellen Rahmen die helfende Gegenwart der Erzieherin bzw. des Erziehers unerlässlich.

Das Kind braucht den Erwachsenen als Bilderbuchpartner, da der Begleittext vorgelesen werden muss und die Abbildungen z. T. näher erläutert werden müssen. Das Kind braucht den Erwachsenen aber auch als geduldigen Zuhörer, um sich über die Bilder auszusprechen, um die gewonnenen Empfindungen und Eindrücke zu artikulieren.

Dieses schließt natürlich nicht aus, dass sich Kinder auch allein oder in der Gruppe mit Bilderbüchern beschäftigen können und sollten. Doch kommt der **Verstehens- und Verarbeitungshilfe der Erwachsenen** ganz generell eine wichtige und kaum zu unterschätzende Funktion zu.

2.3 Formen- und Themengruppen

Die Vielfalt und Fülle der verschiedenen Bilderbücher im Rahmen einer systematischen Typologie zu ordnen, ist durch die außerordentliche inhaltliche und formale Breite der Bilderbuchproduktion erschwert. Bisherige Gliederungsversuche blieben insofern vom Standpunkt einer widerspruchsfreien und exakten Systematik unbefriedigend. So kann auch die im Nachfolgenden entwickelte Typologie die Gliederung der Arten nicht widerspruchsfrei lösen. Sie ist aber vom Standpunkt der praktischen Brauchbarkeit für die Erzieherin und den Erzieher gut begründet.

2.3.1 Die ersten Bilderbücher

Das Kind erkennt und benennt Bilder in der Regel zum ersten Mal im Laufe des zweiten Lebensjahres. Kennzeichnend für diese erste Stufe des Bildbetrachtens ist, dass die vertrauten Dinge des täglichen Umgangs vom Kind wieder erkannt und von ihm daran das Sprechenlernen und die Begriffsbildung geübt werden können. In dieser Entwicklungsphase sollten **textfreie Bilderbücher** im Vordergrund stehen, die auf Einzelbildern (zumeist **Einzelbilder** pro Seite) alltägliche Dinge, wie Spielzeug und Gebrauchsgegenstände aus der konkreten Erfahrungswelt der Kinder dieser Altersstufe abbilden.

Das Anschauen, Benennen und spielerische Hantieren des Kindes mit dem Bilderbuch macht es erforderlich, dass diese ersten Bilderbücher möglichst robust und unzerreißbar sein sollten. Denn für das Kleinkind haben sie zunächst noch den Charakter von Spielzeug. Insofern kommen besonders Bilderbücher mit funktionellen Möglichkeiten wie Leporellos, Aufstellbilder und Kombinationsbilder dem Bedürfnis des Kleinkindes am spielerischen Hantieren entgegen.

Zwei gelungene Beispiele, die alle diese Möglichkeiten vereinigen, sind die Pappleporellos von Michael Schober (Mein Krabbeldeckenbuch/Tiere auf der Wiese – Loewe Bindlach) und von Klaus Bliesener/Rosemarie Künuler-Behncke (Alles dreht sich, alles rollt! – Ravensburger Ravensburg).

Beispiele für die Kleinsten (0–12 Monate) aus Stoff, Plastik und Pappe

- *Regine Altegoer: Mein Wickeltisch/Spielsachen (Loewe Verlag, Bindlach)*
- *Monika Neubacher-Fesser: Meine Sachen (Ravensburger Verlag, Ravensburg)*
- *Marina Racher: Die Wassertierparade (Esslinger Verlag, Esslingen)*
- *Sigrid Pfannenmüller: Am Strand (Buchverlag Junge Welt, Berlin)*
- *Lila Leiber: Klapperlapapp. Das ist doch kein Bagger (Loewe Verlag, Bindlach)*
- *Doris Rübel: Kullernasen-Tiere (Ravensburger Verlag, Ravensburg)*
- *Lustiges Stoffbilderbuch in Tierform (Esslinger Verlag, Esslingen)*
- *Christian Kämpf: Eine Seefahrt, die ist lustig (Coppenrath Verlag, Münster)*
- *Christian Kämpf: Ein kleiner Fisch im Meer (Coppenrath Verlag, Münster)*

Beispiele für Kinder vom 1. Lebensjahr an

- *Doris Rübel: Mein Schmusetuch (Ravensburger Verlag, Ravensburg)*
- *Birte Müller: Das liebe Schaf (Carlsen Verlag, Hamburg)*
- *Katja Senner: Ich gehe in den Streichelzoo (Ravensburger Verlag, Ravensburg)*
- *Kerstin Völker: Alles, was ich kenne (Coppenrath Verlag, Münster)*
- *Gabi Höppner: Kati auf dem Spielplatz (Coppenrath Verlag, Münster)*
- *Rosemarie Kürzler-Behricke/Klaus Bliesener: Gute Fahrt! (Ravensburger Verlag, Ravensburg)*
- *Klaatje van der Put: Der Hund (Carlsen Verlag, Hamburg).*

Den textfreien Bilderfolgen schließen nahtlos die **Bilderbücher mit kleinen Handlungsfolgen, kurzen und einfachen Geschichten** an, die mit kleinen Begleittexten die nächste

Stufe des Bildbetrachtens und Bildverstehens anbahnen. Auch diese Bücher sind noch aus unzerreißbarem Material, sind aber vom Inhalt schon anspruchsvoller.

Beispiele für Kinder vom 2. Lebensjahr an

- *Sabine Kullermann/Gisela Dürr: Hörst du´s rascheln, kleiner Bär? (Esslinger Verlag, Esslingen)*
- *Ulrike Kaup/Ute Thönissen: Guck mal, sagte der Bär (Coppenrath Verlag, Münster)*
- *Eric Carle: Was gibt´s zu Mittag? (Gerstenberg Verlag, Hildesheim)*
- *Nele Moost: Kleiner Krümel – Großer Bär (Esslinger Verlag, Esslingen)*
- *Nele Moost: Alles wächst! (Esslinger Verlag, Esslingen)*
- *Christine Henkel: Was gibt uns dieses Tier? (Loewe Verlag, Bindlach)*
- *Christiane Wittenburg/Michael Schober: Die Farbenmaus (Loewe Verlag, Bindlach).*

Neben den Dingen des alltäglichen Umgangs haben aber auch fantastische und spielerische Elemente bereits Bedeutung für das Kleinkind. Dieses gilt für den Inhalt sowie für die Form der Bilderbücher zum Aufklappen und der Bilderbücher mit ausgestanzten Szenen und Panoramen, die die Handlung oder Geschichte optisch und manuell erweitern.

Beispiele für Kinder vom 2./3. Lebensjahr an

- *Maria Wissmann: Kleine Ente Nelli (Coppenrath Verlag, Münster)*
- *Claudia Ondracek: Klapp auf und entdecke das Schiff (Loewe Verlag, Bindlach)*
- *Eric Carle: Die kleine Raupe Nimmersatt (Gerstenberg Verlag, Hildesheim)*
- *Wolfgang Metzger: Schau, mein Bagger (Ravensburger Verlag, Ravensburg)*
- *Claudia Wüstenhagen: Mein kleines Buch von der Kirche (Coppenrath Verlag, Münster)*
- *Stefan Baumann: Ene, mene Müll! (Ravensburger Verlag, Ravensburg).*

2.3.2 Szenenbilderbücher/Fabulierbilderbücher

Im Laufe des dritten Lebensjahres beginnen Kinder, inhaltsreichere Bilder zu betrachten. Sie sind jetzt zu dynamischen Bildbetrachtungen fähig. Sie erfassen nun langsam Vorgänge und Veränderungen. Das Szenenbilderbuch bzw. das Fabulierbilderbuch zeigt textlos einen Bereich der alltäglichen Umwelt: die Straße, den Spielplatz, den Wald, die Stadt, das Dorf usw. Dieses sind Einheiten, die vom Kind mühelos erfasst werden können. Die dargestellten Szenen regen das Kind zum Erzählen und Fabulieren an. Die Initiative liegt bei der Bilderbuchbetrachtung nicht beim Erwachsenen, sondern bei den Kindern, die die Einzelheiten nicht nur erkennen, sondern auch zusammenbringen können.

Die Szenenbilderbücher von Ali Mitgutsch sind Klassiker, an denen sich mittlerweile bereits die Kinder der ersten Betrachter erfreuen können. In seinen Bilderbüchern präsentiert er Szenen, die voller Ideenreichtum zahllose informative Details sowie amüsante und witzige Situationen darstellen.

Beispiele für Kinder vom 3. Lebensjahr an

- Ali Mitgutsch: Bei uns im Dorf/Unsere große Stadt/Auf dem Lande/Alle spielen mit/ Hier in den Bergen/Rundherum in meiner Stadt/Komm mit ins Wasser (Ravensburger Verlag, Ravensburg).
- Rotraut Susanne Berners: Frühlings-Wimmelbuch/Das Winter-Wimmelbuch (Gerstenberg Verlag, Hildesheim)
- Allia Zobel-Nolan, Steve Cox: Noahs großes Boot (Buchverlag Junge Welt, Berlin).

Für die Arbeit mit größeren Kindergruppen eignen sich die **großformatigen Szenenbilderbücher**. Sie sind aber auch für die Kleingruppe und Einzelkindbeschäftigung von besonderem Beschäftigungsanreiz.

- Ali Mitgutsch: Das Riesenbilderbuch von Ali Mitgutsch/Das riesengroße Spielpanorama/ Mein großes Bilderbuch – Auf dem Lande/Das neue Riesenbilderbuch/Mein großes Tierbilderbuch/Mein großes Indianerdorf (Ravensburger Verlag, Ravensburg).
- Rotraut Susanne Berner: Frühlings-Wimmelbuch/Sommer-Wimmelbuch/Herbst-Wimmelbuch/Winter-Wimmelbuch/Nacht-Wimmelbuch (Gerstenberg Verlag, Hildesheim)

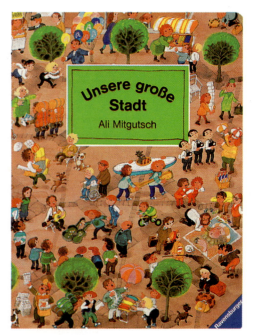

Ali Mitgutsch: Unsere große Stadt. Ravensburger Verlag, Ravensburg 2007

2.3.3 Kinderlyrik im Bilderbuch

Überlieferte Kinderreime, Kinderlieder und Kindergedichte mithilfe von Bildern Kindern vertraut und verständlich zu machen, hat eine lange Tradition im Bilderbuchschaffen. **Bilderbücher mit überlieferter und moderner Kinderlyrik** erweitern das sprachliche Erfahrungsfeld der Kinder.

Für die Kleinkinder sind besonders die **Spielreime** und ersten **Kinderverse**, die zum **Mitmachen, Nachsprechen und Nachahmen** anregen, interessant. Für die Eltern bringen diese ersten Reime eine Fülle von Möglichkeiten, mit ihren Kindern fröhlich zu sein, sie aufzumuntern oder zu beruhigen und nicht zuletzt sie zu trösten, Möglichkeiten also für den spielerischen Umgang mit Sprache in denkbar vielen Situationen. Die Verse werden über die Bilder schneller vertraut und verständlicher, als wenn sie nur erzählt und vorgesprochen werden können.

Eltern und Erzieher erhalten über die Bildergeschichten Anregungen und Hilfen zur spielerischen Umsetzung der Verse mit den Kindern.

Als gutes Beispiel kann *Klitzekleine Rätsel für klitzekleine Leute* von Gerlinde Wiencirz und Marlis Scharff-Kniemeyer (arsEdition München) angeführt werden. Rätsel, Kinderlieder, Reime, Gebete und Fingerspiele sind in diesem Buch für die Kleinsten zusammengestellt.

Beispiele für Kinder vom 2./3. Lebensjahr an

- *Constanze Droop: Meine ersten Kinderreime (Ravensburger Verlag, Ravensburg)*
- *Barbara Cratzius/Daniele Winterhager: Has, Has, Osterhas. Die schönsten Verse, Rätsel und Lieder rund um Frühjahr und Ostern (arsEdition, München)*
- *Daniele Winterhager: Hoppe, hoppe, Reiter (arsEdition, München)*
- *Hans-Günter Döring/Martin Stiefenhager: Eia Popeia, was raschelt im Stroh (Kerle Verlag, Freiburg)*
- *Nicola Dröge: Das dicke Bärenbuch (Coppenrath Verlag, Münster)*
- *Renate Seelig: Fröhliche Weihnachten (Ravensburger Verlag, Ravensburg).*

Für die Kinder vom dritten Lebensjahr an werden Bilderbücher interessant, die den Text selbst zum spielerischen Hauptelement machen. So kommt es z. B. in Bilderbüchern nach Gedichten und Rätseln nicht mehr so stark auf das spielerische Nachvollziehen im Handlungsbereich an, da es hier vorrangig darum geht, den Text mitzuerzählen, den bekannten Wortschatz wieder zu finden und zu erweitern, mit Worten zu spielen oder einfach nur nachzusprechen.

Als gelungenes Beispiel kann *Dunkel war's, der Mond schien helle* von Rotraut Susanne Berner und Edmund Jacoby (Gerstenberg Verlag, Hildesheim) angeführt werden. Reich bebildert werden Verse, Reime und Gedichte in gelungener Form dargeboten.

Beispiele für Kinder vom 3./4. Lebensjahr an

- *Susanne Blesius/Sophie Schmid: Ich und du ... Die schönsten Kinderreime (Patmos Verlag, Düsseldorf)*
- *Rotraut Susanne Berner: Apfel, Nuss und Schneeballschlacht (Gerstenberg Verlag, Hildesheim)*
- *Ulrich Maske: Jetzt fängt das schöne Frühjahr an (Loewe Verlag, Bindlach).*

Wenn die Möpse Schnäpse trinken von James Krüss und Alexandra Junge (Aufbau Verlag, Berlin) ist ein inspirierendes Bilderbuch, das die Lust am Jonglieren mit Sprache anregt. Es zeigt mit viel Witz und Fantasie, wie ein Gedicht aus schönem „Unsinn" entsteht. Die sehr opulenten Bilder machen das Geschehen zu einem fröhlichen Theater, zu einer lustigen Bühnenshow.

Liederbücher in Bilderbuchform

Diese Liederbücher sind grundsätzlich für den gemeinsamen Gebrauch von Erwachsenen und Kindern, die noch nicht lesen können, gedacht. Für die Erwachsenen sind sie Text- und Notengrundlage, für die Kinder ergibt sich der Zugang zu den Liedern mithilfe der Bilder, die die Themen und Motive visualisieren.

Zwei Grundformen lassen sich unterscheiden: Entweder begleiten ganze Bildszenen den Liedtext oder es steht jeweils ein Bild für ein Lied da, auf dem das tragende Liedmotiv zu erkennen ist. Die guten Liederbilderbücher lassen sich daher für die Musikerziehung im Kindergarten sinnvoll einsetzen und nutzbar machen.

Das große Ida Bohatta Liederbuch von Ida Bohatta (arsEdition, München) enthält eine Vielzahl der beliebtesten Kinderlieder mit Noten, Gitarrengriffen und allen Strophen. Es eignet sich insofern gut für den Einsatz im Kindergarten.

Mi-ma-muh macht die bunte Kuh von Sabine Hirler und Sigrid Leberer (Coppenrath Verlag, Münster) bietet Geschichten und Lieder zum Mitmachen an, die die Sprachentwicklung, Motorik und Wahrnehmung fördern. Es eignet sich gut für den Einsatz im Kindergarten.

Das *Kinderliederbilderbuch* von Antje Vogel (Coppenrath Verlag, Münster) enthält 45 Volks- und Kinderlieder, die besonders liebevoll und individuell illustriert worden sind. Es ist ein Buch, das sich hervorragend für die Familie eignet, also sich für Eltern anbietet, die mit ihren Kindern singen möchten und eine Text- und Notengrundlage brauchen. Es ist für Kinder vom dritten Lebensjahr an geeignet.

Beispiele für Kinder vom 2./3. Lebensjahr an

- *Marina Faggiol-Herold: Alle Vögel sind schon da (Coppenrath Verlag, Münster)*
- *Martin Stiefenhofer (Hrsg.): Schlaf, mein Kindchen, schlaf ein. Die schönsten Einschlaflieder und Verse (Kerle Verlag, Freiburg)*
- *Iskender Gider: Das große bunte Liederbuch (Loewe Verlag, Bindlach).*

Liederbilderbücher werden zunehmend im Medienverbund mit einem Tonträger (MC/CD) herausgegeben, sodass die Lieder auch über das Zuhören und Mitsingen gelernt werden können. Dieses ist besonders bei neuen Liedern von Bedeutung.

Beispiele vom 2. Lebensjahr an

- *Detlev Jöcker: Im Kribbel Krabbel Mäusehaus (Buch/CD Menschenkinder Verlag, Münster)*
- *Detlev Jöcker: 1, 2, 3 wir singen mit (Buch/CD Menschenkinder Verlag, Münster).*

Beispiele vom 3. Lebensjahr an

- *Bernd Oberdieck: Alle meine Entchen (Bilderbuch: arsEdition, München/MC oder CD: Jumbo Verlag, Hamburg)*
- *Herbert Grüger/Johannes Grüger: Weihnachtsliederfibel (Bilder/Liederheft und CD: Patmos Verlag, Düsseldorf)*
- *Detlev Jöcker: 1, 2, 3 im Sauseschritt (Buch/CD Menschenkinder Verlag, Münster)*
- *Rolf Zuckowski: Rolfs bunte Liederreise (Buch und CD Coppenrath Verlag, Münster).*

Beispiele vom 4. Lebensjahr an

- *Iris Gruttmann: Das große Felix-Liederalbum (Buch/CD Coppenrath Verlag, Münster)*
- *Singt alle mit (Buch/CD Friedrich Bischoff Verlag, Frankfurt)*

- *Rolf Zuckowski: Rolfs Hasengeschichte (Buch/CD/MC Coppenrath Verlag, Münster)*
- *Ralf Kiwitt: Ich freue mich noch mehr (Buch/CD Ökotopia Verlag, Münster)*
- *Dorothée Kreusch-Jacob: 10 kleine Musikanten (Buch/CD Schott Verlag, Mainz).*
- *Carola Holland (Illu.): Kinderliederbuch (Buch/CD, Annette Betz Verlag, Wien 2008)*

Neben dem Buch und dem Tonträger gewinnt nun auch die DVD in diesem Zusammenhang an Bedeutung. So kommen Filme und Filmsequenzen zusätzlich als Motivationshilfen zum Einsatz.

Beispiele vom 3./4. Lebensjahr an

- *Rolf Zuckowski: Rolfs Vogelhochzeit (Buch/CD/MC/DVD Coppenrath Verlag, Münster)*
- *Rolf Zuckowski: Schau mal, hör mal, mach mal mit (Buch/CD/MC/DVD Coppenrath Verlag, Münster)*

2.3.4 Bilderbücher als Spielmittel

Bilderbücher, die durch die funktionellen Möglichkeiten eher zu Spielmitteln der Kinder werden, nehmen eine Sonderstellung ein.

Im gewissen Sinne gehören zwar auch schon die Leporellos und Kulissenbilderbücher sowie die Aufklapp- und Greiflochbücher für die Kleinsten zu dieser Bilderbuchgruppe, doch sind diese immer noch vorrangig Bilderbücher oder führen zur Aufnahme von Bildern und Bildergeschichten hin.

Die hier gemeinten Bücher sind eine Zwischenform von Spielmittel und Bilderbuch, sogenannte Pop-ups. Mit dem Aufklappen bzw. Aufstellen erweitern sie sich auf drei Dimensionen und werden zu Lese- und Spielbüchern, die durch vielerlei bewegliche Funktionen einen ganz besonderen Reiz auszuüben vermögen.

Auch Bilderbücher, die zusammen mit einem Spielmittel (z. B. Buch und Spielauto) angeboten werden, gehören in diese Gruppierung.

Beispiele vom 2./3. Lebensjahr an

- *Tina Schulte: Mein kleiner Roter Flitzer (Coppenrath Verlag, Münster)*
- *Sigrid Leberer: Mein kleiner Streichelzoo (Coppenrath Verlag, Münster)*

Beispiele für Kinder vom 3./4. Lebensjahr an

- *Jan Williams/Jacqueline Mc Quade: Ein Weihnachtsbaum für die drei Bären (arsEdition, München)*
- *Robert Crowther: Farben (arsEdition, München)*
- *Kate Daves: Noah und das Schiff der Tiere (Brunnen Verlag, Gießen)*
- *Armelle Boy: Tim macht, was er will: Zu Hause (Betz Verlag, Wien)*

Der magnetische Bauernhof ist ein Spiel-Bilderbuch mit 15 Tiermagneten. Nach dem Öffnen der Stalltür kommen 15 Tiere heraus mit denen die Kinder ihre eigene Geschichte im Rahmen der Vorgabegeschichte um Bauer Kuddelmuddel erfinden und spielen können.

Beispiele für Kinder vom 5./6. Lebensjahr an

- *Chuck Murphy: Eins bis zehn (arsEdition, München)*
- *Chuck Murphy: Schau mal, Farben (ars Edition, München)*
- *Pop-up Buch Dinosaurier (arsEdition, München)*
- *Andrea Hebrack: Tick-Tack-Traktor-Uhr (arsEdition, München)*
- *Anastasija Archipowa: Und sie folgten einem hellen Stern (Esslinger Verlag, Esslingen)*

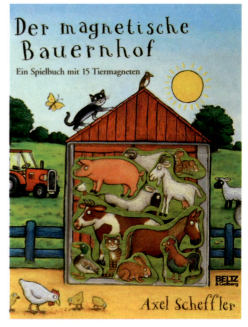

Axel Scheffler: Der magnetische Bauernhof. Beltz & Gelberg Verlag, Weinheim 2004

Beispiele für Kinder vom 8./9. Lebensjahr an

- *Graham Rust: Der geheime Garten. Ein Bühnenbilderbuch mit beweglichen Spielfiguren zum gleichnamigen Kinderbuch von Frances Hodgson Burnett (Gerstenberg Verlag, Hildesheim)*
- *Naturspaß Strand/Naturspaß Garten – Buch und Erlebnis-Set (Kosmos Verlag, Stuttgart)*

2.3.5 Bilderbücher nach Volks- und Kunstmärchen und Fabeln

Für Kinder im vierten Lebensjahr (oft auch schon im Laufe des dritten Lebensjahres) werden Bildergeschichten mit einfachen Handlungen interessant. Zu diesen gehören die Bilderbücher nach Volksmärchen und Sagen.

Volksmärchen

Volksmärchen kommen dem Frage- und Verstehenshorizont der Kinder, besonders im Alter zwischen vier und sieben Jahren, entgegen. Sie ermöglichen durch ihre Symbol- und Bildsprache, eine Bewusstseinsschicht bei den Kindern zu aktivieren, die ihnen hilft, tiefere Einsichten über das Leben und über die Welt zu gewinnen. Soll diese besondere Möglichkeit der Märchen nicht zerstört werden, müssen die Abbildungen genügend Spiel- bzw. Freiraum für die Fantasie der Kinder, für ihre eigenen Vorstellungen lassen. Bild und Text müssen in dieser Hinsicht stimmig sein.

Hänsel und Gretel: Die sehr eindrucksvoll gestalteten Bildcollagen von Susanne Janssen werden von einer an heutigem Sprachgebrauch orientierten Textfassung begleitet. Die sehr anspruchsvolle Bildgestaltung lädt geradezu zum begreifenden Schauen ein.

Beispiele für Kinder vom 3./4. Lebensjahr an

- Jacob Grimm/Volker Ernsting: Die Bremer Stadtmusikanten (Lappan Verlag, Oldenburg)
- Jacob Grimm/Jane Ray: Die zertanzten Schuhe (Kerle Verlag, Freiburg)
- Jacob Grimm/Imke Sönnichsen: Frau Holle (Thienemann Verlag, Stuttgart)
- Anne Heseler: Der dicke fette Pfannkuchen (Coppenrath Verlag, Münster)

Beispiele für Kinder vom 4./5. Lebensjahr an

- Jacob Grimm/Binette Schroeder: Der Froschkönig oder Der eiserne Heinrich (Nord-Süd Verlag, Zürich)
- Jacob Grimm/Paul Zelinsky: Rumpelstilzchen (Esslinger Verlag, Esslingen)
- Jacob Grimm/Jane Ray: Hänsel und Gretel (Urachhaus Verlag, Stuttgart)
- Jacob Grimm/Lisbeth Zwerger: Rotkäppchen (Neugebauer Verlag, Zürich)
- Jacob Grimm/Henriette Sauvant: Allerleirauh (Nord-Süd Verlag, Zürich)
- Jacob Grimm/ Henriette Sauvant: Die sieben Raben (Nord-Süd Verlag, Zürich)

Johann und Wolfgang Grimm/Susanne Janssen (Illu.): Hänsel und Gretel. Hinstorff Verlag, Rostock 2007

Kunstmärchen

Bilderbücher nach Kunstmärchen haben einen entsprechend ihren Vorlagen differenzierteren Handlungsablauf, die bildnerische Darstellung ist freier und vielschichtiger. Sie kommen daher erst für Kinder vom 5. Lebensjahr an infrage. Ein Kunstmärchen mit guten Einsatzmöglichkeiten in der sozialpädagogischen Arbeit ist **Der Bucklige** von Georg Dreißig. In diesem Märchen geht es um die Kraft des Herzens eines armen Menschen mit Behinderung, die mehr erreicht als Glanz und Reichtümer der Angesehenen und Begabten. Das Zeitgemäße, der sozial- und heilpädagogische Wert liegt darin, dass von der Hauptfigur die Last des Schicksals positiv angenommen wird und dass gerade daraus die Kräfte sich entwickeln, die in die Zukunft führen. Die zart und sensibel ausgeführten doppelseitigen Aquarelle von Strüning erzählen in einer differenzierten Schichttechnik im Spiel von Licht und Schatten und in einer unaufdringlichen Farbigkeit die Ereignisse des Märchens vor einer historischen Kulisse.

Beispiele für Kinder vom 4. Lebensjahr an

- *Hans Christian Andersen/Eve Tharlet: Die Prinzessin auf der Erbse (Neugebauer Verlag, Zürich)*
- *Hans Christian Andersen/ Eve Tharlet: Däumelieschen (Neugebauer Verlag, Zürich)*
- *Cornelia Funke/Kerstin Meyer: Der geheimnisvolle Ritter Namenlos (Fischer Verlag, Frankfurt/Main)*
- *Theodor Storm/Karin Blume: Der kleine Häwelmann (Coppenrath Verlag, Münster)*

Beispiele für Kinder vom 5. Lebensjahr an

- *Wilhelm Hauff/Jindra Čapek: Die Geschichte von Kalif Storch (bohem press, Zürich)*
- *Wilhelm Hauff/Lisbeth Zwerger: Der Zwerg Nase (Neugebauer Verlag, Zürich)*
- *Wilhelm Hauff/Max Reach: Die Geschichte vom kleinen Muck (Aufbau Verlag, Berlin)*
- *Jane Ray: Der glückliche Prinz (Kerle Verlag, Freiburg)*

Beispiele für Kinder vom 6./7. Lebensjahr an

- *Piotr und Józef Wilkon: Gold für König Otakar (bohem press, Zürich)*
- *Jörg Müller: Der standhafte Zinnsoldat (Sauerländer Verlag, Aarau).*

Fabeln

Die Fabel erscheint zwar äußerlich als eine Geschichte aus der Tierwelt, doch geht es in ihr nicht um das Wesen des Tieres, es ist vielmehr der Mensch gemeint. Menschliche Charakterzüge werden somit in der Fabel auf Tiere übertragen. Die knappe Erzählweise gipfelt fast immer in einer moralischen Pointe. Diese verdichtete Form der Sprache erfordert entsprechend stimmige Bilder.

Beispiele für Kinder vom 3./4. Lebensjahr an

- *Martina Kinder: Du bist nicht allein, Benji Bär (arsEdition, München)*
- *Guido van Genechten: Nicki und Anni (Betz Verlag, Wien)*
- *Johann van Beersel/Edda Skibbe: Oh Noah. Schön, dass du mein Freund bist (Kerle Verlag, Freiburg)*
- *Rudolf Herfurtner/Reinhard Michl: Rosa (Oetinger Verlag, Hamburg)*
- *Anais Vaugelade: Steinsuppe (Moritz Verlag, Frankfurt/Main)*

Beispiele für Kinder vom 5. Lebensjahr an

- *Alfred Könner/Klaus Ensikat: Kieselchen (Altberliner Verlag, Berlin)*
- *Rafik Schami/Els Cools/Oliver Streicher: Der Schnabelsteher (Nord-Süd Verlag, Zürich)*
- *Anne Jüssen/Kestutis Kasparavicius: Reineke Fuchs (Coppenrath Verlag, Münster)*
- *Anne Jüssen/Kestutis Kasparavicius: Reineke Fuchs (Coppenrath Verlag, Münster)*
- *David Wiesner: Die drei Schweine (Carlsen Verlag, Hamburg).*

2.3.6 Wirklichkeitsnahe Bildergeschichten

Wirklichkeitsnahe Bildergeschichten setzen sich mit den realen Verhältnissen der möglichen und gegenwärtigen Welt auseinander. Sie schließen damit unmittelbar an die Szenenbilderbücher an. Neben dem Interesse an märchenhaften Bildergeschichten entwickeln die vierjährigen Kinder ebenso ein ausgeprägtes Interesse für die sie real umgebenden Dinge und Vorgänge.

So werden die in den Szenenbilderbüchern dargebotenen Bildeinheiten (Markt, Straße, Kaufladen usw.) zu **Umwelt-Episoden** erweitert. Themen sind beispielsweise: Kinder in der Familie, Kinder im Dorf oder in der Stadt, Kinder im Umgang mit Tieren usw.

Ein schönes und gleichzeitig typisches Beispiel für diese Bilderbuchgruppe ist der Titel *Endlich kann ich allein einkaufen gehen* von Katrin Engelking und Achim Bröger (Oetinger Verlag, Hamburg). In diesem Buch wird anschaulich erzählt, wie die kleine Lena zuversichtlich und unternehmungslustig einkaufen geht. Die Geschichte macht Kindern Mut und hilft beim Selbstständigwerden.

Ein ebenso schönes Beispiel ist *Bist du schon wach* von Rotraut Susanne Berner und Hanna Johannsen (Hanser Verlag, München). Im Mittelpunkt dieser Geschichte steht die kleine Dodo, die neugierig und erwartungsfroh den neuen Tag beginnt. In einfühlsamen und warmen Bildern wird der Alltag und die Geborgenheit in der Familie erzählt.

In *Ein richtig schöner Tag* von Bruno Blume und Jacky Gleich (Carlsen Verlag, Hamburg) werden familiäre Szenen, in dem der durchweg realistische Familienalltag in heiterer gelassener Ironie erzählt wird, ausgezeichnet dargeboten. Es ist für Kinder ab 4 Jahren geeignet.

Beispiele für Kinder vom 3./4. Lebensjahr an

- *Gunilla Bergström: Bist du feige, Willi Wiberg/Was sagt dein Papa, Willi Wiberg?/Wer rettet Willi Wiberg?/Wir bauen eine neue Welt, Willi Wiberg (Oetinger Verlag, Hamburg)*
- *Liv Widerberg/Cecilia Torrudd: Das Mädchen, das nicht in den Kindergarten wollte (Oetinger Verlag, Hamburg)*
- *Jacky Gleich/Uri Orlev: Der haarige Dienstag (Beltz & Gelberg Verlag, Weinheim)*
- *Birte Müller: Fin kocht (Neugebauer Verlag, Zürich)*
- *Monika Klose/Barbara Stachulek: Jens mal so, mal so (OZ Velber Verlag, Freiburg).*

Beispiele für Kinder vom 5. Lebensjahr an

- *Petra Probst/Ulrike Schultheiss: Mit Jule durch den Tag (Thienemann Verlag, Stuttgart)*
- *Ann Forslind: Kleine große Schwester (Oetinger Verlag, Hamburg)*
- *Anne Maar/Verena Ballhaus: Alles falsch, Tante Hanna! (Pro Juvente Verlag, Zürich)*
- *Kirsten Boie/Peter Knorr: Du wirst schon sehen, es wird ganz toll (Oetinger Verlag, Hamburg)*
- *Corina Beurenmeiste: Komm mit auf den Bauerhof (OZ Velber Verlag, Freiburg).*

Großvater, Kleinvater: In dieser sehr warmherzigen Bildergeschichte wird die Beziehung eines kleinen Jungen zu seinem Großvater in den Mittelpunkt gestellt, ohne Vater (Kleinvater!) und Mutter dabei auszuklammern. Die Geschichte zeigt, wie wichtig Großeltern für ihre Enkel sein können. Die eher verhaltene Farbgestaltung der Bilder fügt sich gelungen in die ein wenig karikaturistisch anmutende Ausgestaltung der handelnden Figuren. Ein rundherum gelungenes Bilderbuch für Kinder ab dem 3./4. Lebensjahr.

Bilderbücher, die das **Wetter** und die **Jahreszeiten** zum Thema haben, gehören natürlich ebenso zu den wirklichkeitsnahen Bildergeschichten. Als Hilfe für das Verstehen elementarer Naturvorgänge können sie von großer Bedeutung sein.

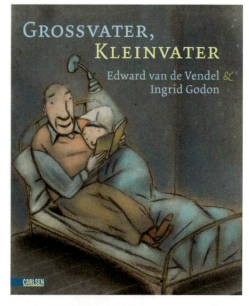

Edward van de Vendel/Ingrid Godon: Großvater, Kleinvater. Carlsen Verlag, Hamburg 2007

Beispiele für Kinder vom 4. Lebensjahr an

- *Petra Probst/Ulrike Schultheiss: Wie lange ist ein Jahr (Thienemann Verlag, Stuttgart)*
- *Wittkamp/Monika Hofmann: Sonnenschein und Pusteblume/Blättertanz und Schneegestöber (Ellermann Verlag, Hamburg)*
- *Rosé Mettler: Die Natur. Eine Entdeckungsreise durch das Jahr (arsEdition, München)*

Thematisch schließt sich die Tageszeit, das erste Erlernen und Verstehen der **Uhrzeit** an.

Beispiele für Kinder vom 3./4. Lebensjahr an

- *Lieve Baeten/Ute Andresen: Die Uhr und die Zeit (Ravensburger Verlag, Ravensburg)*
- *Henner Quest/Katja Schubert: Meine erste Kinderuhr (Bajazzo Verlag, Zürich)*
- *Heidrun Boddin: Herr Gackermeier und wie die Zeit vergeht (Middelhauve Verlag, München)*

Farben, Zahlen, Buchstaben in der Einkleidung von Bildergeschichten ermöglichen Kindern einen ersten spielerischen Umgang, wobei die Unterhaltung eindeutig Vorrang vor der Wissensvermittlung hat.

Beispiele für Kinder vom 3./4. Lebensjahr an

- *Wolfgang de Haën, W.: Zähl mal (Ravensburger Verlag, Ravensburg)*
- *Klaus Bliesener: Alle meine Farben (Ravensburger Verlag, Ravensburg)*
- *Renate Seelig: Mein erster Brockhaus. Ein buntes Bilder-ABC (Brockhaus Verlag, Leipzig)*

- *Martha Steinmeyer/Anja Goossens: Zahlen-Zirkus Nummerelli (OZ Velber Verlag, Freiburg)*
- *Astrid Hille/Dina Schäfer: Wie viel ist viel? (OZ Velber Verlag, Freiburg)*
- *Antje Bones: Zauber-Zahlenschule (Xenos Verlag, Hamburg)*
- *Antje Bones: Zauber-Buchstabenschule (Xenos Verlag, Hamburg)*

Wirklichkeitsnahe Tiergeschichten kommen der Neigung der Kinder entgegen, das wahre Wesen der Tiere zu erfahren, also ihre Eigenart und wie sie leben.

Beispiele für Kinder vom 4. Lebensjahr an

- *Der Delfin/Der Löwe/Der Panda/Der Elefant (Betz Verlag, Wien)*
- *Uli Schmid/Helge Nyncke: Tiere in der Stadt (Kosmos Verlag, Stuttgart)*
- *Mein kleiner Kinderkosmos: Alle meine Vögel (Kosmos Verlag, Stuttgart)*
- *Amy McDonald/Sarah Fox-Davies: Der kleine Biber und das Echo (Freies Geistesleben, Stuttgart)*
- *Ute Fuhr/Raoul Sautai: Der Esel (Meyers Verlag, Mannheim)*
- *Eric Carle: Ganz, ganz langsam, sagte das Faultier (Gerstenberg Verlag, Hildesheim)*

Bildergeschichten mit problemorientierten Inhalten oder gesellschaftskritischen Themen geben den Kindern eine erste Vorstellung von den gegenwärtigen und zukünftigen Problemen unserer Gesellschaft bzw. unseres Lebens, um schon im Vorschulalter eine kritische Bewusstseinsbildung zu fördern.

Ein gelungenes Beispiel ist *Als die Farben verboten wurden* von Antoni Boratynski (Illustr.) und Monika Feth (Patmos Verlag, Düsseldorf). Es ist eine wundersame Geschichte von Unterdrückung und Macht, von Angst und Zerstörung, die ästhetisch gelungen umgesetzt ist. Es ist eine hochaktuelle, politische Bildergeschichte, die schon für Vorschulkinder verständlich ist.

Grundsätzlich ist es aber sehr schwierig, Kindern einen Begriff gesellschaftlicher Zusammenhänge verständlich zu interpretieren. Insofern überwiegen in dieser Gruppe auch die Bilderbücher, die Einzelthemen wie menschliche Vorurteile, Einsamkeit, Tod, Angst, Krankheit und deren Bewältigung ins Blickfeld rücken. Diese Themen und Problemkreise sind den Kindern näher und für sie mindestens ebenso wichtig. Ein gelungenes Bilderbuchbeispiel zum Thema **Tod** ist *Abschied von Rune* von Marit Kaldhol und Wenche Øyen (Ellermann Verlag, München). Das Bilderbuch erzählt die einfache, anrührende Geschichte über den Tod des kleinen Rune, so wie er aus der Sicht der kleinen Sara, seiner Freundin, erlebt wird. Dieses Buch ist für die Arbeit im Kindergarten sehr gut geeignet.

In *Vater und Tochter* von Michael Dudok de Witt (Freies Geistesleben, Stuttgart) wird die Themenpalette **Abschied, Schmerz, Freundschaft und Liebe** in eindringlich einfachen Bildern mit knappem Begleittext in ausgezeichneter Form dargeboten. Es bietet vielfältige Einsatzmöglichkeiten im Elementar- und im Primarbereich.

Ein gelungenes Bilderbuchbeispiel zum Thema **Scheidung** ist *Paul trennt sich* von Martin Baltscheit (Alibaba Verlag, Frankfurt/M.). Das Buch erzählt von Paul, dessen Eltern sich trennen. Die starken Gefühle, die diese Trennung auslöst, werden in dieser sehr emotionalen Bildergeschichte überzeugend in einem zeitgemäßen Stil dargeboten.

Ein geglücktes Bilderbuch zum Thema **Fremdenfeindlichkeit** ist *Neben mir ist noch Platz* von Verena Ballhaus (Illustr.) und Paul Maar (dtv, München). Es ist eine gelungene problemorientierte Bildergeschichte über Freundschaft und Toleranz eines deutschen Mädchens mit Kindern aus fremden Kulturen.

Beispiele für Kinder vom 5. Lebensjahr an

- *Anthony Browne: Stimmen im Park (Lappan Verlag, Oldenburg)*
- *Gregie de Maeyer/Koen Vanmechelen: Juul (Anrich Verlag, Weinheim)*
- *Doris Meißner-Johannknecht/Heike Ellermann: Die Puppe Bella (Lappan Verlag, Oldenburg)*
- *Claire Maswel/Kady Mac Donald Denton: Ich hab euch beide lieb (Brunnen Verlag, Gießen)*
- *Jérôme Ruillier, J.: Einfach farbig (bohem press, Zürich)*

Zum Thema **Sexualität** sind erfreulicherweise einige gute Bilderbücher entstanden, die Eltern und Kindern bzw. Erzieher und Kindern helfen, alle wichtigen Fragen zur Sexualität frei und ehrlich zu besprechen. Wesentlich ist, dass neben der aufklärerischen Funktion auch die emotionalen Aspekte und die soziale Umwelt einbezogen werden.

Beispiele für Kinder vom 4./5. Lebensjahr an

- *Gunilla Hansson/Grethe Fagerström: Peter, Ida und Minimum (Ravensburger Verlag, Ravensburg)*
- *Malcolm Doney/Nick Butterworth: Vater, Mutter und ich (Brunnen Verlag, Gießen)*
- *Babette Cole: Mami hat ein Ei gelegt (Sauerländer Verlag, Aarau)*
- *Marie-Fancine Hébert/Dacia Labrosse: Auf die Welt kommen (Lappan Verlag, Oldenburg)*
- *Giles Andrae/Vanessa Cabban: Ein Baby wohnt in Mamas Bauch (OZ Velber Verlag, Freiburg)*
- *Doris Rübel: Woher die kleinen Kinder kommen (Ravensburger Verlag, Ravensburg)*
- *Sylvia Schneider/Mathias Weber: Mama, woher kommen die Babys? (Betz Verlag, Wien)*
- *Christine Merz-Foschepoth/Irmgard Paule: Weißt du, woher die Babys kommen (Kerle Verlag, Freiburg)*

Ein bemerkenswertes Bilderbuch zum Thema sexueller Missbrauch ist *Ich dachte, du bist mein Freund* von Marie Wabbes (Brunnen Verlag, Gießen). Dieses Bilderbuch bietet Eltern und Erziehern eine Hilfe, mit Kindern ab vier Jahren über die Gefahr des sexuellen Missbrauchs zu sprechen.

Meine Oma hat Alzheimer: In diesem Bilderbuch wird die Erkrankung der Großmutter aus Sicht der kleinen Enkelin Paula liebevoll und ohne sentimental zu werden erzählt. Zunächst wird im Rückblick gezeigt, was Paula früher mit der Oma, also vor ihrer Erkrankung, erlebt und gemacht hat und was nun nicht mehr möglich ist. Paula entwickelt sich von der umsorgten zur umsorgenden Enkelin. Die einfachen, aber sehr stimmungsvollen Illustrationen, machen diese Erkrankung auch schon Kindern verständlich.

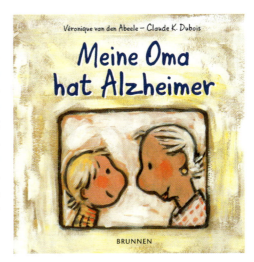

Veronique Van den Abeele/Claude K. Dubois: Meine Oma hat Alzheimer. Brunnen Verlag, Gießen 2006

2.3.7 Fantastische Bildergeschichten

Neben den wirklichkeitsnahen Bildergeschichten dürfen Anregungen der kindlichen Fantasie nicht zu kurz kommen. Sicher geschieht dies auch in den Märchenbilderbüchern, doch steht in den fantastischen Bildergeschichten die Realität in einem engeren Zusammenhang zu den fantastischen Elementen. So haben Wunschvorstellungen, Träume und Projektionen in diesen Bilderbüchern die Funktion, dass Kinder das tun können, was sie möchten. Es wird das objektiv Mögliche überschritten, und Kinder können so ihre Wünsche und Träume in den Gestalten dieser Bildergeschichten ausleben.

Beispiele für Kinder vom 3./4. Lebensjahr an

- *Philippe Corentin: Papa (Beltz & Gelberg Verlag, Weinheim)*
- *Katrin Engelking: Anne im Tal der tausend Tropfen (Ravensburger Verlag, Ravensburg)*
- *Dorothee Haentjes/Philip Waechter: Schaf ahoi (Ellermann Verlag, Hamburg)*
- *Georg Bydlinski/Jens Rassmus: Der Zapperdockel und der Wock (Sauerländer Verlag, Düsseldorf)*
- *Gina Ruck-Pauquet/Ulrike Baier: Habibi (OZ Velber Verlag, Freiburg)*
- *John Burningham.: Das Zauberbett (Carlsen Verlag, Hamburg)*
- *Barbara Jung/Klaus Hübner: Anders ist auch schön (Carlsen Verlag, Hamburg)*

Beispiele für Kinder vom 5. Lebensjahr an

- *Carsten Märtin: Die Fliege (Lappan Verlag, Oldenburg)*
- *Anne Maar/Bernd Mölck-Tassel: Pozor (Bajazzo Verlag, Zürich)*
- *Kate Lum/Adrian Johnson: Waas! (Bajazzo Verlag, Zürich)*
- *Philip Waechter: Heimspiel (Ellermann Verlag, München)*
- *Martin Karau/Barbara Treskatis: Jakob der Träumer (Aufbau Verlag, Berlin)*

- *Melanie Kemmler: Der hölzerne Mann (Aufbau Verlag, Berlin)*
- *Gilla Rost: Lars vom Mars (GT Verlag, Würzburg)*
- *Annette Tison/Talus Tyler: Barbapapas Ferien (Titania Verlag, Stuttgart)*

Eine gelungene fantastische Bildergeschichte ist **Bauer Enno und seine Kuh Afrika** von Jens Rassmus (Sauerländer Verlag, Aarau). Bauer Enno ist von einer seltsamen Traumkrankheit befallen, die ihn jede Nacht von einer Fahrt über dem Meer träumen lässt. Erst als der Traum Wirklichkeit wird, ist er geheilt. Die Geschichte bietet einen psychologisch glaubwürdigen Perspektivwechsel zwischen Traum und Wirklichkeit. Sie ist eine Einladung zur Suche nach eigenen Traumbildern.

König sein das wär fein: Ein kleiner Junge träumt davon, König zu sein und alles tun oder lassen können, so wie es ihm gefällt und sich nicht von Mutter gängeln lassen zu müssen. Diese fantastischen Wunschträume werden farbig opulent in aktionsreichen Szenen von Dorota Wünsch dargestellt und in humorvollen Reimen von Erwin Grosche textlich begleitet. Kinder können sich sicher gut in dieser Geschichte wiederfinden, die, wie sollte es anders sein, zum guten Schluss wieder in der Versöhnung mit Mutter und Vater endet.

In den **fantastischen Tiergeschichten** werden die Tiere vermenschlicht. Thema sind häufig die emotionalen Beziehungen innerhalb der Familie. So sind besonders Bären, aber auch Mäuse beliebte Familientiere, die innerfamiliäre Konflikte durchmachen und zumeist in versöhnlicher Weise lösen.

Dorota Wünsch/Erwin Grosche: König sein – das wär fein (Bilderbuch und CD). Ravensburger Verlag, Ravensburg 2008

Aber auch außerfamiliäre Konstellationen wie Freundschaft, Vorurteile und Anderssein sind oft Themen in diesen Bildergeschichten. Dabei wird das Spektrum der Tiere auch schon erheblich erweitert, sodass Frosch, Hund, Schwein, Hase und Elefant, um nur einige zu nennen, die vermenschlichten Akteure sind.

Beispiele für Kinder vom 4. Lebensjahr an

- *Tomi Ungerer: Flix (Diogenes Verlag, Zürich)*
- *Robert Gernhardt/Sarah Robin-Zimmermann: Bertolt Biber (Hammer Verlag, Wuppertal)*
- *Albertine und Germano Zullo: Marta mit dem Fahrrad (Atlantis Verlag, Zürich)*
- *Susa Hämmerle/Mathias Weber: Trau dich, Ente (Betz Verlag, Wien)*
- *Paul Friester/Susanne Smajić: Ich kann das! (Nord-Süd Verlag, Zürich)*
- *Brigitte Weninger/Eve Tharlet: Großer Pauli, kleiner Pauli (Neugebauer Verlag, Zürich)*

Beispiele für Kinder vom 5. Lebensjahr an

- *Mario Giordano/Sabine Wilharm: Ein Huhn, ein Ei und viel Geschrei (Fischer TB Verlag, Frankfurt/M.)*
- *Klaudia Wagner/Susann Stoebe: Ein Hund für Oma Malwina (Lappan Verlag, Oldenburg)*
- *Kurt Schwitters/Carsten Märtin: Die Geschichte vom Hasen (Lappan Verlag, Oldenburg)*
- *Barbara Cratzius/Silvio Neuendorf: Das Winterfest der Waldtiere (Betz Verlag, Wien)*
- *Zdeněk Miler/Hana Doskočilová: Der Maulwurf und der Fernseher (Leipziger Verlag, Leipzig)*
- *Katja Reider/Jutta Bücker: Trüffel und Rosalie (Hanser Verlag, München)*

Ein gelungenes Beispiel ist *Die Schreimutter* von Jutta Bauer (Beltz & Gelberg Verlag, Weinheim). Das Gekreische seiner Mutter zerreißt den kleinen Pinguin – und das nicht im übertragenen Sinne. In dieser Geschichte werden die Erfahrungen der zutiefst erschreckten Kinderseele sichtbar. Zwar näht die Pinguin-Mutter ihren Sprössling wieder zusammen und entschuldigt sich. Eine Narbe in der erschreckten Kinderseele wird wohl trotzdem bleiben. Eine nicht selten von Kindern gemachte Alltagserfahrung wird so auf pointierte Weise in Aquarellzeichnungen dargeboten.

In vielen fantastischen Bildergeschichten schießt die Fantasie der Bilderbuchmacher üppig ins Kraut und bringt mitunter seltsame Blüten hervor. Doch kommt dieses unbekümmerte Fabulieren und Fantasieren dem Kind entgegen, da die Vermengung von Wirklichkeit und Fantasie der Erlebniswelt des Kindes entspricht. Denn Wirkliches und Unwirkliches wird in diesem Alter noch nicht eindeutig getrennt.

2.3.8 Sachbilderbücher

Das Sachbilderbuch will Wissen vermitteln. Es hat ein weit gespanntes Themenfeld und reicht von der unmittelbaren Umwelt der Kinder bis zu Themen aus der Technik, der Kultur und der Wissenschaft. Bei Sachbilderbüchern gilt es jedoch zu bedenken, ob die dargestellten Inhalte das Kind im Bilderbuchalter nicht überfordern und ob nicht bestimmte Inhalte erst in der Schule ihren Platz haben sollten.

Ein gutes Beispiel ist *Mit der Feuerwehr unterwegs* von Wolfgang Metzger (Illustr.) und Claudia Toll (Ravensburger Verlag, Ravensburg). Das Spektrum der Aufgaben der Feuerwehr wird in diesem Bilderbuch mit informativen, erzählenden Illustrationen kindgerecht dargeboten.

In *Vom Ochsenkarren zur Autobahn* von Nicolas Harris und Peter Dennis (Meyers Verlag, Mannheim) wird eine Zeitreise geboten. Kinder können in diesem ansprechend gestalteten Sachbilderbuch die Entwicklung der Fortbewegungsmittel über die Jahrtausende bis heute miterleben bzw. nachvollziehen. Das Buch ist chronologisch aufgebaut und mit einer Zeitleiste versehen. Die detailreichen und großformatigen Panoramabilder laden zum Schauen und Entdecken ein.

Sachbilderbücher über Tiere sind am häufigsten. Es soll daher noch ein besonders gelungenes dazu angeführt werden. Es ist *Das Schimpansen-Kinder-Buch* von Jane Goodall

(Neugebauer Verlag, Zürich). Die Autorin vermittelt das Verhalten frei lebender Schimpansen wissenschaftlich präzise, vor allem aber auch warmherzig und humorvoll, sodass dieses Buch Kinder und Erwachsene gleichermaßen anzusprechen vermag.

Beispiele für Kinder vom 2./3. Lebensjahr an

- Ursula Lautenschläger: Die Wiese / Am Wasser (Tivola Verlag, Berlin)
- Gudrun Lenz: Mein erstes Bestimmungsbuch Insekten/Blumen (Tivola Verlag, Berlin)
- Karen von Kitzing/Sonja Morisse: Mein Autowerkstatt-Buch (Xenos Verlag, Hamburg)

Das Fotobilderbuch der Pfoten, Krallen und Flossen: Das Sachbilderbuch ist für Kinder ab dem 4. Lebensjahr geeignet. Es zeigt ein buntes Vielerlei unterschiedlicher Füße und die dazu gehörigen Tiere. Die Fotos sind ästhetisch sehr ansprechend. Füße lassen sich durchaus beeindruckend fotografieren und es lässt sich viel Wissenswertes über sie erfahren.

Ingo Arndt: Zeigt her eure Füße. Patmos Verlag, Düsseldorf 2007

Beispiele für Kinder vom 3./4. Lebensjahr an

- Alexander Jung/Antje Bones: Piraten/Ritter und Burgen (Xenos Verlag, Hamburg)
- Susanne Riha: Komm mit in den Zoo (Betz Verlag, Wien)
- Norbert Golluch/Dorothea Tust: Wir entdecken das Hotel (Betz Verlag, Wien)
- Teresa Baethmann/Gerhard Schmid: Mein erstes Kosmos-Buch im Wald (Kosmos Verlag, Stuttgart)
- Teresa Baethmann/Gerhard Schmid: Mein erstes Kosmos-Buch vom Teich (Kosmos Verlag, Stuttgart)

Beispiele für Kinder vom 4./5. Lebensjahr an

- Judith Steinbacher: Unterwegs mit Schiffen und Booten (Kosmos Verlag, Stuttgart)
- Klaus Richarz/Daniela Bühnen: Eine Fledermaus wird groß (Kosmos Verlag, Stuttgart)
- Hermann Krekeler/Anne Wendt: Was Kinder wissen wollen (OZ Velber Verlag, Freiburg)
- Monika Zappe: Mein erstes Wiesenblumenbuch (Carlsen Verlag, Hamburg)
- Rotraut Greune/Heike Burghardt: Oscar entdeckt die Tiere des Waldes / Oscar entdeckt die Tiere der Wiese (Tivola Verlag, Berlin)
- Bettina Grabis/Margret Benard-Kress: Petterson und Findus. Das große Gartenbuch (Xenos Verlag, Hamburg)
- Detlef Kersten: Wie spült die Klospülung? (OZ Velber Verlag, Freiburg)

Beispiele für Kinder vom 5./6. Lebensjahr an

- *Annelies Schwarz/Vera Juchelkova: Kommst du mit in die Schule (Loewe Verlag, Bindlach)*
- *Andreas Piel: Flugzeuge (Loewe Verlag, Bindlach)*
- *Paul Dowswell/Sophie Allington: Die große Welt der Tiere (Loewe Verlag, Bindlach)*
- *Detlef Kersten: Wie viele Höcker hat ein Kamel (OZ Velber Verlag, Freiburg)*
- *Thea Roß: Mein großes Indianerbuch (Coppenrath Verlag, Münster)*
- *Holger Haag/Anne Suess: Komm mit an die Küste (Coppenrath Verlag, Münster)*

Beispiele für Kinder vom 6./7. Lebensjahr an

- *James Luhr: Die Erde (Gerstenberg Verlag, Hildesheim)*
- *Tessloffs Buch der FAKTEN UND REKORDE (Tessloffs Verlag, Nürnberg)*
- *Linda Gamlin/Andy Crawford: Evolution (Gerstenberg Verlag, Hildesheim)*
- *Norbert Golluch/Johanna Ignjatovič: Mein großer Atlas zur Europäischen Union (Betz Verlag, Wien)*
- *Mein großer Kosmos-Tieratlas (Kosmos Verlag, Stuttgart)*
- *Marion Clausen/Katharina Tebbenhoff: Meise, Spatz und Nachtigall (Patmos Verlag, Düsseldorf)*

2.3.9 Literaturklassiker als Bilderbuch

Weltliteratur über das Bilderbuch Kindern nahezubringen ist ein neuer Trend im Bilderbuchschaffen einiger exponierter Verlage (Der Kindermann Verlag Berlin ist besonders hervorzuheben, der bereits in kurzer Zeit erstaunliche Werke hervorgebracht hat.) So bestechen die jeweiligen Nacherzählungen besonders durch gelungene Illustrationen der jeweiligen Vorlagen. Kleine Leser können so an Literatur herangeführt werden, die ihnen sonst erst als Jugendliche oder Erwachsene – wenn überhaupt – zugänglich gemacht werden könnte.

Beispiele für Kinder vom 6. Lebensjahr an

- *Hermann Löns/Willi Glasauer: Mümmelmann (Aufbau Verlag, Berlin)*
- *Barbara Kindermann/Sybille Hein nach Gottfried Keller: Kleider machen Leute (Kindermann Verlag, Berlin)*
- *Alexandre Dumas: Die drei Musketiere (Gerstenberg Verlag, Hildesheim)*

Beispiele für Kinder vom 7. Lebensjahr an

- *Barbara Kindermann/Bernd Mölck-Tassel nach J. W. von Goethe: Götz von Berlichingen (Kindermann Verlag, Berlin)*
- *Theodor Fontane/Bernd Streiter: Herr von Ribbeck auf Ribbeck im Havelland (Aufbau Verlag, Berlin)*
- *Barbara Kindermann/Christa Unzner nach William Shakespeare: Romeo und Julia (Kindermann Verlag, Berlin)*
- *Adrian Mitchell: Die Irrfahrten des Odysseus (Gerstenberg Verlag, Hildesheim)*

Beispiele für Kinder vom 8. Lebensjahr an

- *Barbara Kindermann/Klaus Ensikat nach J. W. Goethe: Faust (Kindermann Verlag, Berlin)*
- *Barbara Kindermann/Klaus Ensikat nach F. Schiller: Wilhelm Tell (Kindermann Verlag, Berlin)*

2.3.10 Religiöse Bildergeschichten

Die Idee, biblische Geschichten Kindern in Bildergeschichten nahezubringen, ist mindestens so alt wie die Geschichte des Bilderbuches selbst. Den Kindern Bibelaussagen allerdings auch verständlich zu interpretieren, den symbolhaften Inhalt der sprachlichen Erzählung in einfachen Farben und klaren Formen auszudrücken, ist schwierig und in nicht wenigen Beispielen und Versuchen in dieser Richtung missglückt. Erfreulicherweise setzte sich in den letzten Jahren eine neue Tendenz durch, künstlerisch anspruchsvolle Bildergeschichten zu schaffen, die der besonderen Problematik der Darstellung von religiösen Motiven besser gerecht werden.

Das Bilderbuch *Gute Nacht, Anna* von Regine Schindler mit Bildern von Ivan Gantschev (Kaufmann Verlag, Lahr) kann als gutes Beispiel angeführt werden, christliche Überlieferung mit unserer Lebenswirklichkeit zu verbinden. Von elf Alltagsgeschichten aus wird eine Brücke zum Gebet geschlagen: Ein Gute-Nacht-Buch, das mit humorvoll-hintergründigen Texten und stimmungsvollen Bildern ermuntert, auf unkonventionelle Weise christliche Erziehung zu gestalten. Ein Nachwort für Eltern und Erzieher gibt hilfreiche Anregungen.

In *Adam und Eva und das Paradies* von Jane Ray (Herder Verlag, Freiburg) wird die biblische Geschichte von Adam und Eva im wunderbaren Garten Eden Kindern ab 4 Jahren nahe gebracht. Gelungene Illustrationen vermitteln den Inhalt dieser Geschichte und bieten vielfältige Anreize, um mit den Kindern vertiefende bzw. weiter verstehende Gespräche zum Inhalt dieser Geschichte zu führen. Von Jane Ray sind beim Herder Verlag *Noahs Arche* und beim KeRLE Verlag *Die Schöpfungsgeschichte* sowie *Die Weihnachtsgeschichte* erschienen.

Gott hat unsere Welt gemacht von Gertrud Piesch-Köchel und Mirek Baranski (Tyrolia Verlag, Innsbruck-Wien) ist ein Bilderbuch für Kinder ab 4 Jahren, in dem detailreich und spielerisch die Schöpfungsgeschichte erzählt wird. Dieses originelle und anregende Bilderbuch bietet einen spielerischen Zugang zum religiösen Verständnis für unsere gesamte Lebensumwelt.

Beispiele für Kinder vom 2./3. Lebensjahr an

- *Sally Grindley/Jan Barger: Bibelgeschichten für die Kleinsten (Gabriel Verlag, Wien)*
- *Christina Goodings/Jan Lewis: Meine ersten Bibelgeschichten/Meine ersten Geschichten von Jesus (Brunnen Verlag, Gießen)*
- *Tim Wood/Frances Thatcher: Noahs Arche (Brunnen Verlag, Gießen)*
- *Andrea Schnitzer/Christel Marquardt: Gott rettet Noah (Bischoff Verlag, Frankfurt)*

- *Antonie Schneider: Die Geschichte vom Heiligen Nikolaus (Coppenrath Verlag, Münster)*
- *Coby Hol: Das Geheimnis des Sterns (KeRLE Verlag, Freiburg)*

Beispiele für Kinder vom 4./5. Lebensjahr an

- *Regina Schindler/Hilde Heyduck-Huth: Martinus teilt den Mantel (Kaufmann Verlag, Lahr)*
- *Norbert Landa/Dieter Konsek: Die Nacht der Wunder (KeRLE Verlag, Freiburg)*
- *Ivan Gančev/Lene Mayer-Skumanz: Die Weihnachtskatze (Patmos Verlag, Düsseldorf)*
- *Gabriele Hafermaas: Wie fröhlich bin ich aufgewacht. Die schönsten Kindergebete (Patmos Verlag, Düsseldorf)*
- *Lene Mayer-Skumanz/Anne-Katrin Piepenbrink: Sebastians Weihnachtskrippe (Patmos Verlag, Düsseldorf)*
- *Josef Quadflieg/Ivan Gančev: Franziskus (Patmos Verlag, Düsseldorf)*
- *Gertrud Fussenegger/Annegret Fuchshuber: Die Arche Noah (Betz Verlag, Wien)*

Beispiele für Kinder vom 6. Lebensjahr an

- *Heinz Janisch/Lisbeth Zwerger: Die Arche Noah (Neugebauer Verlag, Zürich)*
- *Max Bollinger/Štěpán Zavřel: Das Hirtenlied (bohem press, Zürich)*
- *Jindra Čapek: Ein Kind ist geboren (bohem press, Zürich)*
- *Renate Güntze-Horatz/Silke Rehberg: Und es wurde alles gut (Patmos Verlag, Düsseldorf)*
- *Hermann-Josef Frisch/Anne-Katrin Piepenbrink: Sonne und Mond sind Geschwister. Geschichten und Gebete für Familien (Patmos Verlag, Düsseldorf)*
- *Erwin Grosche/Karsten Teich: Jona und der Wal (Thienemann Verlag, Stuttgart)*

2.4 Zur Bilderbuchgestaltung

Bei der Sichtung der gegenwärtigen Bilderbuchproduktion ergibt sich ein kaum noch überschaubares Angebot aller nur erdenklichen Stile. Die Variationsbreite des bildnerischen Stils der künstlerisch konzipierten Bilderbücher lässt sich wie folgt andeuten: „Zu finden sind Anklänge an Naturalismus, fotografischen und magischen Realismus, Spielarten des Expressionismus und des Surrealismus sowie abstrahierende, stilisierende und dekorative Tendenzen. Auch die bildnerischen Techniken wechseln im anspruchsvollen Bilderbuch häufig: Neben gemalten Bildern sind vor allem Zeichnungen vertreten, aber auch Holzschnitt und Radierung sowie Misch- und Montagetechniken." (Thiele, 1985, S. 144)

Nicht alle diese interessanten Ansätze und Versuche können die Interessen und Bedürfnisse der Kinder erreichen, ohne dass Eltern und Erzieher Hilfen der Vermittlung und des Verstehens geben.

Gleichwohl sollten die künstlerisch konzipierten Bilderbücher nicht nur unter dem pädagogischen Aspekt des altersgemäßen Verstehens beurteilt werden. Sie stellen jeweils für sich, wenn sich Gestaltung und Inhalt entsprechend zusammenfügen, Kunstwerke dar, die sich durchaus auf unterschiedlichen Verstehensebenen erschließen lassen. Nicht selten wird der neugierige und unbefangene Zugang von Kindern von Erwachsenen unterschätzt.

Vom Verkaufserfolg stehen jedoch nicht ohne Grund den interessanten und künstlerisch anspruchsvollen Bilderbüchern diejenigen gegenüber, die vornehmlich in Kaufhäusern und Supermärkten angeboten werden.

Diese Bilderbücher sind fantasielose, kitschige Billigproduktionen, die die kreative, soziale und intellektuelle Entwicklung der Kinder eher hemmen als Impulse dazu vermitteln. Es sind besonders Ausmalbücher, alte Bücher wie *Der Struwwelpeter* von Heinrich Hoffmann (Esslinger Verlag, Esslingen) oder die *Häschenschule* von Albert Sixtus (Hahn's Verlag, Kirchheim-Teck), aber auch Märchenbilderbücher, die überkommene Erziehungs- und Moralvorstellungen konservieren.

Grundsätzlich gilt bei den inhaltlich guten Bilderbüchern, dass sie sich auch durch eine differenziertere Gestaltung auszeichnen. Deshalb sollten Erzieher und Eltern Vermittlungs- und Verstehenshilfen leisten, um den Kindern die künstlerisch anspruchsvollen Bildergeschichten zugänglich zu machen, um der einseitigen Entwicklung ästhetischer Wahrnehmungsfähigkeiten entgegenzuwirken.

Erziehern und Sozialpädagogen, die sich vertiefend mit Fragen der bildnerischen Qualität und der spezifischen Bild-Text-Sprache der Bilderbücher beschäftigen wollen, können folgende Fachbücher dazu empfohlen werden: Jens Thiele (Hrsg.): *Bilderbücher entdecken*, Jens Thiele (Hrsg.): *Neue Erzählformen im Bilderbuch* und Jens Thiele (Hrsg.) *Das Bilderbuch*. Alle Titel sind im Isensee Verlag Oldenburg erschienen. Ergänzend sei noch dazu das Kapitel „Das Bilderbuch" aus dem *Handbuch Kinderliteratur*, hrsg. von Jens Thiele und Jörg Steitz-Kallenbach (Herder Freiburg) empfohlen.

Anhand von vier ausgewählten Beispielen werden im folgenden Bilderbücher vorgestellt, die die Bandbreite der künstlerisch konzipierten Bilderbücher erahnen lassen. Dabei soll nicht unerwähnt bleiben, dass die überwiegende Anzahl der im Abschnitt „Formen und Themengruppen" angeführten Bilderbuchbeispiele zu den künstlerisch konzipierten Bilderbüchern gehört.

Herr Eichhorn und der Mond: Eines Morgens fällt Herrn Eichhorn der Mond plötzlich und unerwartet vor die Füße. Er fragt sich, ob der Mond vielleicht gestohlen wurde oder verloren gegangen ist? Er versucht ihn wegzurollen, um nicht in den Verdacht zu kommen, den Mond gestohlen zu haben. Sebastian Meschenmoser komponiert die mit Bleistift gezeichneten Szenen mit satten, überwiegend gelben Farbkontrasten. Die Figuren sind mir zarten Bleistiftstrichen in die Landschaft hinein gefügt und voller Lebensenergie. Dazwischen die schwarzweiß gestalten Traumszenarien aus dem Leben in einer Ge-

Sebastian Meschenmoser: Herr Eichhorn und der Mond. 1. Auflage, Esslinger Verlag, Esslingen 2009

fängniszelle, die zu den komischen Details dieser skurrilen Geschichte gehören. Die Geschichte lebt von den fantasievollen Bildern. Viele Doppelseiten kommen ohne Text aus. Auch der Erwachsene wird als Vorleser seine Freude an dieser ungewöhnlichen Geschichte haben. Kinder werden sie nach dem Vorlesen auch allein für sich noch einmal anschauen können.

Alle Zeit der Welt: Was ist Zeit? Ein faszinierendes Thema für Kinder und ein bedenkenswertes für die Erwachsenen. Dieses Buch beinhaltet Vergleiche über „viel Zeit und wenig Zeit", Tages- und Nachtzeit, Winter und Sommerzeit, Zeitgewinn, Arbeitszeit, Halbzeit, Zeitgefühl und Zeitmessung. Über diese Vergleiche lässt sich eine Vorstellung von der Zeit gewinnen.

Antje Damm zeigt sehr abwechslungsreiche Fotos, mal farbig, mal schwarzweiß, zwischendrin fügen sich Collagen, Zeichnungen und Texte ein. Oft sind es Bildpaare, die auf Doppelseiten gegenübergestellt werden und auf diese Weise eine Vorstellung von der Zeit vermitteln. Die Fotos, Collagen und Zeichnungen sind stimmungsvoll gestaltet und laden dazu ein, um über die Zeit zu philosophieren. Ein kluges und gleichzeitig humorvolles Bilderbuch, das Kindern und Erwachsenen gleichermaßen Freude bereiten kann. Das Buch ist sowohl für die pädagogische Arbeit im Kindergarten als auch in der Grundschule geeignet.

Antje Damm: Alle Zeit der Welt. Moritz Verlag, Frankfurt a. M. 2007

Der Gänsegeneral ist ein Antikriegsbilderbuch, in dem der General nur als Schatten zu sehen ist, was viel Raum für eigene Ausdeutungen ergibt. Seine Soldaten erscheinen auf den ersten Seiten in Form von uniformierten roten und blauen Stempelabdrucken. Der General erleidet einen Schlaganfall, von dem er sich nicht richtig erholt. Er ordnet an: „Feuer einstellen. Alle Soldaten nach Hause beordern". Diese Entscheidung bringt die Wende. Als er wieder zu Hause ist, will er lieber den Vögeln zuhören. Er wird zum Pazifisten. Und so befehligt er zum Schluss der Geschichte lediglich seine Gänsetruppe (daher der Titel).

Marjaleena Lembcke/Heike Ellermann: Der Gänsegeneral. Hinstorff Verlag, Rostock 2008

Dieses eindrucksvoll gestaltete Bilderbuch in Collagetechnik berührt ohne falsche Sentimentalität. Die sehr gelungenen Abbildungen vermitteln zusammen mit dem Begleittext eine Antikriegsbotschaft, die auch Kindern schon zugänglich sein dürfte.

Kinder-Verwirr-Buch von Joachim Ringelnatz und Norman Junge (Aufbau Verlag, Berlin). „Das Sonderbare und Wunderbare ist nicht imstande, ein Kind zu verwirren..." so heißt es an einer Stelle dieses ungewöhnlichen Werkes von Ringelnatz, der den Text bereits 1931 verfasst hat. Norman Junge, geb. 1938 in Kiel, ist es als Illustrator gelungen, dieses Werk neu zu beleben. Seine Illustrationen verbinden ganz unterschiedliche Stile miteinander. So erscheinen neben typisch karikaturistischen Elementen auch kubistische Formen, die farblich eher zurückhaltend ausgestaltet wurden. So manche Wesen, die in diesem Werk auftauchen, bleiben rätselhaft. Sie bewohnen eine surreale Welt. Sie nehmen die schauenden und staunenden Kinder an die Hand, um sie in die Wirklichkeit der Unwirklichkeit zu führen. Durch die sprachwitzigen Texte (Gedichte und Märchen) von Ringelnatz und die fantastischen Illustrationen von Junge ist ein ganz außergewöhnliches Bilderbuch entstanden, das auf erstaunliche Weise gedankenanregend zu wirken vermag.

2.5 Pädagogische Bedeutung

Die im Folgenden dargestellten Einfluss-, Entwicklungs- und Fördermöglichkeiten, die durch Bilderbücher bewirkt werden können, müssen nicht in jedem Fall so eintreten. Ob und wie viele der aufgezeigten Wirkmöglichkeiten eintreten, wird im Wesentlichen durch die pädagogische Praxis der Erzieherinnen und Erzieher bestimmt.

Bilderbücher geben Kinder Impulse, ihre Umwelt zu verstehen

Im Bilderbuch erkennt das Kind Ausschnitte der bereits erlebten Umwelt wieder. Durch den großen visuellen Reiz, den Bilder auf Kinder ausüben, wird es angesprochen und versucht freudig, in die Bildgeschehnisse einzudringen, die Welt auf geistige Weise kennen und begreifen zu lernen. Das Bilderbuch ist ein Fenster hinaus in die Welt, in die die Kinder hineinwachsen. Es bringt neue und bekannte Dinge, reales und fantastisches Geschehen, vermittelt Vorstellungen und Meinungen. Das Bilderbuch ist somit einerseits **Unterstützung** beim Kennenlernen und Verstehen der Umwelt, andererseits aber auch **Anregung** der kindlichen Fantasie.

Nun ist das Bilderbuchbild immer nur Abbild der Wirklichkeit und nicht die Wirklichkeit selbst. Das bedeutet: Bilderbücher sind zwar als umwelterklärende und umweltverstehende Hilfen wichtig, doch ersetzen sie nicht die notwendigen Erfahrungen, die die Kinder selbst mit dieser Umwelt machen müssen.

Bilderbücher fördern und trainieren Denkleistungen

Indem sich das Kind mit dem Bilderbuch beschäftigt, setzt es sich aktiv mit Bildern auseinander und vollbringt bei der Erschließung des Bildgehalts spielerisch **geistige Leis-**

tungen. Das Kind lernt, genauer hinzusehen und zu beobachten, nach Unbekanntem zu fragen, Vergleiche anzustellen und Geschichten zu erzählen und weiterzuspinnen. Das wiederholte Betrachten von Bildern bietet Kindern ein optisches Training, das ohne Druck spielerisch vollzogen wird.

Bilderbücher fördern und regen die sprachliche Entwicklung an

Bilderbücher besitzen einen starken **Aufforderungscharakter**. Die Kinder fühlen sich durch die zumeist farbigen und verschiedenartigen Abbildungen zum Sprechen aufgefordert. Spontan äußern sie sich, werden zum Fabulieren und Erzählen dessen, was die Bilder bieten, angeregt. Für das Kleinkind ist es das textfreie Bilderbuch mit Einzelbildern, auf denen alltägliche Dinge der unmittelbaren Umwelt des Kindes abgebildet sind, und das Szenenbilderbuch, das durch die auffordernde Aufmachung Sprech- und Denkanstöße gibt und zu selbstständigen Denkleistungen motiviert. Für Kinder im dritten und vierten Lebensjahr sind es dann schon Bildergeschichten zu Märchen oder Umweltfragen, die die Kinder zum Sprechen und Ausdeuten, zum Fragen und zum Erklären anregen. Bei Bilderbuchbetrachtungen fühlen sich selbst schüchterne und gehemmte Kinder zum Sprechen gedrängt, sodass Bilderbüchern eine wichtige Aufgabe bei der sprachlichen Entwicklung des Kindes zukommt.

Bilderbücher ermöglichen literarische Ersterfahrungen

Am Bilderbuch werden den Kindern **literarische Ersterfahrungen** ermöglicht, die den Zugang zu anderen Gattungen der Kinder- und Jugendliteratur erleichtern. „Das märchenhafte Bilderbuch bereitet den Weg zum Märchenbuch, das wirklichkeitsnahe Bilderbuch zur realistischen Kindergeschichte, die Bildverserzählungen zur Poesie, das Textbilderbuch zur illustrierten und unbebilderten Erzählung" (Maier, 1993, S. 53). Es werden also fundamentale Anfangspunkte für eine Weiterentwicklung gesetzt und exemplarische Ersterfahrungen ermöglicht.

Bilderbücher ermöglichen ästhetische Früherfahrungen

Kinder sind heute einer wahren Bilderflut ausgesetzt. Illustrierte, Versandkataloge, Fernsehwerbefilme, Comics usw. bieten der kindlichen Schaulust viel Nahrung. Dieser Überkonsum stumpft einerseits das Auge ab, vermittelt andererseits falsche Wertvorstellungen. Durch diese vielen, zum großen Teil billigen Anreize kann die kindliche Wahrnehmungsfähigkeit oberflächlich werden, sodass die Kinder all diesen Einflüssen nicht einfach überlassen bleiben dürfen. Eine **ästhetische Erziehung**, die bereits im Kindergarten einsetzt, kann durch anspruchsvolle Bilderbücher wesentlich gefördert werden. So kommt geschmackvollen und qualitativ hochwertigen Bilderbüchern eine wichtige Funktion zu, da sie wesentlich die Entwicklung des Formgefühls, des Formverständnisses und des guten Geschmacks beeinflussen. Kinder, die bereits im Kindergarten kontinuierlich solche Bilderbücher kennenlernen, werden sehr wahrscheinlich über differenziertere Maßstäbe bei der Beurteilung von Bildern verfügen, als Kinder, die diese ästhetischen Früherfahrungen nicht machen können.

Erzieher und Eltern, die Bilderbücher von Künstlern wie Sendak, Lionni, Schwarz, Fromm, Heyduck-Huth, Berner, Mitgutsch, Lemke, Janosch, Carle, Wilkon, Brüllhart, Spohn, Heine, Fuchshuber, Tidholm, Boratynski, Pfister – um nur einige zu nennen – in ihre Erziehungsarbeit einbeziehen, eröffnen sich und den Kindern den Weg zur Malerei und Grafik, zu einem besseren Erfassen heutiger Stil- und Ausdrucksformen bis hin zu einem besseren Verständnis heutiger Plakatkunst und Gebrauchsgrafik.

Bilderbücher sind Mittel der Erziehung

In vielen Bilderbüchern lassen sich die didaktischen Intentionen der Bilderbuchmacher offen erkennen, während in anderen keine direkten Absichten zugrunde zu liegen scheinen. Letztgenannte wollen hauptsächlich spannend und unterhaltend erzählen. Doch ist auch in diesen Bildergeschichten durch die spezifische Aufbereitung eines Geschehens bzw. einer Geschichte ein erzieherischer Gehalt festzustellen. Durch eine genauere Betrachtung des Handlungsablaufes kann dieser Gehalt vom Erzieher zumeist aber schnell erschlossen werden.

Die genauere Betrachtung kann mithilfe der Beantwortung folgender Fragen bzw. Fragestellungen, die nicht unbedingt vollständig sind, dafür aber eine gute Orientierung bieten, vorgenommen werden:

- Ist die Bildergeschichte/das Bilderbuch geeignet, Kindern ihre Umwelt vertrauter und verständlicher zu machen?

- Liefert die Bildergeschichte/das Bilderbuch verlässliche, kindgemäße Informationen zur Geschichte und Gegenwart (sowie gegebenenfalls über die Zukunft) der Menschen?

- Trägt die Bildergeschichte/das Bilderbuch dazu bei, Mut, Kritikfähigkeit und autonomes Handeln anzuregen?

- Ist die Bildergeschichte/das Bilderbuch geeignet, die selbstschöpferische Fantasie der Kinder anzuregen und/oder gegebenenfalls zu fördern?

- Sind die Illustrationen geeignet, visuelle Neugier auszulösen und ästhetische Anregung durch die eingesetzten Stilformen und Techniken zu vermitteln?

- Welche Erziehungsmodelle werden angeboten?

- Werden Kinder als Partner im Sinne eines kooperativen Erziehungsstiles gesehen?

- Welches Familienmodell ist erkennbar?

- Wie werden die Mütter und Väter in ihren jeweiligen Geschlechterrollen dargestellt?

- Wie werden alte Menschen dargestellt?

- Wie werden gegebenenfalls Menschen mit Behinderung und der Umgang mit Menschen ohne Behinderung dargestellt?

- Welches Gesellschaftsmodell steht ausgesprochen oder unausgesprochen hinter der dargebotenen Bildergeschichte bzw. hinter den Handlungen der dargestellten Figuren? Sind demokratische Grundstrukturen erkennbar oder ist die Geschichte in einem anderen gesellschaftlichen Rahmen zu orten?

Nach Abklärung der jeweils zutreffenden Fragen bzw. Fragestellungen kann die Erzieherin bzw. der Erzieher dann in ihren/seinen weiteren Überlegungen und Planungen dazu übergehen zu überlegen, in welchen pädagogischen Zusammenhang und in welche thematische Einbindung das Bilderbuch hineinpasst und dementsprechend eingesetzt werden soll. In der Regel gibt es ja zu den wichtigen sozialpädagogischen Themenfeldern mehrere Bildergeschichten/Bilderbücher, die auf durchaus unterschiedlich gelungene Art gemacht sind. Insofern ist wichtig, vorausgesetzt das Bilderbuch soll gezielt eingesetzt werden, das vorhandene Angebot, soweit zugänglich, im Blick auf den Einsatz in einer Kindergruppe zu prüfen, um zu einer inhaltlich begründeten Auswahl zu gelangen.

Erzieherinnen und Erzieher sollten Bildergeschichten und Bilderbücher, die den Kindern bei ihrer Selbst- und Weltfindung helfen, die ihnen Mut machen, die ihr Selbstbewusstsein stärken und ihre Kritikfähigkeit fördern können, den inhaltlich und ästhetisch eher belanglosen vorziehen.

Gleichwohl darf nun die erzieherische Wirkung der Bilderbücher auch nicht überschätzt werden, da sie ja nur ein Mittel der Erziehung sind, eines unter vielen. Entscheiden wird letztlich die erzieherische Praxis der Eltern und Erzieher, ob der im Buch erschlossene Handlungsspielraum mit den realen Möglichkeiten übereinstimmt.

Im traditionellen Bilderbuch kommt der Erziehungsfunktion allerdings eine tragende Rolle zu. Beispielhaft dafür ist das Bilderbuch *Der Struwwelpeter* des Frankfurter Arztes Dr. Heinrich Hoffmann. Die Kritik am Struwwelpeter, der sich auch heute noch großer Beliebtheit erfreut, richtet sich gegen seine barbarischen Strafmethoden. In ihm wird grundsätzlich vom negativen Verhalten der Kinder ausgegangen und in einem sich wiederholenden Schema dargestellt: erst die Untat und dann die darauf folgende Strafe. Es entstanden aus Protest gegen die im Struwwelpeter enthaltene Strafpädagogik mehrere Anti-Struwwelpeter. Der interessanteste Anti-Struwwelpeter wurde 1970 von Friedrich Karl Waechter erstellt. Waechter kehrt die Erziehungsziele in das Gegenteil, bei ihm machen nicht die Kinder, sondern die Erwachsenen die Fehler. Neben dem Struwwelpeter kommt der *Häschenschule* von Albert Sixtus und Fritz Koch-Gotha als bis heute geschätztes Belehrungswerk unserer Väter- und Großvätergeneration eine ähnliche Funktion zu. Brave realistisch-kitschige Bilder von Tieren, Pflanzen, Recht und Ordnung zeigen eine „heile Welt", in der Untertanengehorsam von den Kindern von selbstherrlichen Erwachsenen gefordert wird.

Innerhalb der gegenwärtigen Bilderbuchproduktion ist die Zahl der eher belanglosen Bildergeschichten nach wie vor groß, doch ist auch die Zahl der Bilderbücher nicht unbeträchtlich, die durch ihre Themenwahl und Gestaltungsform den zuvor formulierten Ansprüchen gerecht werden. So gibt es nicht wenige Bilderbücher, die zu ausgewählten Lebensfragen, die auch schon für Kinder bedeutsam sind (Angst, Einsamkeit, Krankheit, Tod usw.), Verstehens- und Verarbeitungshilfen anbieten, und immerhin auch nicht wenige, die den Kindern eine erste Vorstellung von den Problemen unserer Gesellschaft bzw. unserer Lebenswirklichkeit geben. Bei den inhaltlich anspruchsvollen Bilderbüchern lassen sich zwei Tendenzen in der der jeweiligen Geschichte zugrunde liegenden Weltbildvermittlung erkennen: zum einen ein individualistisches und kindzentriertes, zum anderen ein gesellschaftlich orientiertes Weltbild. Zurückverfolgen lässt sich diese Ausrichtung bis in die sechziger Jahre, wo durch Maurice Sendak (*Wo die wilden Kerle wohnen*) und Leo Lionni (*Swimmy, Frederik*) die Anfänge dieser beiden Grundtendenzen gelegt wurden. Waren so die Bilderbücher der siebziger Jahre mehr auf ein gesellschaftlich orientiertes Weltbild hin geprägt, so sind die Bilderbücher seit den achtziger Jahren wieder stark durch individualisierende Tendenzen geprägt. In Abhängigkeit zur vorherrschenden gesellschaftlichen Situation war und ist entweder die eine oder die andere Tendenz stärker vertreten.

Pädagogisch interessant sind freilich Bilderbücher beider Ausrichtungen. Gleichwohl haben die Bücher mit individualistischer, kindzentrierter Weltbildorientierung eine größere Nähe zum Erfahrungsraum der Kinder, als die mit einem mehr gesellschaftlich orientierten Weltbild. Letztere können dafür aber eine größere aufklärerische Bedeutung haben.

Zur Verdeutlichung des zuvor Gesagten und als Orientierungshilfe werden im Folgenden einige ausgewählte Bilderbücher älteren und neueren Erscheinungsdatums vorgestellt:

In *Swimmy* von Leo Lionni (Middelhauve Verlag, München) geht es um die Solidarität. Bei Swimmy handelt es sich um einen kleinen Fisch, der die Vernichtung eines Schwarmes roter Fische, seiner Schwestern und Brüder, durch einen großen Thunfisch überlebt. Nach seiner Flucht begegnet er wiederum einem Schwarm roter Fische, die sich vor Raubfischen verbergen. Auf Swimmys Rat hin formieren sie sich zu einem großen Schwarm, der wie ein großer Fisch aussieht. Auf diese Weise erschrecken sie die Raubfische und brauchen sich nicht mehr vor diesen zu verbergen.

In *Frederick* von Leo Lionni (Middelhauve Verlag, München) wird aufgezeigt, was Poesie vermag. Frederick ist eine Feldmaus, die Sonnenstrahlen, Farben und Wörter sammelt, also ideelle Wintervorräte. Alle anderen Mitglieder der Feldmausfamilie sammeln Körner, Nüsse und Weizen für den Winter, also die materiellen Wintervorräte. Die Feldmäuse verstehen Frederick nicht, ihm bleiben daher Vorwürfe nicht erspart. Als aber im Winter alle Vorräte aufgezehrt sind und Frederick mithilfe seiner Vorräte in Form von Gedicht und Erzählung über den Rest des Winters hinweghilft, wird allen Mäusen deutlich, was Poesie vermag.

In *Wo die wilden Kerle wohnen* von Maurice Sendak (Diogenes Verlag, Zürich) geht es um den Jungen Max. Max, der einen Wolfspelz trägt und nur Unfug im Kopf hat, muss ohne Essen ins Bett. Im Bett träumt sich Max dorthin, wo die wilden Kerle wohnen. Bei diesen tollen Ungeheuern setzt er sich durch und wird von ihnen zum König gemacht. Doch dieses befriedigt ihn nicht, er sehnt sich zurück nach Vater und Mutter, die ihn lieb haben. In der Geborgenheit seines Zimmers wacht er auf, wo es Nacht ist und das Essen auf ihn wartet. – In dieser Geschichte wird die angstfreie Verarbeitung eines kindlichen Konflikts geboten. Max hat sich selbst mit den wilden Kerlen gezähmt. Er hat die eigene Wildheit im Traum verlassen um der elterlichen Liebe willen.

In *Freunde* von Helme Heine (Middelhauve Verlag, München) geht es um die Freundschaft dreier ganz unterschiedlicher Tiere. In diesem Bilderbuch erleben Schwein Waldemar, Maus Johnny Mauser und Franz von Hahn gemeinsame Abenteuer auf dem Bauernhof. Humorvoll und witzig wird all das angesprochen, was eine Freundschaft auszeichnet: das gegenseitige Helfen und das Eingehen auf die Möglichkeiten und Bedürfnisse des anderen, das gemeinsame Spielen und Entdecken, aber auch das gemeinsame Träumen. Es ist ein Bilderbuch, das das Thema Freundschaft voll Heiterkeit und Optimismus mit Sprachwitz und in leuchtenden Illustrationen zu einem Lesevergnügen macht.

In *Peter, Ida und Minimum* von Gunilla Hansson (Illustration) und Grethe Fagerström (Text) geht es um das Thema Sexualität und Aufklärung. Es ist im Ravensburger Verlag erschienen. Die Familie Lindquist erwartet ein Baby, das zunächst Minimum genannt wird. Die Geschwister Peter und Ida erleben die dadurch entstandene Veränderung in der Familie mit und erfahren alle wichtigen Informationen zum Thema. Das Buch vermittelt durch die Geschichte eine positive Grundhaltung zur Sexualität und Familie.

Durch die erstaunliche Vielseitigkeit des Inhaltes, durch die Fröhlichkeit und Unkompliziertheit der Vermittlung durch eine Bildergeschichte, werden alle biologischen Informationen mit ihren sozialpsychologischen Folgerungen den Kinder auf gut verständliche Weise nahe gebracht.

Wann kommt Mama?: Das Thema dieses Bilderbuches ist praktisch zeitlos. Ein kleines Kind wartet an einer Straßenbahnhaltestelle im Winter auf seine Mutter. Die eher verhaltene Farbegestaltung entspricht der in asiatischer Tradition angelegten Illustration. Die einzelnen Bildseiten sind voller Poesie. Kinder entdecken in diesem Buch eine fremdartige Welt, die sie doch auf die eine, schon von allen Kindern gestellte Frage, wieder zusammenführt und miteinander über alle Kulturen hinweg vereint. Und siehe da – die Mama kommt!

In *In einem Land* von Renate Schaefer (Pro Juventute Verlag, Zürich) geht es um Fremdenfeindlichkeit, Integration und Toleranz. Die Bildergeschichte ist eine Parabel von vielen einfarbigen Ländern, aus denen eine farbig schöne Welt wird. Die Geschichte besticht durch die klare bildnerische Umsetzung und den einfachen Schluss. Dieses Buch eignet sich ganz hervorragend für den Einsatz im Kindergarten.

Lee Tae-Jun/Kim Dong-Seong: Wann kommt Mama? Nord-Süd Verlag, Zürich 2007

In *Lauf, kleiner Spatz!* von Brigitte Weninger und Julia Ginsbach (Pro Juventute Verlag, Zürich) geht es um das Themenfeld gesund – krank – behindert. Kurzum um das Lernen, mit einem Handikap zu leben. Spatz, die Hauptfigur, und sein Freund Maus sind fröhlich und sorglos, freuen sich des Lebens. Doch eines Tages fällt Spatz in ein schwarzes Loch, und er verletzt sich dabei so sehr, dass er nicht mehr fliegen kann. Er ist zunächst sehr verzweifelt, doch merkt er bald, dass mit zwei guten Freunden, Maus und Rabe, und einer großen Portion Lebensfreude noch sehr viel möglich ist. Ein wunderbares Bilderbuch zu einem komplexen Thema, das durch die klare Erzählweise und gut konturierte Illustration besticht. Für die vertiefende Bearbeitung ist ein Begleitheft mit vielen Anregungen beigefügt.

Sinan und Felix ist eine Geschichte über Freundschaft, Sprache und Verstehen. Der deutsche Junge Felix lernt, dass Türkisch gar nicht so schwer ist und Kenntnisse in zwei Sprachen auch eine Freundschaft vertiefen können. Im Anhang sind noch spielerische Sprachübungen und Reime zum Sprachverständnis beigefügt, die zum Sprechen und Nachsprechen anregen können. Eine Geschichte, die das Gemeinsame von türkisch stammenden Kindern und deutschen Kindern in den Mittelpunkt der Handlung stellt.

In *Echte Kerle* von Manuela Olten (Bajazzo Verlag, Zürich) wird eine wunderschöne Geschlechtersatire für Kinder dargeboten. Die beiden „Helden", kleine Mini-Machos, lassen sich in einem lustigen Rollenspiel treiben, in dem vermeintliche Schwächen der Mädchen ins Visier genommen werden. Doch bei den Stichworten „Angst" und „Gespenster" liegen plötzlich zwei verzagte

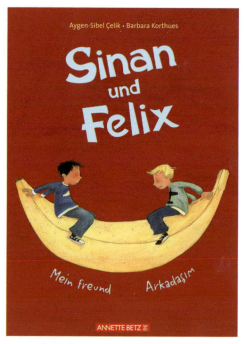

Aygen-Sibel Celik/Barbara Korthues: Sinan und Felix. Annette Betz Verlag, Wien 2007

Helden unter der Decke, Stofftiere im Arm, die Schwester in der Mitte. Voller Humor wird in dieser Geschichte abseits vom Machoklischee spielerisch ein differenziertes Rollenverständnis vorbereitet. Sie ist vielfältig im Kindergarten einsetzbar.

Der Zapperdockel und der Wok von Georg Bydlinski und Jens Rassmus (Dachs Verlag, Wien) ist eine streitbare Trostgeschichte mit wunderschönen Bildern von zwei Fantasiefiguren. Der Zapperdockel ist klein, unsicher und sensibel. Der Wok ist groß, stark und ein Grobian. Beide Charaktere treffen aufeinander und nach einigen Missverständnissen werden sie Freunde. Die stark gegensätzliche Charakterzeichnung verdeutlicht, dass im vermeidlich Schwachen auch Stärken verborgen sind, in dem vermeidlichen Grobian auch ein weicher, mitfühlender Kern stecken kann. Das Bilderbuch eignet sich vorzüglich für den Einsatz im Kindergarten.

Das ganz, ganz kleine Schwein mit dem ganz, ganz großen Hunger: Der kleine Tim will sich vor einer Spinatmahlzeit drücken. Daher erfindet er kurzerhand eine Geschichte von einem Schwein mit ganz, ganz großem Hunger. So gewinnt er Zeit. Oltens Illustrationen sind ausdrucksstark, voller Witz und Fantasie. Schließlich endet die Geschichte und Tim bekennt: „Ich habe nur einen ganz, ganz kleinen Hunger". In dieser Geschichte können sich viele Kinder wiederfinden, denn von einem ungeliebten Essen mit einer Geschichte abzulenken, ist vielen nicht fremd. Schön ist das versöhnliche Ende mit dem Bekenntnis des ganz, ganz kleinen Hungers.

Martin Auer/Manuela Olten: Das ganz, ganz kleine Schwein mit dem ganz, ganz großen Hunger. Beltz & Gelberg Verlag, Weinheim 2008

Opa sagt, er ist jetzt Ritter: Jonathans Opa ist anders als andere Großeltern, so die Erfahrung des Jungen. In der Geschichte wird die Veränderung vom unternehmungslustigen zum durch die Krankheit Parkinson geprägten Opa erzählt. Es ist eine gefühlvolle Geschichte, die trotz vieler Informationen, voller Verständnis die sich verändernde Beziehung zwischen Enkel und Großvater nachvollziehen lässt. Kinder können durch die Geschichte an Alter und Krankheit herangeführt werden. Sie können lernen, damit verständnisvoll umzugehen.

Dagmar H. Mueller/Verena Ballhaus: Opa sagt, er ist jetzt Ritter. Annette Betz Verlag, Wien 2008

Hermann Schulz/Tobias Krejtschi: Die schlaue Mama Sambona. Peter Hammer Verlag, Wuppertal 2007

Die schlaue Mama Sambona: Die Inselkönigin Mama Sambona liebt das Leben und hat alle Hände voll zu tun. Als der Tod sie abholen will, um sie zu den Ahnen mitzunehmen, lenkt sie ihn von seiner dunklen Aufgabe ab und lädt ihn zu einem Fest ein. Und dabei vergisst er vor lauter Lebensfreude seine dunkle Aufgabe. Schließlich müssen er und sein Gehilfe kapitulieren. Eine Bildergeschichte voller amüsanter Details und ausdrucksstarker Bilder, die der Figur des Todes neue Seiten abgewinnt, ihn am Ende fast sympathisch wirken lässt.

Keine Angst vor Schafen: Der kleine Kojote stammelt in diesem Bilderbuch wieder und wieder „Angst vor Schafen". Sein Problem ist, dass er nicht wild und mutig ist, wie es seine Eltern von ihm erwarten. Kurzum er ist ein Angsthase und weiß nicht, wie er das ändern soll. Durch einen Traum kommt die Wende für ihn. Dieses Bilderbuch ist ein Mutmachbuch für kleine Angsthasen. Insofern beinhaltet die Geschichte eine schon für kleine Kinder sehr tröstliche Erfahrung – im Traum und in der Wirklichkeit.

Will Gmehling/Andrea Oppermann: Keine Angst vor Schafen. Carlsen Verlag, Hamburg 2008

2.6 Die Bilderbuchbetrachtung

Ob ein Bilderbuch bzw. eine Bildergeschichte von einer Gruppe nur auf der reinen Handlungsebene betrachtet wird oder ob der Inhalt und die Aussage von den Kindern entdeckt und erschlossen wird, ist nicht unwesentlich durch das didaktische Vorgehen der Erzieherin/des Erziehers bedingt. In diesem Sinne kommt der Erzieherin auch die Rolle der Deuterin und der Vermittlerin zu.

Schließlich hängt auch die Wirksamkeit eines Bilderbuchinhaltes von der Einstellung der Erzieherin/des Erziehers, die sie bzw. er zu einem Bilderbuch gewonnen hat, ab. Die Erzieherin/der Erzieher muss selbst von dem Bilderbuch, von der Geschichte, dem daraus herzuleitenden Fragehorizont überzeugt sein, sollte möglichst Freude an der Geschichte haben, um den Kindern nicht nur Vorleser/in, sondern auch Zuhörer/in und Deuter/in zu sein, kurzum offene/r Gesprächspartner/in sein.

In einer Bilderbuchbetrachtung kann all dieses wirksam werden. Sie kann auf verschiedene Weise durchgeführt werden. Günstig ist es, wenn der Erzieher die Kinder in einem Halbkreis zusammensetzt. Er sitzt vor ihnen und hält das Buch den Kindern zugewandt in den Händen. In dieser Sitzordnung kann der Erzieher Bild für Bild mit den Kindern betrachten und besprechen. Ein Kind kann so leicht zwischendurch einmal aufstehen, um auf einem Bild etwas zu zeigen oder zu einem Bild etwas zu erzählen. Wichtig ist, dass alle Kinder von ihrem Sitzplatz aus die Bilder gleich gut sehen können.

Folgende **Vorgehensweisen für die Vermittlung des Bilderbuches** stehen zur Auswahl:

1. a) Der Erzieher zeigt das Bild.
   b) Die Kinder äußern sich dazu.
   c) Der Erzieher liest den Text vor.

2. a) Der Erzieher zeigt das Bild.
   b) Der Erzieher gibt den Inhalt des Begleittextes mit eigenen Worten wieder.
   c) Die Kinder äußern sich dazu.
3. Der Erzieher sitzt mit den Kindern zusammen im Halbkreis, das Bilderbuch wird gut sichtbar (auf einem Tisch oder Stuhl) aufgestellt.
   a) Jeweils ein anderes Kind blättert die Seiten um.
   b) Die Kinder äußern sich zum Bild.
   c) Der Erzieher liest den Begleittext vor. Die Kinder vergleichen, was sie selbst herausgefunden haben und was der Text ihnen mitteilt.
4. Mithilfe eines Bildmediums (Diaprojektor oder Beamer) werden die einzelnen Bilderbuchbilder, die zuvor auf das jeweilige Bildmedium übertragen wurden, auf eine Leinwand projiziert. Die Kinder sitzen in Stuhlreihen in Richtung zur Leinwand.
   a) Das Bilderbuchbild wird an die Leinwand projiziert.
   b) Der Erzieher liest oder erzählt den Begleittext.
   c) Die Kinder äußern sich zum Bild.
5. Da zahlreiche Bilderbücher zusammen mit Tonkassetten bzw. CDs angeboten werden, ist auch diese Möglichkeit mitzubedenken.
   a) Der Erzieher zeigt passend zur laufenden Tonkassette die Bildseiten des Buches (eventuell auch mithilfe des Epidiaskopes).
   b) Die Kinder äußern sich nach dem vollständigen Anhören und Sehen über ihre Eindrücke und stellen eventuell aufgetretene Fragen dem Erzieher.

Welche Vorgehensweise jeweils die wirksamste ist, muss vom Erzieher bzw. der Erzieherin entschieden werden. Gruppengröße, Alter, Konzentrationsfähigkeit, besondere Verhaltensweisen der Kinder und die Zielsetzung des Erziehers sind Faktoren, nach denen die eine oder andere Vorgehensweise gewählt werden sollte.

Beim Betrachten der einzelnen Bilder eines Bilderbuches ist es wesentlich, dass der Erzieher den Kindern Zeit lässt. Sie sollen sich wundern und freuen können. Um die Bilderbuchbetrachtung nicht oberflächlich verlaufen zu lassen, darf der Erzieher nicht bei spontanen Äußerungen der Kinder stehen bleiben. Er sollte **Impulse vermitteln, Fragen stellen, Hinweise und Denkanstöße geben**, um dadurch dafür zu sorgen, dass die Kinder tiefer in den Bildinhalt eindringen. Die Kinder entdecken aber auch durch gegenseitige Anregungen immer wieder selbst neue Einzelheiten auf dem Bild. Darüber hinaus sollte der Erzieher auch dafür sorgen, dass der Bildinhalt richtig verstanden wird. Bei Fehldeutungen hat er die Aufgabe, das Falsche zurechtzurücken, es entweder selbst zu erklären oder den Begleittext vorzulesen.

Bewegungsmöglichkeiten einbeziehen

Es kann sinnvoll sein, bei einer Bilderbuchbetrachtung **Pausen** zu machen, um das Aufnahmevermögen der Kinder nicht zu überfordern und den kindlichen Bewegungsdrang miteinzubeziehen. Folgende Möglichkeiten wären denkbar: Lieder, die auf die Bildsituation bezogen sind, können gemeinsam gesungen werden, Reime und Rufe zwischendurch gesprochen werden. Kinder ahmen nach jedem Bild Handlungen und Bewegungen der Gestalten nach. Weiterhin kann auch ein Handlungsablauf nachgespielt, nachgemalt oder mit Knete nachgestaltet werden, um die durch das Bilderbuch geweckten Vorstellungen zu vertiefen.

Dass sich in diesem Zusammenhang Möglichkeiten eröffnen, das Bilderbuch nicht nur passiv als Konsument aufzunehmen, sollte grundsätzlich mitbedacht werden.

Bilderbuchbetrachtungen ohne Erzieher/in

In kleinen Tischgruppen oder zu zweit bzw. zu dritt können sich Kinder auch sehr gut allein mit einem Bilderbuch beschäftigen, um den selbstständigen Umgang mit diesem Medium zu erlernen bzw. vertiefen. So kann die Freude an Bildergeschichten verstärkt werden. Dabei können sich die Kinder untereinander austauschen und beim Verstehensprozess gegenseitig unterstützen. Bilderbücher werden ja gern immer wieder angeschaut, da der Reiz des Wiederholens und erneuten Nachvollziehens bei vielen Geschichten gegeben ist.

Günstig ist auch die Einrichtung einer **Bilderbuchecke**, die möglichst gemütlich gestaltet und etwas abgeschirmt vom sonstigen Gruppengeschehen gelegen sein sollte, um den Kindern eine ungestörte Beschäftigung mit den Bilderbüchern zu ermöglichen. Durch ein pädagogisch durchdachtes Angebot an einer überschaubar gehaltenen Bilderbuchauswahl ist eine indirekte Vermittlung gegeben, die die direkte Vermittlung in positiver Weise zu ergänzen vermag.

2.7 Auswahlkriterien

Auswahlkriterien, die die äußere Gestaltung betreffen

1. Für Bilderbuchbetrachtungen ist die Größe der Bildseiten wichtig. Denn das Bilderbuch darf nicht zu klein sein, damit alle Kinder die Bilder gut erkennen können.

2. Die Bilder sollten überschaubar gegliedert, die Umrisse klar sichtbar sein. Nicht unbedingte Wirklichkeitstreue ist wichtig. Bilderbücher, die zu große Verzerrungen der Formen aufweisen, sollten jedoch nicht ausgewählt werden. „Überschneidungen und perspektivische Darstellungen werden erst allmählich erfasst" (Thiel, 1975, S. 65). Die Formdarstellung gibt zumeist den Ausschlag, ob Kinder ein Bild mit „richtig" oder „falsch" beurteilen.

3. Eine große Anziehungskraft üben Farben auf Kinder aus. So bestimmt die farbliche Gestaltung nicht unwesentlich den Aufforderungscharakter der Bilderbuchbilder. Die Funktion der Farbe liegt im emotionalen Bereich, da die Farben dazu beitragen, ob und wie ein Bild Stimmung und Atmosphäre wiedergibt. Damit hat die Farbgestaltung großen Einfluss darauf, ob die Kinder ein Bilderbuch als „schön" oder „nicht schön" empfinden.

4. Neben farbigen gibt es auch schwarz-weiß illustrierte Bilderbücher. Diese erregen besonders dann das Interesse der Kinder, wenn sie kräftig abgesetzte Formen und Flächen aufweisen. Auch Federzeichnungen, die sorgfältig Form und Einzelheiten berücksichtigen, finden das Gefallen der Kinder.

5. Bei den meisten Bilderbüchern fehlt die Angabe des Lesealters, sodass der Erzieher selbst entscheiden muss, ob die jeweils ausgewählte Bildergeschichte dem Auffassungsvermögen der Kinder angemessen ist. Die vom Arbeitskreis für Jugendliteratur herausgegebene Broschüre „Das Bilderbuch" kann dabei eine wichtige Hilfe sein.

Auswahlkriterien, die sich auf die inhaltliche Gestaltung beziehen

1. Das Bilderbuch sollte nach Möglichkeit Sprachanreizsituationen schaffen, um die sprachlichen und kognitiven Fähigkeiten der Kinder zu fördern. Dies kann durch handlungsreiche Bilder, die Darstellung von Konflikt- und Problemsituationen, offene Fragen und durch eine angemessene Beachtung des Erfahrungsbereiches der Kinder erreicht werden.

2. Der Begleittext im Bilderbuch sollte dem kindlichen Sprachvermögen entsprechen. Der Text muss in eindeutiger Beziehung zum Bild stehen.

3. Bilderbücher sollten den Kindern bei der Selbst- und Weltfindung helfen. Fantastische Bildergeschichten können diesem Ziel ebenso wie die wirklichsnahen dienen. Wesentlich ist, ob sie zum Mitdenken animieren, das Einbringen eigener Lebenserfahrungen in die fiktive Welt der Bildergeschichte ermöglichen, ggf. die Projektion eigener Wünsche, Bedürfnisse und Gefühle zulassen.

4. Bilderbücher sollten danach untersucht werden, ob in ihnen hergebrachte Rollenfixierungen konserviert werden und ob autoritäre oder demokratische Verhaltensmuster dargeboten werden.

5. Bilderbücher sollten den Kindern eine Hilfe sein, ihre Probleme und Konflikte angstfrei zu verarbeiten. Ferner sollten sie den Kindern helfen, autonomes Handeln (Mut und Selbstbewusstsein) und Kritikfähigkeit zu erlernen.

Die genannten Auswahlkriterien werden nicht immer von einem Bilderbuch erfüllt werden können. Sie geben jedoch der Erzieherin und dem Erzieher eine gute Orientierung, um geeignete Bilderbücher für die Erziehungs- und Bildungsarbeit auszuwählen.

2.8 Literatur zur pädagogischen Arbeit

In *Alles über Bücher – Bücher über alles!* von Christine Neumann (Don Bosco Verlag, München 2005) werden viele Praxis-Ideen rund um das Bilderbuch für den Kita-Alltag gegeben. Die reichhaltige Ideensammlung für die Leseförderung im Kindergarten kann allen angehenden und praktizierenden Erzieher empfohlen werden.

In *Literacy – Vom ersten Bilderbuch zum Erzählen, Lesen und Schreiben* von Marie Luise Rau (Haupt Verlag, Bern 2007) wird wissenschaftlich fundiert der Frage nachgegangen, wie Erziehende Kinder in ihrer Sprachentwicklung und Kommunikationsfähigkeit unterstützen können und gleichzeitig die Freude an Bilderbüchern (Büchern) gezielt fördern können. Besonders empfohlen sei Teil I (Bilderbücher betrachten).

In *Die positive Kraft der Bilderbücher* von Winfried Kain (Beltz & Gelberg Verlag, Weinheim 2006) werden Bilderbücher vorgestellt und ihr pädagogischer Einsatz praxisnah besprochen. Besonders der umfangreiche Praxisteil kann allen angehenden und bereits praktizierenden Erzieherinnen und Erziehern empfohlen werden.

In *Das Bilderbuch. Ein Empfehlungskatalog* hrsg. von Doris Breitmoser und Kristina Bernd (Arbeitskreis für Jugendliteratur e.V., 13. völlig überarbeitete Neuauflage, München 2008) werden 160 Bilderbücher ausführlich vorgestellt. Der Schwerpunkt liegt bei der Zielgruppe der Klein- und Kindergartenkinder. In diesem Sinne ist der Empfehlungskatalog eine unverzichtbare Orientierungshilfe für alle frühpädagogisch Tätigen.

> **Anregungen für den Unterricht**
>
> *Die Auswahlkriterien (vgl. S. 52–53) lassen sich durch eine genauere Untersuchung verschiedener Bilderbücher gut erproben. Je nach Klassengröße können 4–5 Bilderbücher in kleinen Schülergruppen analysiert und in der Gesamtklasse vorgestellt und im Blick auf die pädagogischen Möglichkeiten diskutiert werden.*
>
> *Folgende Titel können dafür empfohlen werden:*
>
> *Der Gänsegeneral von Lemke und Ellermann (S. 41) ist mit seiner Antikriegsbotschaft eine Herausforderung für eine Bilderbuchanalyse, die auch durchaus zu kontroversen Ergebnissen führen kann. Auch die Analyse der Illustrationen ist anspruchsvoll und eine gute Herausforderung für angehende Erzieher.*
>
> *Gu-Gui – das kleine Entodil von Chih-Yuan Chen (S. Fischer Verlag, Frankfurt 2008) ist ein sehr schönes Bilderbuch über Anderssein, Toleranz und Liebe. Es ist aus dem chinesischen übertragen worden und zeigt, das die vorgenannte Thematik kulturübergreifend, eine zutiefst menschliche ist, die wiederum durch die handelnden Tiere überzeugt.*
>
> *Ente, Tod und Tulpe von Wolf Erlbruch (Antje Kunstmann Verlag, München 2007) ist ein Bilderbuch über das Sterben. Dieses selbst für Erwachsene schwierige Thema hat Erlbruch Kindern auf beachtliche Weise zugänglich gemacht. Inwieweit allerdings diese Beurteilung auch von den angehenden Erzieherinnen geteilt wird,*

könnte im Unterricht zu einer anregenden Auseinandersetzung und Analyse dieses Bilderbuches führen.

Weiterhin wäre die Durchführung einer Bilderbuchbetrachtung mit einer kleinen Kindergruppe eine gute Möglichkeit, diese Vermittlungsform auszuprobieren und einzuüben.

Nach Bearbeitung und Analyse einzelner Bilderbücher könnte das Thema auch noch künstlerisch-kreativ vertieft werden, indem die Studierenden (in kleinen Gruppen) selbst ein Bilderbuch nach den zuvor gewonnenen Erkenntnissen herstellen.

Weiterführende Literatur

Brem, Charis (Hrsg.): Unsere Bilderbücher. Was sie alles können. 1. Auflage, Verlage Thienemann und Gabriel, Stuttgart/Wien 2006

Engelbert-Michel, Angela: Das Geheimnis des Bilderbuches. Ein Leitfaden für Familie, Kindergarten und Grundschule. 1. Auflage, Brandes & Apsel Verlag, Frankfurt a. M. 1998

Franz, Kurt/Lange, Günter (Hrsg.): Bilderwelten. 1. Auflage, Schneider Verlag Hohengehren, Baltmannsweiler 2000

Halbey, Hans Adolf: Bilderbuch: Literatur. 1. Auflage, Beltz Athenäum Verlag, Weinheim 1997

Hollstein, Gudrun/Sonnenmoser, Marion: Werkstatt Bilderbuch. 2. aktualisierte Auflage, Schneider Verlag Hohengehren, Baltmannsweiler 2006

Hollstein, Gudrun/Sonnenmoser, Marion: 100 Bilderbücher für die Grundschule. 1. Auflage, Schneider Verlag Hohengehren, Baltmannsweiler 2007

Kain, Winfried: Die positive Kraft der Bilderbücher. Bilderbücher in Kindertagesstätten pädagogisch einsetzen. 1. Auflage, Beltz Verlag, Weinheim 2006

Kretschmer, Christine: Bilderbücher in der Grundschule. 1. Auflage, Volk und Wissen Verlag, Berlin 2003

Maier, Karl Ernst: Jugendliteratur, 10. Aufl., Klinkhardt Verlag, Bad Heilbronn, 1993

Schikorsky, Isa: Schnellkurs Kinder- und Jugendliteratur. 1. Auflage, DuMont Verlag, Köln 2003

Thiel, M.: Das Bilderbuch, in: Das Buch in der Schule, hrsg. v. Malte Dahrendorf, Schroedel Verlag, Hannover 1975

Thiele, Jens (Hrsg.): Das Bilderbuch, 1. Auflage, Isensee Verlag, Oldenburg 2000

Thiele, Jens (Hrsg.): Bilderbücher entdecken, Isensee Verlag, Oldenburg 1985

Thiele, Jens: Das Bilderbuch. in: Taschenbuch der Kinder- und Jugendliteratur, hrsg. von Günter Lange, 1. Auflage, Bd. 1, Schneider Verlag Hohengehren, Baltmannsweiler 2000, S. 228–245

Thiele, Jens: Das Bilderbuch. in: Handbuch Kinderliteratur, hrsg. von Jens Thiele und Jörg-Dietrich Steitz-Kallenbach, 1. Auflage, Herder Verlag, Freiburg 2003

Thiele, Jens (Hrsg.): Neue Impulse der Bilderbuchforschung. 1. Auflage, Schneider Verlag Hohengehren, Baltmannsweiler 2007

3 Kinderlyrik

3.1 Zum Begriff „Kinderlyrik"

3.2 Zur Entstehung der Kinderlyrik

3.3 Themenfeld der Kinderlyrik

3.4 Psychologische und soziologische Aspekte der Kinderlyrik

3.5 Zur Didaktik der Kinderlyrik

3.6 Anthologien

Wenn die Möpse Schnapse trinken

Wenn die
Möpse
Schnapse
Trinken,
Wenn vorm
Spiegel
Igel
Stehn,
Wenn vor
Föhren
Bären
Winken,
Wenn die
Ochsen
Boxen
Gehn,
Wenn im
Schlafe
Schafe
Blöken,
Wenn im
Tal
Ein Wal
Erscheint.
Wenn in
Wecken
Schnecken
Stecken,

Wenn die
Meise
Leise
Weint,
Wenn
Giraffen
Affen
Fangen,
Wenn ein
Mäuslein
Läuslein
Wiegt,
Wenn an
Stangen
Schlangen
Hangen,
Wenn der
Biber
Fieber
Kriegt,
Dann
Entsteht
Zwar
Ein Gedicht,
Aber
Sinnvoll
Ist es
Nicht!

James Krüss, Wenn Möpse
Schnäpse trinken, Aufbau Verlag,
Berlin 2007

Rotraut Susanne Berner/Edmund Jacoby: Dunkel war's, der Mond schien helle. Gerstenberg Verlag, Hildesheim 1999, S. 22

Kinderreime und Kinderlieder bieten einen ständigen Anreiz für gemeinsames Sprechen, Singen und Spielen. Weiterhin werden in ihnen Informationen über die Welt auf verständliche Weise weitergegeben, die nicht nur passiv von den Kindern aufgenommen, sondern auch aktiv und produktiv umgestaltet werden dürfen.

Bei den Kindergedichten hingegen fällt das Gemeinschaftserlebnis weitgehend weg. Sie können als Vorlese- und Aufsagematerialien Anregungen und Denkanstöße auf besonders einprägsame Weise vermitteln.

3.1 Zum Begriff „Kinderlyrik"

Mit dem Begriff „Kinderlyrik" werden die Begriffe „Kinderlieder" und „Kinderreime" zusammengefasst, da Lied, Lyrik und Reim eng miteinander verwandt sind (vgl. Lorbe, 1984, S. 339).

Bei der Entstehung der Kinderlyrik fehlt die für andere Gattungen der Kinderliteratur charakterisierende einheitliche Intention, dass nämlich der Erwachsene als Produzent auftritt und das Kind als Empfänger bzw. Verbraucher. Innerhalb der Kinderlyrik treten neben den Erwachsenen auch Kinder als Produzenten auf. Zudem gibt es Texte, die ursprünglich für Erwachsene bestimmt waren. „Außerdem dienen Kinderreime, die teils gesprochen, teils gesungen, meistens jedoch in leierndem Singsang vorgetragen werden, unterschiedlichem Gebrauch. Sie beschreiben die Welt, sie erscheinen zur Unterhaltung und Belehrung, als erklärende Texte zu Bildern, als Schnellsprechreime, als Schlafliedchen, Kniereiterverse, Auszählreime, begleiten die verschiedensten kindlichen Tanz- und Reihenspiele oder sind nichts anderes als Ausdruck des immer neuen Vergnügens der Kinder – manchmal auch der Erwachsenen – an Kunststückchen, die sich mithilfe der Sprache hervorzaubern lassen" (Lorbe, 1984, S. 340).

So versammeln sich die verschiedenartigsten Gebilde unter dem Begriff „Kinderlyrik". Eine Abgrenzung dieser Gattung wird insbesondere durch die verzweigte und manchmal auch verschwommene Entstehungsgeschichte der Kinderlyrik erschwert. Im Folgenden werden die einzelnen Stränge der Entstehung zurückverfolgt und in ihren wesentlichen Zügen aufgezeigt, um eine begriffliche Abklärung zu erreichen. An der Darstellung des historischen Werdeganges der Kinderlyrik lassen sich dann die Charakteristika dieser Gattung aufzeigen.

3.2 Zur Entstehung der Kinderlyrik

„Grundlegend für die Klärung der Herkunft und der Entstehungsgeschichte der Kinderlyrik ist die Scheidung in zwei große Kategorien, in die des ‚Kinderkunstliedes' und die des ‚Kindervolksliedes'" (Lorbe, 1984, S. 341). Der Unterschied dieser beiden Kategorien zeigt sich in Form, Aufbau und Inhalt der einzelnen Texte. An einem einfachen Beispiel lässt sich dieses gut verdeutlichen:

Beispiel: Kinderkunstlied

Häslein in der Grube
saß und schlief:
armes Häslein, bist du krank,
dass du nicht mehr hüpfen kannst?
Häslein, hüpf!

Beispiel: Kindervolkslied

Rote Kirschen ess ich gern,
schwarze noch viel lieber.
In die Schule geh ich gern,
alle Tage wieder.
Hier wird Platz gemacht
für die jungen Damen.
Saß ein Kuckuck auf dem Dach,
hat der Regen nass gemacht.
Kommt der liebe Sonnenschein,
diese Liese soll es sein.

Das *Häslein in der Grube* weist einen logisch aufgebauten Inhalt auf und lässt sich dadurch der Kategorie **Kinderkunstlied** zuordnen. Das Beispiel *Rote Kirschen ess ich gern* dagegen springt von einem Motiv zum anderen und lässt sich dadurch als Vertreter der **Kindervolkslyrik** anführen. Dort, wo bewusst von Erwachsenen ein Lied oder Reim für Kinder verfasst worden ist, kann man also vom Kinderkunstlied sprechen. Allerdings ist dieses nur eine Komponente der Kinderlyrik, eine endgültige Trennung zwischen Kinderkunstlied und Kindervolkslied ist damit nicht immer vollzogen. „Gelingt es dem Verfasser, mit der Wahl des Themas die Kinder zu faszinieren, täuscht er keine verstellte Wirklichkeit vor, lügt er – wenn er es schon tut – gleich so faustdick, dass ein lustiges Lügenmärlein daherwächst, schreibt er einen gängigen, unkomplizierten Stil und lässt er, statt den moralischen Zeigefinger zu heben, den eigenen Spaß an seinem Fabrikat spüren, dann sind Vorbedingungen dafür gegeben, dass das Gedicht in den Bereich der Kindervolkslieder hineinschlüpft und dort verbleibt" (Lorbe, 1984, S. 341). *Das Häslein in der Grube* und das allbekannte *Schlaf, Kindlein, schlaf* gehören zu diesen gelungenen Kinderkunstliedern. Erfreulicherweise sind gerade in den letzten Jahren viele Kindergedichte geschrieben worden, die ziemlich genau den kindlichen Ton und die kindliche Welt erfassen.

Die Maßstäbe für die Kinderlyrik werden durch das Kindervolkslied vorgegeben. Im Folgenden wird die Entstehungsgeschichte des Kindervolksliedes skizziert. Im Vergleich zum Kinderkunstlied ist die Entstehung des Kindervolksliedes weitaus schwieriger zurückzuverfolgen. Ruth Lorbe hat den Versuch unternommen, den Entstehungsprozess des Kindervolksliedes schematisch darzustellen, um diesen bildhaft zu verdeutlichen. Diese Darstellung wird hier übernommen, darf aber nicht als unabänderlich fixierte Ordnung verstanden werden.

Entstehungsprozess des Kindervolksliedes

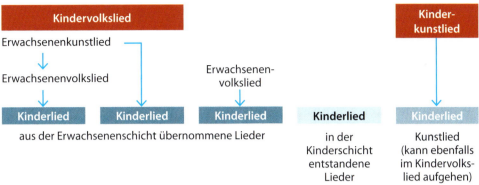

(Lorbe, 1984, S. 342)

Wie der Darstellung zu entnehmen ist, lassen sich viele Kinderlieder von ihrem Ursprung her auf das **Erwachsenenkunstlied** zurückführen, an dessen Anfang ein Erwachsener stand, der Lieder für ein Erwachsenenpublikum verfasste. Es erfolgte zunächst im Laufe vieler Jahre (insbesondere durch die mündliche Überlieferung) der Übergang zum **Erwachsenenvolkslied** und dann in der zweiten Stufe der Übergangsprozess vom Erwachsenenvolkslied zum **Kinderlied**. „Verstümmelte Motive und merkwürdige Sinnfetzen blieben zurück, verbunden nicht durch logischen Sinnzusammenhang, der für das kindliche Verständnis überflüssig ist, sondern durch Rhythmus, Reim, Klang- und Sinnassoziation" (Lorbe, 1984, S. 343). So ist ein großer Anteil der Kinderlyrik durch den zweifachen Umformungsprozess vom Erwachsenenkunstlied über das Erwachsenenvolkslied zum Kinderlied herausgeformt worden.

Ein weiterer Anteil ist direkt – ohne Umweg über das Erwachsenenvolkslied – aus **Erwachsenenkunstliedern** hervorgegangen. Als Beispiele hierzu sind Schlagertexte zu nennen, die in einzelnen Motiven oder als Ganzes von den Kindern absorbiert wurden. Der Übergangsprozess spielt sich ganz ähnlich ab, wie beim Übergang vom Erwachsenenvolkslied, doch lassen sich in diesen Kinderliedern „unkindliche typische Erwachsenenmotive noch viel deutlicher erkennen als bei den vorher beschriebenen Kinderliedern. Der Verkindlichungsprozess konnte noch nicht lange genug wirken, um die Spuren der Erwachsenendichtung zu verwischen" (Lorbe, 1984, S. 343). Zu dieser Gruppe gehören auch Texte, in denen Kinder Kirchenlieder, Operntexte und Gedichte deutscher Klassiker parodieren. Texte, die parodierend einen klassischen Text aufs Korn nehmen, sind nun nicht verstümmelte Überbleibsel der Erwachsenendichtung, „sondern ist absichtliche, sehr oft kritische Um- bzw. Weiterdichtung durch die Kinder" (Lorbe, 1984, S. 343).

Beispiele

Drei Veilchen, drei Veilchen
die pflanzt ich auf mein Grab,
da kam ein Vegetarier
und fraß sie ab.

Es ist ein Ross entsprungen
Aus einem Pferdestall
Der Rossknecht wollte es halten
Und kam dabei zu Fall.

Loch in Erde
Bronze rin
Glocke fertig
bim bim bim.

(Rühmkorf, 1988, S. 110–114)

Es waren zwei Königskinder
Die hatten einander so lieb
Sie konnten zusammen nicht kommen
Es war kein Fährbetrieb.

Peter Rühmkorf hat in seinem Band **Über das Volksvermögen** eine umfassende Dokumentation dieser parodistischen Verse und Verulkungen zusammengestellt.

Bisher wurde das Erwachsenenkunstlied als indirekte oder direkte Quelle des heutigen Kinderliedes bzw. heutiger Kinderlyrik aufgezeigt. Doch ist es nicht die einzige Quelle, auch innerhalb der Volkspoesie lassen sich Zeilen und Strophen finden, die aus altem Brauchtum entstanden sind und uralte Wurzeln haben. Beispiele dafür sind die **Segens- und Beschwörungsformeln** aus heidnischer Zeit. Diese Beschwörungsformeln richten sich „gegen Krankheit, gegen Unwetter, gegen Dämonen, für Wachstum und Fruchtbarkeit" (Lorbe, 1984, S. 344).

Beispiele

Heile, heile, Segen!
Sieben Tage Regen,
sieben Tage Schnee:
Es tut nimmerweh!

(Dirx/Seelig, 1984, S. 58)

Heile, heile,
's Kätzchen am Seile.
's Hündchen am Strick:
Mein Bübchen ist noch ungeschickt.

Es tanzt ein Bi-Ba-Butzemann
in unserm Haus herum, widibim,
er rüttelt sich, er schüttelt sich,
er wirft sein Säcklein hinter sich.
Es tanzt ein Bi-Ba-Butzemann
in unserm Haus herum.

(überliefert)

Liebe, liebe Katrein,
lass die Sonnen schein,
lass den Regen vorübergehn,
dass die Kinder könn' spielen gehn.

(Dirx/Seelig, 1987, S. 72)

„Beschwörungsformeln erzählen keine Geschichte, sie sind allenfalls geheimnisvolle Sinnfragmente, angefüllt mit klangvollen Worten, Alliterationen, Assonanzen und Wiederholungen; und bei den Zeilen, die Bewegungen begleiten, herrscht vor allem das rhythmische Element vor" (Lorbe, 1984, S. 344). Restbestände lassen sich in zahlreichen Reimen finden.

Ein weiterer Entstehungsbereich ist der, den man als **eigenständige Kinderdichtung** bezeichnen kann. Es handelt sich dabei um Produkte, die von den Kindern selbst verfertigt wurden.

Beispiele

Anna widiwanna
widiwumbas kadanna
widiwumbas kadrops
die Anna is a Mops.

Acke backe bohne knacke
Elle belle bulle baff
Un du büst aff.

(überliefert)

Vorstehende Beispiele sind sicher nicht von Erwachsenen verfasst worden. So sind viele Reime der kindlichen Fantasie entsprungen. Die Neckversen und Wortkunststückchen, die kindlicher Initiative entstammen, „sind unkompliziert, getragen von einem gleichmäßigen, meist leiernden Rhythmus und drücken die Lust am Spiel mit Lauten und das Vergnügen am Komischen und Lächerlichen aus" (Lorbe, 1984, S. 345). Nicht selten werden auch Erwachsenenmotive verwendet, die sich allerdings so in die kindliche Eigenart und Vorstellungswelt einfügen, dass sie der kindlichen Mentalität entsprechen.

Beispiel

John F. Kennedy
kauft sich einen Kaugummi
spuckt ihn wieder aus
und Du bist raus.

(überliefert)

Das Erscheinungsbild der Kinderlyrik wird eigentlich erst aus der Kenntnis der verzweigten Entwicklungsgeschichte verständlich. Es wurde aufgezeigt, dass Kinderlyrik, die ursprünglich von Erwachsenen für Erwachsene bestimmt war, andere Motive aufweist, als Kinderlyrik, die von Erwachsenen für Kinder verfasst wurde. Weiterhin haben Texte, die von den Kindern selbst fabriziert wurden, einen anderen Charakter als die Werke der Erwachsenen.

Durch die mündliche Überlieferung und den damit verbundenen Zersingeprozess haben sich wichtige Veränderungen der ehemaligen Erwachsenenlieder ergeben. Es haben sich durch diesen Umformungsprozess Eigenschaften entwickelt, die die von den Kindern selbst hergestellten Texte von vorneherein hatten. „Diese Eigenschaften sind vor allem das Ausstoßen aller lehrhaft moralisierenden oder streng verstandesmäßigen Tendenzen; das Umwandeln von Erwachsenenmotiven, der Verzicht auf Sinnzusammenhang innerhalb eines Textes, stattdessen immer wieder Sprunghaftigkeit; eine ausgesprochene Freude am Un-Sinn; das Vorherrschen von kurzen Zeilen, von Rhythmus, Reim, Wiederholungen und Assoziationen" (Lorbe, 1984, S. 345). Diese Einzelheiten werden zusammengefasst durch die Tatsache, dass sie „die Welt des Kindes" widerspiegeln, insofern als Struktur, Sinnzusammenhang und Stil des Kinderliedes durch die kindliche Vorstellungswelt geprägt sind. Die Welt erscheint aber nicht als „heile Welt", sondern als natürliche Welt, in der alles passieren kann.

Nach Ruth Lorbe stellt das Kindervolkslied den eigentlichen Kern der Gattung dar, da es im Gegensatz zum Kinderkunstlied „gesellschaftspolitische und modische Umstürze absorbieren und überdauern kann" (1984, S. 346), währenddessen das Kinderkunstlied nur eine vorübergehende Rolle spielt. Es sei denn, das Kinderkunstlied fließt in den Bestand des anonymen Kindervolksliedes ein.

Allerdings hat sich das Kinderkunstlied in den letzten 25–30 Jahren erheblich gewandelt, sodass sich eine erhebliche Annäherung vollzogen hat. Spiegelte sich im Kinderkunstlied der siebziger Jahre das antiautoritär aufbegehrende Missvergnügen, so wandelte es sich in den achtziger und neunziger Jahren zu mehr Harmonie und versöhnlicher Heiterkeit sowie weniger aggressiver Kritik.

„Die Aura der Erwachsenenwelt", die im traditionellen Kinderkunstlied vorherrschte, ist so mehr und mehr einer natürlichen Kindlichkeit gewichen. „So direkt und unvoreingenommen wird da die Welt vorgeführt, dass es in vielen Fällen schwierig ist, noch länger zwischen Kindervolkslied und Kinderkunstlied zu unterscheiden" (Lorbe, 1984, S. 346).

Beispiele

Ki Ka Ko Kartoffelsack
morgen ist ein Feiertag.
Gibt es Kuchen,
musst du suchen.

(Janosch, in: Gelberg, 1989, S. 51)

Bim bam bum
du bist dumm.
Bim bum bam
du bist dran.

(Janosch, in: Gelberg, 1989, S. 51)

Eichen, Buchen, Tannen,
und du musst fangen.
Eichen, Tannen, Buchen,
und du musst suchen.

(Enzensberger, 1975, S. 223)

Ene mene Miste,
es rapelt in der Kiste,
ene mene muh,
und raus bist du.

(überliefert)

Alle vier Beispiele können als „echte Kinderlieder" bezeichnet werden, in ihnen spiegelt sich deutlich die kindliche Vorstellungswelt wider.

3.3 Themenfeld der Kinderlyrik

Auf dem Umschlag des Kindergedichtbandes *Überall und neben dir*, der fast 400 Gedichte von verschiedenen Autoren beinhaltet, umschreibt der Herausgeber Hans-Joachim Gelberg das Themenfeld zeitgenössischer Kinderkunstgedichte folgendermaßen: „Sie handeln von der Natur, von Wind und Wetter, von Nähe und Ferne, von Reisen, Rätseln und Geheimnissen. Von Geschwistern, von Vater und Mutter." Weiter führt Gelberg aus: „Das Kindergedicht von heute unterliegt keinem Zwang. Es enthält Liebe und Zuwendung der Erwachsenen an die Kinder ebenso wie den Kinderprotest und die Suche der Kinder nach Zuwendung und Zärtlichkeit" (Gelberg, 1982, S. 211).

Es werden aber auch Flugzeuge, Raumfahrt, Autos, Raketen, Bomber, Bagger usw. im zeitgenössischen Kindergedicht thematisch eingearbeitet, sodass das Spektrum der Inhalte und Themen breit ist. Trotzdem gilt für die Kinderkunstlyrik wie für die anonyme Kindervolkslyrik:

„Das Thema der Kinderlyrik ist die Welt. In Gedichten und Liedern begegnet das Kind der Welt. Dabei wird ganz deutlich, wie die Kinder selbst an ihrem Weltbild mitarbeiten; denn sie dulden nur das, was ihrer eigenen, noch unvoreingenommenen, vorurteilslosen Einstellung der Welt gegenüber entspricht, und das Kinderkunstgedicht erweist sich dann um so besser, wenn es diesem Beispiel folgt" (Lorbe, 1984, S. 352). Die Welt erscheint dabei nicht als kindische Welt, es werden **reale Dinge und Vorgänge** vorgeführt, wobei Reim und Rhythmus wieder abrunden und harmonisieren.

Beispiele

Das ist der Daumen,
der schüttelt die Pflaumen,
der liest sie auf,
der trägt sie heim,
und der kleine Wix isst sie ganz allein.

(überliefert)

Backe, backe Kuchen,
Der Bäcker hat gerufen!
Wer will guten Kuchen backen,
Der muss haben sieben Sachen:
Eier und Schmalz,
Butter und Salz,
Milch und Mehl,
Safran macht den Kuchen gehl.
Schieb, schieb in Ofen 'nein.

(überliefert)

Im Kindergedicht dürfen logische Bedenken wegfallen. Das **Experimentieren mit der Sprache**, mit klanglichen und rhythmischen Möglichkeiten sind wesentliche Elemente, sodass der Inhalt eines Kindergedichts oft nur von der Wortähnlichkeit abgeleitet oder aber vom Klangrhythmus bestimmt wird. Daraus ergeben sich unzählige Möglichkeiten.

Beispiele

Auf einem Gummi-Gummi-Berg,
da wohnt ein Gummi-Gummi-Zwerg,
der Gummi-Gummi-Zwerg
hat eine Gummi-Gummi-Frau,
die Gummi-Gummi-Frau
hat ein Gummi-Gummi-Kind,
das Gummi-Gummi-Kind
hat ein Gummi-Gummi-Kleid,
das Gummi-Gummi-Kleid
hat ein Gummi-Gummi-Loch,
und du bist es doch!

(Enzensberger, 1975, S. 225)

Was denkt die Maus am Donnerstag,
am Donnerstag,
am Donnerstag?
Dasselbe wie an jedem Tag,
an jedem Tag,
an jedem Tag.
Was denkt die Maus an jedem Tag,
am Dienstag, Mittwoch, Donnerstag
und jeden Tag,
und jeden Tag?
Hätt ich nur ein Wurstebrot
mit ganz viel Wurst
und wenig Brot! ...

(Guggenmos, 1966, S. 101)

Haben Katzen
auch Glatzen?
So gut wie nie!
Nur die fast unbekannte
sogenannte Glatzenkatze,
die hat 'se.
Und wie!

(Michael Ende, in: Gelberg, 1989)

Es lebte einst ein Zauberer
Kori, Kora, Korinthe.
Der saß in einem Tintenfass
und zauberte mit Tinte …

(Krüss, 1959, S. 155)

Wenn Kinder unter sich sind, spielt der „Bereich des Vulgär-Unmanierliechen, des Sexuellen und des Zotigen" (Lorbe, 1984, S. 353) eine nicht zu übersehende Rolle. Die Kinder nehmen kein Blatt vor den Mund, wenn sie mit Humor und derber, aber realistischer Fantasie am Werk sind, Texte dieser Machart zu fabrizieren.

Beispiele

Ene dene dorz,
De Deiwel lässt'n Forz
Lässt en in die Hose
Stinkt nach Aprikose
Lässt en widder raus
Und du bist draus.

Ene mene mopel
Wer frisst Popel
Süß und saftig
Einemarkundachtzig
Einemarkundzehn
Und du kannst gehn.

In Itzehoe
Da ist das so
Da haben die Mädchen
'n Glaspopo.

Eine kleine Micky Maus
Zog sich ihre Hosen aus
Zog sie wieder an
Und du bist dran.

(Rühmkorf, 1988, S. 29–63)

Liebe und Heirat ist ein oft auftauchendes Thema der Kinderlyrik, allerdings kommt dieses Motiv häufiger in der Kindervolkslyrik als in der Kinderkunstdichtung vor.

Beispiele

Auf dem Kölner Bahnhof vor der Drogerie
da saß die kleine (Name),
gepudert wie noch nie.
Sie wartet auf den Abschiedskuss,
den sie von (Name) haben muss,
wie einst Lili-Marleen,
wie einst Lili-Marleen.

(Grober-Glück, 1971, S. 112)

Und hinter ihrem Hause,
Da stand ein goldner Busch,
Da gaben sich die beiden
Den ersten Heiratskuss …

(Lorbe, 1971, S. 155)

Wen du brauchst
Einen zum Küssen und Augenzubinden,
einen zum Lustige-Streiche-erfinden.
Einen zum Regenbogen-suchen-gehn
und einen zum Fest-auf-dem-Boden-stehn.
Einen zum Brüllen, zum Leisesein einen,
einen zum Lachen und einen zum Weinen.
Auf jeden Fall einen, der dich mag,
heute und morgen und jeden Tag.

(Gelberg, 1989, S. 159)

Ausrufzeichen, Herz daneben,
dich vergess ich nie im Leben!

(Gelberg, 1989, S. 154)

Politische Vorgänge und Figuren kommen in vielen Reimen vor.

Beispiele

Auf der schwäbschen Eisebahne
Kommt der Chruschtschow angefahre
Mit zwei Bomben unterm Arm
Achtung Achtung Kriegsalarm

(Rühmkorf, 1988, S. 178 f.)

Erhardtlein läuft immer schneller
Rast mit achtzig durch den Keller
Und der dicke Josef Strauß
Rutscht auf'ner Banane aus.

Die gemütliche „schwäbische Eisebahne" entschärft die Gefahr der dargestellten Situation. Die Situationskomik im zweiten Teil des Reimes überwiegt jedoch eindeutig. Bewunderte oder gefürchtete politische Größen werden in diesen Kinderversen hingegen zu gewöhnlichen Menschen umgewandelt. Sie werden mit Schwächen ausgestattet und in Situationen beschrieben, die recht menschlich sind. Dadurch vollzieht sich eine gesunde Normalisierung, wobei Spott und Humor mit im Spiel sind.

Politische Figuren und Ereignisse erscheinen im Kindervolkslied zumeist zufällig. Durch Situationskomik wird oftmals auch jeder weitere Sinn verdrängt. Im Kinderkunstlied dagegen werden politische Aspekte weitaus gezielter eingesetzt.

Beispiele

Da war der Lehrer Huber
Der war für den Krieg, für den Krieg.
Wenn er sprach vom Alten Fritzen
Sah man sein Auge blitzen
Aber nie beim Wilhelm Pieck.

Da kam die Waschfrau Schmitten
Die war gegen Dreck, gegen Dreck.
Sie nahm den Lehrer Huber
Und steckt' ihn in den Zuber
Und wusch ihn einfach weg.

(Brecht, 1967, S. 973)

Wer warf die erste Atombombe?
Wer warf die erste Atombombe?
Die Amerikaner.
Und wer wirft die letzte?
Das interessiert mich nicht.
Was interessiert dich dann?
Wer keine wirft.

(Gelberg, 1989, S. 220)

Ein wichtiges Thema der Kinderlyrik ist natürlich auch die nähere Umgebung des Kindes: die **Familie** und der **Spielbereich**. „Die einzelnen Reime verzeichnen harmlose, bedrohliche, unanständige, komische Situationen, und häufig integrieren Spiegelungen sozialer und politischer Vorgänge die in den Texten dargestellte Welt. Neben den starken Einflüssen durch Rhythmus, Reim und Sprunghaftigkeit bewirken dabei Fantasie, Humor und Freude am Spott, dass, obwohl die Themen zumeist dem Alltagsleben entnommen sind, in der Kinderlyrik eine Wirklichkeit entsteht, die die kunstvoll aufgebaute Erwachsenenwelt, in der ein Vogel keine sieben Jahre singen kann, zerschlägt und ihr eine Welt entgegensetzt, die einem anderen Realitätsprinzip entspringt. Am vollkommensten erweist sich diese Welt in den Reimen, in denen die Kinder sich auch einer eigenen Sprache bedienen, einer Sprache, die vorwiegend aus rhythmischen und klanglichen Elementen besteht und sich gelegentlich in die gewohnte Sprache einschiebt" (Lorbe, 1984, S. 357).

Beispiele

Ele mele mink mank
Pink pank
Use buse ackadeia
Eia weia weg.

(Rühmkorf, 1988, S. 27)

Itzen ditzen
Silberschnitzen
Itzen ditzen daus
Und du bist draus!

(Enzensberger, 1975, S. 221)

Den Erwachsenen gelingen solche gelungenen „Rhythmus-Klang-Schöpfungen" selten. Sie sind, wie folgendes Beispiel zeigt, stärker am Wortsinn orientiert:

Beispiele

Hokuspokus, Kokosnuss
Hexenzwirn und Löwenfuß
Eulenschwanz und Nudelmann –
der – ist – dran.

(Janosch, in: Gelberg, 1989, S. 58)

3.4 Psychologische und soziologische Aspekte der Kinderlyrik

Wie aufgezeigt wurde, ist die anonyme Kindervolkslyrik entweder Ergebnis des kindlichen Umformungsprozesses oder aber eigenständiges Fabrikat der Kinder. So repräsentiert sie eine Kinderliteratur, die genau den kindlichen Bedürfnissen entspricht. Es lässt sich im eigentlichen Sinne eben auch erst dann von Kinderlyrik sprechen, wenn sich in einem Text – inhaltlich und formal – die **Vorstellungswelt des Kindes** deutlich abzeichnet. Zwar ist der Rhythmus tragender Faktor der Kinderlyrik, doch ist es zunächst der eigene Rhythmus, „der dem persönlichen Ich des Kindes innewohnt" (Lorbe, 1984, S. 358), der das von außen Herangetragene umgestaltet, um es entsprechend dem kindlichen Auffassungs- und Vorstellungsvermögen anzupassen. So stellt sich die wichtigste Grundbedingung der

Kinderlyrik als psychologischer Vorgang dar: „Die Außenwelt wird hereingezogen durch ein gleichzeitig umformendes Auffassungsvermögen. Damit ist der Prozess jedoch nicht beendet; denn nun setzt erst das Bedürfnis der Kinder ein, das Erworbene im Gefüge von rhythmischen Zungenübungen, oft in enger Verbindung mit rhythmischen Bewegungen, wieder an den Mann zu bringen" (Lorbe, 1984, S. 358).

Bei diesem Prozess spielt auch das Alter der Kinder eine wichtige Rolle. Dieses lässt sich zum Beispiel am Liebesmotiv verdeutlichen. Die Vorgänge der Außenwelt werden innerhalb der Kinderwelt noch unreflektiert erlebt, doch sind Freude und Angst, der kindliche Wunsch, sich zu verstecken oder andere zu suchen, vorhanden.

Gewisse sexualpsychologische Erscheinungsformen sind somit angelegt und äußern sich besonders im Spiel der Kinder, „das sich ja in engstem Zusammenhang mit den Reimen abwickelt. Verstecken, Suchen, Fangen, alle diese Spiele sind kindliche Gestaltwerdungen eines von vornherein angelegten erotischen Triebes, der zwar noch nicht entfaltet ist, aber unterschwellig die Regeln der Kinderspiele und Kinderreime bestimmt" (Lorbe, 1984, S. 358). Kinder bevorzugen Texte und Spiele, die in dieser Richtung ausgeprägt sind und fühlen sich dabei am glücklichsten. In vielen Liedern und Reimen existieren **erotische Motive**, die von den jüngeren Kindern noch nicht verstanden und damit auch nicht bewusst hervorgehoben werden. Ältere Kinder dagegen konzentrieren sich bewusster auf diese Motive, besonders eben auf das Liebesmotiv, das zumeist in Erwachsenenmanier weiterentwickelt wurde.

Eine **befreiende Funktion** haben die Reime, die in der Form von Spottversen und Parodien die Tabus der Erwachsenen attackieren, um sich gegen den Zwang und die Unterdrückung durch die Erwachsenen Luft zu machen.

Es werden damit sämtliche Autoritätspersonen wie Lehrer, Eltern, Politiker, Film- und Fernsehhelden bis hin zu religiösen Figuren, lächerlich gemacht. Auch klassische Zitate und feierliche Ereignisse werden gezielt umgewandelt. Bei den jüngeren Kindern erfolgt dieser Vorgang eher unbewusst, während die älteren mit Spitzfindigkeit und Schadenfreude am Werk sind. Doch sind der Spott und die Schadenfreude und natürlich auch der Humor in seinem Vollzug durch die Kinder eine Art Befreiungsvorgang, der von ihnen selbst eingeleitet wird. Die Kinderkunstlyrik unserer Gegenwart hat in ihrem Schaffen diesen Vorgang einbezogen und andere Helden und Gestalten geschaffen.

In der gegenwärtigen Kinderkunstlyrik erscheinen die Kinder und Erwachsenen so, wie sie sind, mit all ihren menschlichen Schwächen, ihren Fragen, die individuelle und existenzielle Probleme aufgreifen.

Beispiele

Nach einem Streit
Weißt du,
wie das ist,
traurig zu sein,
sich ganz allein
zu fühlen?
Du gibst mir
nicht einmal einen Kuss,
sagst: „Schluss,
es ist Zeit, schlafen zu gehn!"
Ich liege da
mit all meiner Wut.
Mir geht es nicht gut!

(Gelberg, 1989, S. 155)

Naturlehre
Wenn die Sonne untergeht
für immer,
was dann,
fragen die Kinder.
Wir erleben das nicht,
sage ich
und verschweige,
dass Atomkraftwerke
die Dämmerung schon
eingeschaltet haben.

(Gelberg, 1989, S. 224)

Im überlieferten **Kindervolkslied** erscheinen nicht selten Figuren wie Kaiser, König, Edelmann usw., also Vertreter der alten feudalistischen Gesellschaftsordnung. Es spiegeln sich somit gesellschaftliche Strukturen derjenigen Gesellschaftsordnung wider, aus der das Kindervolkslied im Einzelnen hervorgegangen ist. Nun tauchen allerdings auch neue Aspekte und Figuren auf, die im Zuge gesellschaftlicher Verschiebungen und Veränderungen entstehen. Ein Zeichen dafür, dass diese gesellschaftlichen Veränderungen vom Kindervolkslied nicht unberücksichtigt bleiben, sondern registriert werden, indem zeittypische Erscheinungen und Gestalten einverleibt werden.

So lässt sich konstatieren, dass im anonymen Kindervolkslied der jeweilige soziale Hintergrund deutliche Spuren hinterlässt. Er bezieht sich einerseits auf den gesellschaftlichen Rahmen im Großen, andererseits auf den individuellen des Kindes, also seiner Familie und Wohngegend. Die Kinder übernehmen zwar die sozialen Erscheinungen ihrer Umgebung in ihren Versen, doch liegt ihnen eine sozialkritische Absicht nicht zugrunde. Für die Kinder ist es vielmehr wichtig, dass sich Figuren wie König und Schneiderlein oder Millionär und Polizist im Reim einfügen.

Mit der **Kinderkunstlyrik** verhält es sich anders. Die frühere wie die heutige Kinderkunstlyrik will durchaus bewusst auf Ungerechtigkeiten und soziale Missstände hinweisen. Es werden meist Verbesserungsvorschläge gemacht, denen durchaus sozialpädagogische Absichten innewohnen. Allerdings moralisiert die heutige Kinderkunstlyrik nicht wie die frühere, sondern ermöglicht den Kindern, selbst zu urteilen. Folgendes Beispiel macht dieses gut deutlich:

Beispiel

> **Kinderhände**
> Ein Holländerkind,
> ein schwarzes Kind,
> ein Chinesenkind
> drücken beim Spielen
> die Hände in Lehm.
> Nun sag: Welche Hand
> ist von wem?
>
> *(© Elisabeth Baumann, 1988)*

Im Kinderkunstlied wird direkt oder indirekt die Aufmerksamkeit der Kinder auf soziale Probleme hingelenkt. Dagegen werden sozialkritische Tendenzen und soziale Phänomene im Kindervolkslied zumeist absichtslos eingebaut.

3.5 Zur Didaktik der Kinderlyrik

Die Kinderkunstlyrik wurde insbesondere zur Belehrung und als Erziehungshilfe geschaffen. Erwachsene suchten schon immer in ihren Gedichten, die sie für Kinder schufen, Einfluss auf sie auszuüben, sie dadurch zu erziehen. Genau hier lässt sich die Kritik an der Kinderkunstlyrik ansetzen, dass sie sich nämlich zumeist auf moralisierende oder unkindlich erbauliche Reime beschränkte. Gegenwärtige **Kinderkunstlyrik**, die diese Kritik in sich aufgenommen hat, nähert sich mehr und mehr der Kindervolkslyrik an, die ja stark die kindliche Welt repräsentiert und deshalb auch als Modell für pädagogische Absichten dienen kann.

Lieder und Reime bieten darin einen ständigen Anreiz für gemeinsames Spielen. Sie motivieren zu gemeinsamem Singen und Sprechen und zum Wettstreit bei der Erprobung schwieriger Sprachkunststückchen. Weiterhin sind sie Anlass für gemeinsame Gefühlsäußerungen wie Freude, Angst oder Schadenfreude. Dadurch entwickelt das Kind in der Gemeinschaft mit anderen Kindern das Bewusstsein für ein Miteinander, das für spätere soziale Gefühle und Verhaltensweisen eine wichtige Vorbedingung darstellt.

Das Kinderlied vermittelt dem Kinde aber auch Informationen auf verständliche Weise über die Welt, die vom Kind nicht nur aufgenommen, sondern auch aktiv und produktiv umgestaltet werden darf.

Bei der **Kinderkunstlyrik** fällt das Gemeinschaftserlebnis weitgehend weg, da die Kindergedichte weniger als Spielbegleittexte, sondern als Vorlese- und Aufsagematerialien gemacht worden sind. „Das pädagogische Ziel der Kinderkunstgedichte konzentriert sich vielmehr darauf – im Kindervolkslied vollzieht sich das unbeabsichtigt –, dem Kind Gestalten und Gegenstände der Welt vorzustellen und zu beschreiben. Dabei bemüht man sich, in den Gedichten das Kind mit Konflikten zu konfrontieren, die es selbst erkennen und lösen kann" (Lorbe, 1984, S. 362). Die pädagogische Perspektive, die sich so ergibt, ist, „dass das Kind keine verfestigten Zustände zu akzeptieren hat, mit denen es sich abfinden und die es sich einprägen muss, sondern dass im Gegenteil seine Neugierde geweckt wird, dass man es auffordert, Fragen zu stellen, Kritik zu äußern, Gegenposition zu beziehen, Veränderungen vorzunehmen" (Lorbe, 1984, S. 362).

In gelungenen Werken der modernen Kinderkunstlyrik wird ein entkrampfter Bildungsvorgang präsentiert, „der immer eingebettet bleibt in die Beschreibung einfacher, leicht verständlicher Texte und in ein kindgemäßes rhythmisches Gefüge" (Lorbe, 1984, S. 362). Damit vollzieht sich eine völlige Abwendung von der früheren Kinderkunstlyrik. Durch die Tatsache, dass die neuere Kinderkunstlyrik die Kinder anhält zu selbstständigem Denken, Urteilen, Entscheiden und Handeln, bekommt sie emanzipatorische Züge. Hier wird auch wieder die Nähe zur Kindervolkslyrik deutlich, in der Kinder selbst weitgehend die Handelnden sind.

Kinderlyrik muss nicht analysiert und interpretiert, sondern einfach und ihrer ursprünglichen Funktion entsprechend situationsgerecht im Alltag der Kinder zum Einsatz gelangen bzw. angewendet werden. Bei Bilderbuchbetrachtungen, in Sing- und Spielstunden, bei kleinen Feiern oder anderen Anlässen kann sie unaufdringlich und spielerisch zu Wort kommen. Dieses kann und soll keineswegs ausschließen, dass nicht hin und wieder auch ganz gezielte Impulse vom Erzieher gegeben werden sollten, die die Kinder zum Nachschaffen anregen, zum Spiel mit Klang, Wort und Reim, zum Selbsterfinden von Versen und Reimen.

Raupe Rabatz rappt und reimt: Gute Ideen zur Sprach- und Bewegungsförderung sind in diesem kleinen Bändchen versammelt. Die Angebote lassen sich einzeln oder in einem Projekt über einen längeren Zeitraum im Kindergartenalltag vorzüglich nutzen.

Karin Schäufler: Raupe Rabatz rappt und reimt. Herder Verlag, Freiburg i.B., 2008

3.6 Anthologien

Großer Ozean – Gedichte für alle: Mit seinem großen Ozean voller Verse und Bilder von 167 Autoren und Illustratoren ermöglicht Gelberg den Lesenden, außergewöhnliche Gedichte herauszufischen. Die Auswahl und Themenweite ist groß. Der Schwerpunkt liegt auf dem 20. Jahrhundert.

Fast 400 Kindergedichte von über 130 Autoren beinhaltet die umfassende Sammlung *Überall und neben dir* (Hans-Joachim Gelberg [Hrsg.], Beltz & Gelberg, Weinheim, 1989). Dementsprechend weit ist das Themenfeld der Kindergedichte: Sie handeln von der Natur, von Wind und Wetter, von Nähe und Ferne, von Reisen, Rätseln und Geheimnissen. Von Geschwistern, von Vater und Mutter. Einer Sammlung, die das vielfältige Spiel mit der Sprache zum Vergnügen macht.

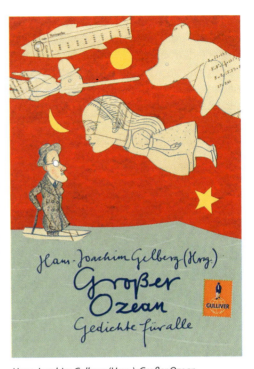

Hans-Joachim Gelberg (Hrsg.): Großer Ozean. Beltz & Gelberg Verlag, Weinheim 2000

Dunkel war's, der Mond schien helle: In diesem Band ist alles vertreten: Volksreime, Gedichte von Joachim Ringelnatz und Christian Morgenstern, Johann Wolfgang von Goethe, Rainer Maria Rilke und andere Klassiker, Kindergedichte von Christine Nöstlinger und Frantz Wittkamp. Die Illustrationen von Rotraut Susanne Berner erweisen sich als Türöffner zur Bilderwelt der Sprache.

Rotraut Susanne Berner/Edmund Jacoby: Dunkel war´s, der Mond schien helle. Gerstenberg Verlag, Hildesheim 2008

Schnick Schnack Schabernack: Dieses Hausbuch der Reime und Lieder für die Allerkleinsten bietet eine große Fülle an traditionellen und modernen Kinderreimen, Kinderliedern und Kindergedichten. Es finden sich für verschiedene Anlässe Verse und Lieder, die insbesondere für kleine Kinder, also die ersten Lebensjahre, geeignet sind. Die stimmungsvollen Illustrationen machen Lust auf das Spiel mit der Sprache.

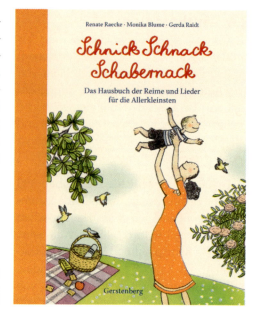

Renate Raecke/Monika Blume/Gerda Raidt: Schnick Schnack Schabernack. Gerstenberg Verlag, Hildesheim 2008

3.7 Literatur zur pädagogischen Arbeit

Um die Möglichkeiten Lieder und Reime im Kindergartenalltag einzubringen bzw. ihre Verwendung zu fördern, ist es für die angehenden Erzieherinnen wichtig, einerseits in eigene kinderlyrische Erfahrungen einzutauchen, sich zurück zu besinnen in Erfahrungen mit Fingerspielen und Kniereiterversen, andererseits einen gewissen Fundus gegenwärtiger Lied- und Reimschöpfungen für den gezielten Einsatz zu kennen. In diesem Zusammenhang eröffnen sich gute Möglichkeiten fächerübergreifend zu arbeiten, insbesondere die Unterrichtsfächer Musik und Rhythmik mit einzubeziehen.

Nachstehend einige Beispiele von Sammlungen, die sich gut im Rahmen des Unterrichts bearbeiten lassen und die einen gewissen Grundstock bilden können:

Marga Arndt/Waltraut Singer (Hrsg.): *Das ist der Daumen Knudeldick (*Ravensburger Verlag, Ravensburg 2004).
Diese Sammlung beinhaltet alte und neue Fingerspiele für Kinder zwischen 1–6 Jahren, weiterhin an die 200 Rätsel, die man mit Kindern ab dem dritten/vierten Lebensjahr lösen kann.

Elke Dannecker (Hrsg.): *Die schönsten Gute-Nacht-Lieder* (Ravensburger Verlag, Ravensburg 2001).
Diese Sammlung beinhaltet Lieder, Geschichten und Gedichte zur guten Nacht, die durch einfache Spielideen und Tipps ergänzt werden.

Nicola Dröge/Angelika Theis (Hrsg.): *Ich träume mir ein Land. Gedichte, Reime und Rätsel für Kinder* (Coppenrath Verlag, Münster 2003). Gedichte, Quatsch- und Spaßreime, Rätsel, Wortspielereien sind in dieser Sammlung von alten und neuen Gedichten und Reimen versammelt.

Hans-Joachim Gelberg (Hrsg.): *Großer Ozean. Gedichte für alle* (Beltz & Gelberg Verlag, Weinheim 2006).
Diese Sammlung von wunderbaren Versen und außergewöhnlichen Gedichten bietet einen unverzichtbaren kinderlyrischen Grundstock, der allen Kindern zugänglich sein sollte.

Vielfach werden heute nicht mehr kinderlyrische Früherfahrungen in der Familie vermittelt. Daher wird es immer wichtiger, im Kindergarten dieses Angebote zu verstärken, um diese Erfahrungen und die Freude an Liedern, Reimen und Versen gezielt zu entwickeln und zu fördern.

> **Anregungen für den Unterricht**
> *Die Studierenden tragen die aus ihrer Kindheit bekannten Reime und Lieder zusammen und überlegen gemeinsam, warum bestimmte Reime/Lieder ihnen Freude gemacht haben. Danach könnte die Einordnung der Verse hinsichtlich ihrer Zugehörigkeit zur Kinderkunst- oder Kindervolkslyrik erfolgen.*
>
> *Anregungen, um eigene Kindergedichte zu schreiben, sind dem Titel* **Kindergedichte erleben und verstehen** *von Claus Forytta (siehe unten) zu entnehmen. Eigene Texte, eigene Gedichte zu entwickeln und miteinander zu besprechen, können zu einem kreativem handlungs- und produktorientierten Umgang mit Kinderlyrik in der pädagogischen Praxis führen.*

Weiterführende Literatur

Andresen Ute: Versteh mich nicht so schnell. Gedichte lesen mit Kindern. 2. Auflage, Quadriga Verlag, Weinheim 1993

Brecht, Bertolt: Gesammelte Werke Bd. 10, Suhrkamp, Frankfurt a.M. 1967

Dirx, Ruth/Seelig, Renate: Kinderreime. Ravensburger Verlag, Ravensburg 1987

Enzensberger, Hans-Magnus: Allerleirauh, 1. Aufl., Insel-Verlag, Frankfurt a.M. 1975

Forytta, Claus: Kindergedichte erleben und verstehen. 1. Auflage, Cornelsen Verlag Scriptor, Berlin 2003

Franz, Kurt: Kinderlyrik. Struktur, Rezeption, Didaktik. 1. Auflage, Wilhelm Fink Verlag, München 1979

Franz, Kurt/Gärtner, Hans: Kinderlyrik zwischen Tradition und Moderne. 1. Auflage, Schneider Verlag Hohengehren, Baltmannsweiler 1996

Franz, Kurt: Kinderlyrik. in: Taschenbuch der Kinder- und Jugendliteratur, hrsg. von Günter Lange. 1. Auflage, Bd.1, Schneider Verlag Hohengehren, Baltmannsweiler 2000, S. 201–227

Gelberg, Hans-Joachim: Die Stadt der Kinder. Gedichte für Kinder in 13 Bezirken. Bitter Verlag, Recklinhausen 1982

Gelberg, Hans-Joachim: Überall und neben dir. Gedichte für Kinder, Beltz & Gelberg Verlag, Weinheim 1989

Grober-Glück, Gerda: Kinderreime und -lieder in Bonn 1967. in: Jahrbuch für Volksliedforschung, hrsg. von Rolf Wilhelm Brednich, Schmidt Verlag, Berlin 1971

Guggenmoos, Josef: Was denkt die Maus am Donnerstag? Paulus Verlag, Recklinghausen 1966

Kliewer, Heinz: Was denkt die Maus? Gesammelte Aufsätze zur Kinderlyrik. 1. Auflage, Peter Lang Verlag, Frankfurt 1999

Krüss, James: Der Zauberer Korinthe. in: Mein Urgroßvater und ich, hrsg. von James Krüss, Oetinger Verlag, Hamburg 1959

Lorbe, Ruth: Die Welt des Kinderliedes. Beltz, Weinheim, 1971

Lorbe, Ruth: Kinderlyrik. in: Kinder- und Jugendliteratur, hrsg. von Gerhard Haas, 3. Auflage, Philipp Reclam junior Verlag, Stuttgart 1984, S. 339–368

Reger, Harald: Kinderlyrik in der Grundschule. 4. Auflage, Schneider Verlag Hohengehren, Baltmannsweiler 2000

Rühmkorf, Peter: Über das Volksvermögen, 12. gekürzte Auflage, Rowohlt, Reinbek bei Hamburg, 1988.

Schulz, Gudrun: Umgang mit Gedichten. 1. Auflage, Cornelsen Verlag Scriptor, Berlin 1997

Spinner, Kaspar H.: Umgang mit Lyrik. 2. Auflage, Schneider Verlag Hohengehren, Baltmannsweiler 2008

Steitz-Kallenbach, Jörg-Dietrich: Kinderlyrik. in: Handbuch Kinderliteratur, hrsg. von Jens Thiele und Jörg-Dietrich Steitz-Kallenbach, 1. Auflage, Herder Verlag, Freiburg 2003, S. 157–181

Vahle, Frederik: Kinderlied. 1 Auflage, Beltz Verlag, Weinheim 1992

Vogdt, Ines-Bianca: Wunderhorn und Sprachgitter. Geschichte der intentionalen Kinderlyrik seit dem 18. Jahrhundert. 1. Auflage, Wilhelm Fink Verlag, München 1998

Vogdt, Ines-Bianca: Lyrik für Kinder. in: Geschichte der deutschen Kinder- und Jugendliteratur, hrsg. von Reiner Wild, 3. Auflage, Verlag J.B. Metzler, Stuttgart 2008, S.405–412

Wildemann, Anja: Kinderlyrik im Vorschulalter. 1. Auflage, Peter Lang Verlag, Frankfurt a.M. 2003

4 Märchen

- 4.1 Zur schriftlichen Fixierung und Unterscheidung der Märchen
- 4.2 Entstehung, Form und Wesen der Volksmärchen
- 4.3 Variationen und Abweichungen zu bekannten Volksmärchen
- 4.4 Märchen und Kind
- 4.5 Ausgangsüberlegungen und Anregungen für die pädagogische Arbeit
- 4.6 Märchensammlungen und Märchenausgaben
- 4.7 Mediale Märchenfassungen
- 4.8 Literatur zur pädagogischen Arbeit mit Märchen

Das Märchen, eine uralte und immer wieder neu entstandene Erzählform, nimmt im Familien, Elementar- und Primarbereich einen bedeutsamen Platz ein. Nach einer Zeit kontrovers geführter Debatten über Wert und Unwert (insbesondere der grimmschen Märchen) wird heutzutage wieder mit Nachdruck der Wert des Märchens für die kindliche Sozialisation betont.

Märchen sind in der Gegenwart wieder erstaunlich aktuell geworden. Selbst für Erwachsene wurde es (z. B. als Lebenshilfe) neu entdeckt. Doch für Kinder ist dieses in noch ungleich größerem Umfang der Fall. Märchen verbinden Neues mit Vertrautem, sie vermitteln wichtige Werte, zeigen aber auch Abgründe auf. Sie können Kindern helfen, Lebensmut und Selbstvertrauen zu entwickeln. Gleichwohl ist es für angehende Erzieherinnen wichtig, dabei durchaus auch eine kritisch reflektierende Position zu

Die Brüder Jakob und Wilhelm Grimm

Märchen einzunehmen, um über den Einsatz von Märchen in der pädagogischen Arbeit begründet zu entscheiden. Dabei ist es sicher nicht nur hilfreich, sondern auch notwendig, die eigene Einstellung zu reflektieren, um auch jeweils zu klären, welches Märchen gefällt mir ganz persönlich, spricht mich an?

4.1 Zur schriftlichen Fixierung und Unterscheidung der Märchen

Ursprünglich waren Märchen mündlich weitergegebene Literatur. Sie wurden in unserem Kulturkreis abends in den Gesinde- und Spinnstuben erzählt. „Jakob Grimm (1785–1863) und Wilhelm Grimm (1786–1859) haben – von einigen Versuchen vor ihnen abgesehen – mit den ‚Kinder- und Hausmärchen' (…) als erste im deutschen Sprachgebiet in einer groß angelegten Arbeit mündlich überliefertes Märchengut zusammengefasst und aufgeschrieben" (Maier, 1993, S. 95). Die erste Fassung der Brüder Grimm ist noch sehr ursprünglich erschienen. Die Ausdrücke der Erzähler wurden im Wesentlichen beibehalten. Bei der zweiten Bearbeitung wurden die Märchenerzählungen dann ausgeschmückt und für Kinder aufbereitet. Die grimmschen Märchen setzten sich so erfolgreich durch, dass sie auch heute noch fast jedem Erwachsenen aus seiner Kindheit bekannt sind. Nach Einschätzung namhafter Märchenforscher gibt die grimmsche Sammlung das deutsche **Volksmärchen** in seiner reinsten und besten Form wieder.

Nach den Brüdern Grimm haben auch noch andere Märchensammler deutsche Volksmärchen zusammengetragen: *Kinder- und Hausmärchen aus Süddeutschland* (1854) und

Märchen aus Tyrol (1859) sammelten die Brüder Ignatz und Joseph Zingerle. *Kinder- und Hausmärchen aus der Schweiz* (1865) sammelte Otto Sutermeister. *Deutsche Märchen seit Grimm* (1912/1923) und *Deutsche Märchen aus dem Donauland* (1926) legte Paul Zaunert vor.

Einer der bekanntesten und erfolgreichsten Märchenerzähler des 19. Jahrhunderts ist Ludwig Bechstein. In seinen Märchensammlungen *Thüringische Volksmärchen* (1823), *Deutsches Märchenbuch* (1845) und *Neues Deutsches Märchenbuch* (1856) hat er eine Vielzahl von Märchen zusammengestellt, die sich besonders durch ihren Wunderreichtum auszeichnen. In seinen Märchen ist die pädagogische Tendenz nicht zu übersehen, da für ihn das echte Märchen immer Kindermärchen ist.

Motivisch gleiche Märchen lassen sich bei den verschiedensten Völkern finden. So ist heute fast kein Kulturkreis mehr zu finden, aus dessen Bestand an Märchen nicht wenigstens einiges ins Deutsche übersetzt worden ist. Von den Märchen aus anderen Ländern ist besonders die Rahmenerzählung *Tausendundeine Nacht* berühmt geworden.

„Waren die Märchen, die zunächst schriftlich fixiert wurden, Erzählgut des Volkes, also Volksmärchen, traten später Märchen als Autorenerfindung hinzu, sogenannte Kunstmärchen. Sie sind in der Regel nicht Gegenstand der Märchendiskussion, obwohl sie vom Stofflichen her oft den Volksmärchen verwandt sind" (Erl/Erl, 1973, S. 103). Wilhelm Hauff und Hans-Christian Andersen zählen zu den bedeutendsten Verfassern von **Kunstmärchen**.

Wilhelm Hauff ist der bekannteste deutsche Märchendichter. In der Trilogie *Die Karawane*, *Der Scheich von Alexandria* und *Das Wirtshaus im Spessart* sind seine Märchen zusammengefasst. Bei ihm dominiert das Abenteuerliche. „So schuf er einen eigenen abenteuerlich-realistischen Märchentyp, der nicht dem märchenlesenden Kind, aber dem ins Abenteueralter Hineinwachsenden angemessen ist" (Maier, 1993, S. 102).

Die Märchen des Dänen Hans-Christian Andersen erlangten Weltruhm. Mit Märchen wie *Die Prinzessin auf der Erbse*, *Das Feuerzeug* und *Tölpelhans* knüpft er zunächst an die volkstümliche Tradition an, schafft aber später einen neuen Märchentyp, in dem die Märchen nicht die Unschuld und Naivität des Volksmärchens haben. Andersen „meditiert über Tod, Armut und Leid, er zeigt die Zwiespältigkeit der menschlichen Natur und geißelt nicht selten mit ironischem Spott die Torheit, die Eitelkeit und die Anmaßung" (Maier, 1993, S. 105). Viele seiner Märchen sind deshalb Kindern nicht so recht verständlich, der tiefere Sinn bleibt ihnen zumeist noch verborgen und kann erst vom Jugendlichen und Erwachsenen erschlossen werden.

„Märchenelemente prägen auch Fabeln, Sagen und Legenden. Fabeln sind (kurze) Tiermärchen, deren handelnde Tierpersonen menschliches Verhalten beschreiben. Während das Märchen Orts- und Zeitabläufe überwindet, ist die Sage orts- und zeitgebunden. Sie knüpft thematisch an einen geschichtlichen Anlass an, der märchenhaft-fantastisch umgestaltet und ausgeschmückt wird. Die Sagenbildung ist eigentlich nie abgeschlossen. Bei uns vollzieht sie sich in Form des Verbreitens von Gerüchten. Legenden stellen eine Sonderform der Sage dar: In ihrem Mittelpunkt stehen religiös bedeutsame Personen und Ereignisse" (Erl/Erl, 1973, S. 103 f.).

4.2 Entstehung, Form und Wesen der Volksmärchen

Über die **Herkunft und Entstehungsweise der Volksmärchen** sind verschiedene Erklärungsversuche bzw. Theorien entwickelt worden. Im Folgenden soll kurz auf die bedeutendsten eingegangen werden. Die Brüder Grimm versuchten als erste, die Frage nach der Herkunft der Märchen zu erklären. „Sie nahmen an, Märchen seien Reste alter Götter- und Heldensagen und sie seien primär indogermanisches Erbgut. Der englische Sanskritspezialist Theodor Benfey modifizierte 1859 im Zusammenhang mit der Herausgabe des altindischen Märchen- und Fabelbuchs ‚Pantschatantra' den grimmschen Ansatz. Er hielt Indien für das Ursprungsland aller Märchen, die dann im Laufe der Jahrhunderte und Jahrtausende in ihr heutiges Verbreitungsgebiet gewandert wären. Entstanden sind die Märchen Benfeys Auffassung nach als buddhistische Lehrdichtung" (Haas, 1984, S. 297). Diese Auffassung wurde aber bald als einseitig und nur teilweise zutreffend erkannt, da Indien nicht das einzige Märchenzentrum ist. Beispielsweise wurde auch der keltische Kulturkreis als wichtiger Ausgangspunkt entdeckt.

Eine andere Position vertraten Joseph Bediér, Edward B. Tylor und Hans Naumann. Sie suchten den gemeinsamen Ursprungsort nicht bei einem bestimmten Volk, sondern verlegten ihn in die Seele des Menschen selbst. „Gleichartige Urideen und Urbilder seien in den Menschen aller Völker als Grundstoff, aus dem sich Mythen, Sagen und Märchen bilden, lebendig" (Maier, 1993, S. 106).

All diesen Erklärungsversuchen ist gemeinsam, dass ihnen eine stringente Beweisführung fehlt. So hat sich auch ein Teil der Forscher von der kaum lösbaren Entstehungsproblematik der Volksmärchen abgewandt, um sich dafür ausgiebig mit Wesen und Form der vorliegenden Märchentexte zu befassen. Max Lüthi äußert sich dementsprechend lapidar zur Ursprungsfrage: „Die Ursprünge der Gattung Märchen liegen im Dunkeln." Und: „Über die historischen Ursprünge des Märchens wissen wir so gut wie nichts" (Lüthi, 1961, S. 151).

Materialistisch argumentierende Autoren wie Ernst Bloch, Christa Bürger und Bernd Wollenweber vertreten die Auffassung – in deutlicher Absetzung zur bürgerlichen Märchenforschung – Märchen seien in der Unterschicht entstanden bzw. von ihr tradiert worden und als Signale für die Hoffnung der Unterdrückten auf den endlichen Sieg der sozial Schwachen zu verstehen (vgl. Bürger, 1973, S. 78). Auch dieser Erklärungsansatz ist nicht eindeutig zu beweisen, doch wird in ihm die lange vernachlässigte soziologische Betrachtungsweise der Märchen begründet.

Gerhard Haas sieht es als wünschenswert an, der Diskussion über revolutionäre oder reaktionäre Züge des Märchens aus der Sackgasse, in die sie hineingeraten ist, herauszuhelfen, indem, anstatt nach dem einstmaligen Zweck der Erzählform, lieber „nach der aktuellen didaktischen Relevanz" gefragt werden sollte (vgl. Haas, 1984, S. 310).

In der **Form** des am meisten vertretenen Zaubermärchens ist das Volksmärchen eine „magische Zweiweltenerzählung" mit glücklichem Ausgang. Nun ist diese Festlegung aber nicht so zu verstehen, als ob im Märchen die Welt des Wirklichen und die des Außerwirklichen streng voneinander getrennt seien. Es ist vielmehr so, dass das Diesseitige und das Jenseitige sich ganz selbstverständlich ergänzt. Max Lüthi spricht so auch in diesem Zusammenhang von der „Eindimensionalität" des Märchens (vgl. Lüthi, 1985, S. 12). Unmerkbar in bestimmter, immer wiederkehrender Art vollzieht sich der Übergang zwischen den zwei Welten. Der Aufbau des Volksmärchens erfolgt dabei in strenger Regelmäßigkeit. Karl Ernst Maier stellt eine „innere Ordnung" fest, die in der Märchenwelt herrscht (vgl. Maier, 1993, S. 108).

Der **Handlungsablauf** vollzieht sich nach einer magischen Gesetzmäßigkeit, in der zwar die Naturgesetze überspielt werden, aber doch nicht alles geschehen kann, sondern immer nur das, was sich dieser „inneren Ordnung" einfügt. Auf eine einfache Formel gebracht heißt dies: Am Ende unterliegt das Böse, und das Gute siegt. Das Volksmärchen kennzeichnet ein naiv-moralischer Gerechtigkeitssinn.

Die **Handlungsträger** sind Typen: „Vollkommene Schönheit oder vollkommene Hässlichkeit, Güte oder Bosheit, Armut oder Reichtum, Fleiß oder Faulheit: In solchen Kontrasten markiert das Märchen seine Helden und Gegenhelden" (Maier, 1993, S. 110). Die Figuren des Märchens treten als Extreme auf. Auch die Situationen und Begebenheiten sind zumeist extrem gezeichnet: „Pech und Gold ergießen sich über die Kontrastfiguren des Märchens, grausame Strafe und höchster Lohn stehen einander gegenüber. Held und Heldin sind meist das einzige Kind oder das jüngste von dreien; oft stehen sie als Dummling oder Aschenputtel da. Gern erzählt das Märchen von kinderlosen Ehepaaren oder dann von solchen mit gar zu vielen Kindern. Die Eltern sterben und lassen ihre Kinder allein zurück. Held und Heldin sind jung, ihre Ratgeber aber alte Männer und Frauen. Einsiedler, Bettler, Einäugige treten auf. Neben dem reichen Pelz steht das schäbige Gewand oder die bare Nacktheit. Der Held kann bärenstark sein, die Heldin aber hilflos einem Ungeheuer preisgegeben. Die Jenseitigen zeigen sich als Riesen oder als Zwerge" (Lüthi, 1985, S. 35).

4.3 Variationen und Abweichungen zu bekannten Volksmärchen

Janosch (Horst Eckert) hat in seinem Märchenbuch *Janosch erzählt Grimms Märchen* (Beltz & Gelberg Verlag, Weinheim) sehr einfallsreiche und skurrile Variationen aus verschiedenen Märchen der grimmschen Sammlung entwickelt. Vertraute Erzählungsabläufe stellt er auf den Kopf, gibt ihnen deutlich realistische Züge, indem er Zusätze aus unserer heutigen technisierten Welt beifügt. Im Gegensatz zu den Volksmärchen enden die Fassungen von Janosch jedoch nicht immer glücklich, sondern oft auch traurig. Eine unkritische Identifikation mit den Helden wird in diesen Fassungen verhindert.

Auch Karl Friedrich Waechter hat in seinen Variationen zu *Tischlein deck dich, Knüppel aus dem Sack* (Rowohlt Verlag, Reinbek) und *Die Kronenklauer* (Rowohlt Verlag, Reinbek) den Märchen interessante und moderne Aspekte abgewonnen. Waechter bietet märchenhafte Motive zeitgemäß, teilweise mit emanzipatorischen Aspekten, dar.

Interessant ist auch das *Märchenverwirrbuch* von Iring Fetscher (Fischer Verlag, Frankfurt). Fetscher erzählt 13 der bekanntesten Märchen aus der grimmschen Sammlung auf seine Weise, „indem er ein völlig neues Bild ihres politischen, sozialen und psychologischen Hintergrundes liefert bzw. Spekulationen darüber anstellt, wie es tatsächlich gewesen sein könnte" (so auf der Umschlagseite des Bändchens angekündigt).

Viele solcher Abwandlungen, Variationen und Umformungen sind seit den siebziger und achtziger Jahren entstanden, sodass diese veränderten Märchen sich inzwischen als eine **eigene Textsorte** etablieren konnten.

Gemeinsam ist allerdings den meisten Märchenbearbeitungen, dass sie für jüngere Kinder noch nicht infrage kommen, ja häufig erst für Jugendliche und Erwachsene verständlich sind.

4.4 Märchen und Kind

Das Volksmärchen wird heute fast ausnahmslos im Zusammenhang mit dem Kind als seinem hauptsächlichen Rezipienten gesehen. Es muss aus diesem Grunde gefragt werden, worauf diese Zuordnung beruhen mag, da durch die Beantwortung dieser und der damit zusammenhängenden Fragen ein Beitrag zum didaktischen Aspekt des Märchens in Kindergarten, Vorschule und Hort zu gewinnen ist.

Zunächst kann festgestellt werden: „Nicht alle Märchen, die in den klassischen Sammlungen anzutreffen sind, müssen damit auch Kindermärchen sein. Es ist (vielmehr) damit zu rechnen, dass sich Texte finden, die zum Zeitpunkt der Aufnahme noch nicht für kindliche Adressaten konzipiert waren. Ebenfalls ist anzunehmen, dass andere Texte sich zurzeit der Aufzeichnung in einem Übergangsverhältnis zwischen dem Volksmärchen für Erwachsene und dem Kindermärchen befanden" (Psaar/Klein, 1976, S. 120).

Dies bedeutet für die Erzieherin, dass sie eine **didaktische Auswahl** aus den Märchensammlungen treffen muss, die sich zum einen auf den Entwicklungsstand der Kindergruppe und zum anderen auf die verfolgten Lernziele bezieht.

„Wenn auch die Strukturen unseres Kindermärchens denen des Volksmärchens, als dessen Subgattung wir es ja verstehen, weitgehend ähnlich sind, so lässt sich doch feststellen, dass seine Wirklichkeitsbindung oft weniger unmittelbar sein dürfte als die des vorgängigen Märchens für den erwachsenen Hörer. Es wird also zu fragen sein, ob der jeweilige Erzähltext überhaupt einen Bezug zur gesellschaftlichen Realität (auch historisch verstanden) hat, in welcher Weise er ihn herstellt und vor allem, ob er ihn überhaupt aufweisen muss" (Psaar/Klein, 1976, S. 120 f.).

Wichtig ist in diesem Zusammenhang auch, die in viele Märchen eingeflossenen erzieherischen Direktiven auf ihre Berechtigung und Gültigkeit für die heutige Situation des Kindes zu überprüfen.

Das Märchen, besonders das Kindermärchen, weist gewisse Strukturelemente auf, „die dem kindlichen Rezipienten entgegenkommen: seine Bildhaftigkeit, die Beweglichkeit und der Abwechslungsreichtum seiner Handlung, seine magischen Bestandteile, die Überdeutlichkeit seiner Archetype" (Psaar/Klein, 1976, S. 135 f.). Doch sollte hierbei nicht außer Acht bleiben, dass diese spezifische Darstellungsweise nur wenig der ungleich differenzierteren Wirklichkeit des Kindes entspricht.

Lotte Schenk-Danzinger, die der Phasenlehre nach Charlotte Bühler nicht mehr folgt (Bühler setzt den Höhepunkt der Beliebtheit des Märchens bei den acht- bis neunjährigen Kindern an, wonach dann ein rasches Absinken des Interesses am Märchen zu beobachten sei, vgl. Bühler/Bilz, 1961, S. 83), sie aber doch auch nicht durchweg verwerfen will, setzt den Höhepunkt des **magisch-anthropomorphischen Weltbildes**, das in der gesamten Diskussion um das „Märchenalter" eine so wichtige Rolle spielt, für das vierte Lebensjahr an, dann gerate es allmählich ins Wanken (vgl. Schenk/Danzinger, 1969, S. 68).

Das bedeutet, folgt man dieser Annahme, dass das Hortkind (als Grundschulkind) bereits ein gutes Stück über das magische Denken hinausgewachsen ist, währenddessen das Vorschulkind die magische Denkweise noch nicht überwunden hat bzw. noch in ihr lebt. Wer magisches Denken und Deuten im Kindesalter lediglich als sinnlosen Umweg oder Irrweg zur objektiv-sachlichen Beurteilung der Welt versteht, wird das Märchen als Kindergeschichte ablehnen. Wer aber im magischen Denken des Kindes eine Entwicklungsstufe sieht, die im Vergleich zum vorhergehenden physiognomischen Weltbild einen wesentlichen Fortschritt in der Zuwendung zu den Dingen und Vorgängen darstellt und die notwendigerweise der Aneignung eines realistischen Weltbildes vorausgeht, der wird das als positives Instrument im Entwicklungsgang des kindlichen Weltverständnisses einschätzen.

Die vorhergehenden Aussagen sind aber insoweit zu relativieren, als dass das „Märchenalter" nicht als eine geschlossene isolierte Entwicklungsphase, die dann von einer ebenso geschlossenen rationalen Phase abgelöst wird, verstanden werden kann, „vielmehr stehen in jeder menschlichen Entwicklungsphase rationale und mythische Elemente in einer je verschiedenen dialektischen Spannung zueinander" (Sauer, 1976, S. 63).

Da davon auszugehen ist, dass die inhaltlichen Elemente des Märchens auf die Kinder nachhaltig einwirken und zur **Identifikation** bzw. **Projektion** einladen, ist die Frage zu stellen, wie und in welcher Richtung diese Angebote den Sozialisationsprozess des Kindes beeinflussen können.

Es lässt sich Folgendes dazu feststellen: „Das Märchen macht dem Kind Modellangebote zur sozialen Interaktion. Darunter befinden sich auch Offerten, die als gewalttätige Durchsetzungsstrategien zu identifizieren sind und, vor allem wenn sie Erfolg bringend verlaufen, ein ‚Ellenbogenverhalten' nahe legen. Andererseits zeigen aber auch Märchentexte Muster sozial-integrativen Verhaltens, ohne dass dabei die legitimen Interessen der Akteure vernachlässigt werden" (Psaar/Klein, 1976, S. 144). Nun beziehen sich die Techniken der Märchenhelden auf einen historisch-sozialen Rahmen, was für die Kinder bedeutet, dass sie diese Techniken als historische, der Märchenwelt zugehörige Verfahren verstehen lernen müssen. Mit Hortkindern lassen sich die Verhaltensmuster der Märchenhelden wertend diskutieren und Vergleiche mit der gegenwärtigen Realität anstellen. Für die Vorschulkinder empfiehlt sich aus diesen Gründen – die Volks- und Kunstmärchen bieten alternative Modelle zum Sozialverhalten an – eine didaktische Auswahl.

Die **grausamen Elemente** des Märchens stellen Modelle des Verhaltens dar, die an historische und situative Bedingungen geknüpft sind. Lutz Röhrich erklärt die Grausamkeiten des Märchens als „Survivals aus einer frühzeitlich magischen, aber in sich ganzheitlichen und sinnvollen Welt" (Röhrich, 1964, S. 158), und die grausamen Strafen als „vielfach stehengebliebene Reste mittelalterlicher Gerichtsbarkeit" (Röhrich, 1964, S. 157).

Grundschulkinder sollten lernen, diese grausamen Elemente des Märchens aus entsprechender Distanz zu sehen und ihre „Angemessenheit bzw. Unangemessenheit in der jeweiligen Situation zu beurteilen" (Psaar/Klein, 1976, S. 153). Die Fragwürdigkeit grausamer Reaktionen lässt sich an Texten wie z. B. *Hänsel und Gretel* oder *Der Froschkönig* gut diskutieren.

Für Kindergartenkinder ist eine Märchenauswahl aus dem großen Angebot sicher notwendig, aber nicht nur wegen der möglicherweise zu bedenkenden grausamen Elemente, sondern auch unter Einbeziehung des kognitiven, emotionalen und sozialen Entwicklungsstandes der Kinder sowie der situativen Gegebenheiten.

4.5 Ausgangsüberlegungen und Anregungen für die pädagogische Arbeit

Das heutige Märchenangebot und die Darbietungsform ist sehr vielfältig. „Es orientiert sich nicht nur an den Kinder- und Hausmärchen der Brüder Grimm (...); Kinder finden heute auch ein Angebot vor, das sich multimedial präsentiert und bei dem von dem Ursprungstext oft nicht mehr viel übrig geblieben ist. Illustrierte Märchenbücher, veränderte Filmfassungen wie die der Walt-Disney-Company, CD-ROM-Präsentationen u. v. a. machen die Auswahl für Eltern und für Erzieher schwierig" (Wraage-Lange, 2003, S. 200). Es gilt also zu unterscheiden, ob in den jeweiligen Märchenbuch- oder Märchenmedienproduktionen überhaupt noch die jeweilige Vorlage erkennbar ist oder nur noch Märchenelemente (wie z. T. bei Fernsehserien) benutzt werden.

Neben dieser grundsätzlichen Betrachtung gilt es auch der Erkenntnis Rechnung zu tragen, dass es sich bei den Märchen um eine Literaturform handelt, die große inhaltliche und strukturelle Unterschiede aufzuweisen hat. Dieser Erkenntnis folgend, ist es unumgänglich, eine didaktische Auswahl zu treffen. Eine Märchenauswahl, die die Altersstufe, Individualität und Gruppensituation der Kinder angemessen neben der inhaltlichen Komponente des Märchens berücksichtigt. Geschieht dieses, so können Märchen durch ihre Symbol- und Bildsprache eine Bewusstseinsschicht bei den Kindern aktivieren, die ihnen hilft, tiefere Einsichten über das Leben und über die Welt zu gewinnen.

„Hier sind es vor allem die bekannten Grimm'schen Märchen wie ‚Aschenputtel', ‚Dornröschen', ‚Schneeweißchen und Rosenrot', ‚Der Eisenhans', ‚Schneewittchen', ‚Hänsel und Gretel', ‚Rotkäppchen', die Kindern Möglichkeiten anbieten, unbewusst Probleme ihrer individuellen Entwicklung zu bearbeiten, aber auch Vertrauen in die Welt zu gewinnen, Gutes von Bösem unterscheiden zu lernen und mit eigenen Ängsten und Aggressionen fertig zu werden" (Wraage-Lange, 2003, S. 200).

Nachfolgend einige **Anregungen für die pädagogische Arbeit mit Märchen**:

- Märchen (Volksmärchen) sollten von der Erzieherin möglichst erzählt werden. „Die Wortwahl kann individuell gestaltet werden, der mimetische Kontakt zum Kind bleibt immer erhalten, Rückversicherungen des Kindes sind jederzeit möglich. Vor allem bewegt man sich damit in der vom Volksmärchen eigenen Sphäre der erzählenden Gestaltung. Der Märchentext ist dadurch auch inhaltlich modifizierbar, z. B. in eine dem Kind vertraute Umwelt übertragbar" (Klein, 1984, S. 478). Alternativ können Märchen auch vorgelesen werden, doch sollte dann – ebenso wie beim Erzählen – der Erzieher/die Erzieherin „durch Modellieren der Sprache, durch Pausen, durch Heben und Senken der Stimme, durch Regulierung der Lautstärke, durch Gesten und durch Blickkontakt spannend und einfühlsam gestalten" (Wraage-Lange, 2003, S. 202).

- Im Anschluss an die Erzählung bietet sich zur weiteren kognitiven und emotionalen Verarbeitung zunächst das Gespräch, das Sichaussprechen der Kinder mit dem Erzieher/der Erzieherin an. Weitere Möglichkeiten, um die während der Erzählung gewonnenen Eindrücke zu verarbeiten, sind: Zeichnen, Basteln, Singen und szenisches Spiel (Rollenspiel).

- Nicht nur nach der Märchenerzählung ist eine Aktivierung der Kinder denkbar. Horst Künnemann macht folgende Vorschläge, Kinder zu kritisch vergleichenden Hörern und Miterzählern zu machen:

    „a) Kinder erzählen zu einem gezeigten Märchenbild ihren eigenen Text. Erst danach bekommen sie den dazugehörigen Originaltext vermittelt.
    b) Von einem weniger bekannten Märchen wird nur der Abschluss erzählt. Den Kindern bleibt die Aufgabe, die vorangegangenen Ereignisse zu rekonstruieren.
    c) Von einem weniger bekannten Märchen wird der Schluss ausgespart oder nur bis zu einem Höhepunkt erzählt. Wie mag das weitergehen?" (Künnemann, 1974, S. 106 f.).

- Mit Kindern zwischen 8 und 12 Jahren lässt sich dann schon darüber sprechen, „woher die Märchen stammen, wie alt sie sind, was sie an Traditionen mit sich schleppen. Zu sprechen wäre über die Doppel- und Mehrdeutigkeit der Symbole, der Zahlen, über die Unterschiede zwischen der alltäglichen Realität und der fantastischen, wunderbaren und oft erschreckenden Wirklichkeit der Märchen. Zu klären ist unbedingt, dass die Verhaltensweisen und Normen, die Rechtsprechung und Konfliktlösung der Märchen einer fernen, zurückliegenden, nicht aufgeklärten Zeit angehören" (Künnemann, 1974, S. 106 f.).

4.6 Märchensammlungen und Märchenausgaben

Andersen, Hans Christian: *Andersen Märchen*. Illustrationen und Auswahl Lisbeth Zwerger (Neugebauer Verlag, München). Lisbeth Zwerger hat in diesem Band 11 der schönsten Märchen von Andersen zusammengestellt und einfühlsam illustriert. Für Kinder ab 8 Jahren geeignet.

Berner, Rotraut-Susanne: *Märchenstunde* (Büchergilde Verlag, Frankfurt). Diese Sammlung von sechs Märchen der Brüder Grimm ist gut als Einstieg für junge Leser und Zuhörer geeignet.

Reichenstetter, Friederun/Leffler, Silke (Illustr.): *Das Andersen Märchenbuch* (Betz Verlag, Wien). Dieses Buch enthält eine überschaubare kleine Sammlung bekannter Andersen-Märchen, die für Kinder ab 4 Jahren geeignet sind. Insofern ist diese Sammlung besonders für den Einsatz im Kindergarten und in der Familie zum Vorlesen und Schauen geeignet.

Plattner, Rosa Maria: *Die Hans-Christian Andersen Märchenfibel* (G & G Buchvertrieb, Wien). Diese Sammlung enthält bekannte und weniger bekannte Märchen von Hans Christian Andersen in einer kindgemäßen Bearbeitung für die 6- bis 10-Jährigen. Im Anhang bietet die Autorin Eltern und Erziehern Hinweise zum „Weiterdenken und Weiterentwickeln". Gut geeignet für den Einsatz im Kindergarten und in der Grundschule. Der Verlag hat zusätzlich Lehrerbegleitmaterial bereitgestellt (unter www.kinderbuchverlag.com abrufbar).

In der Märchensammlung *Das Hausbuch der Märchen* (Gerstenberg Verlag, Hildesheim) sind viele schöne, bekannte und weniger bekannte Märchen enthalten, u.a. von den Brüdern Grimm, von Andersen und Hauff, von Straparola und Perrault. Jedes Märchen in seiner ursprünglichen Text-

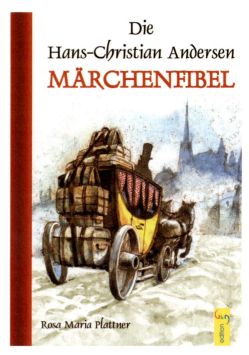

Rosa Maria Plattner: Die Hans-Christian Andersen Märchenfibel. G & G Buchvertrieb, Wien 2004

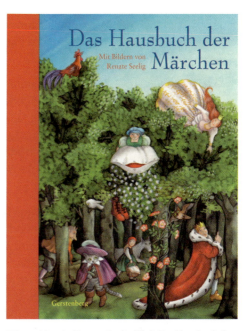

Edmund Jacoby/Renate Seelig (Illu.): Das Hausbuch der Märchen. Gerstenberg Verlag, Hildesheim 2006

gestalt und hervorragend von Renate Seelig illustriert, die zum Einfühlen und Verstehen einladen. Gut geeignet zum Vorlesen in der Familie, im Kindergarten und in der Grundschule.

Die Sammlung *Grimms Märchen* von Günter Jürgensmeier (Sauerländer Verlag, Düsseldorf) enthält alle Märchen (207) der Brüder Grimm. In einer behutsam modernisierten Textform bleiben sie den Originalmärchen im Erzählton noch sehr nahe. Die Illustrationen von Charlotte Dematons sind voller poetischer Ausdruckskraft, die geradezu zum Betrachten und Entdecken einladen. Für Kinder ab 4 Jahren geeignet zum Vorlesen und gemeinsamen Betrachten der Bilder.

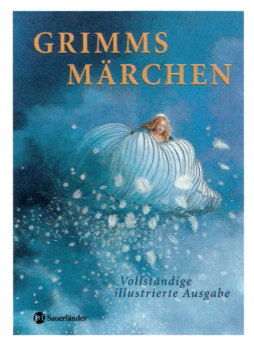

Günter Jürgensmeier: Grimms Märchen, Sauerländer Verlag, Düsseldorf 2007

4.7 Mediale Märchenfassungen

Märchen als Film-, Fernseh- oder Audioproduktionen sollten „so ausgewählt werden, dass die ursprüngliche Form erhalten bleibt und gleichzeitig die Kinder die Möglichkeit haben, sich die Figuren, Handlungsorte etc. fantasievoll vorzustellen" (Wraage-Lange, 2003, S. 203). Dieses ermöglichen vor allem Hörproduktionen (Hörbuch, z. T. auch Hörspielfassungen), die diesen Vorstellungsraum in ihren gelungenen Produktionen bereitstellen. Nachfolgend einige Beispiele:

Produktionen auf CD:

- Hans-Christian Andersen: *Märchen*. Hörbuch von Hörcompany

- *Arabische Märchen*. Hörbuch von Jumbo neue Medien

- Wilhelm Hauff: *Die Märchen-Karawane*. Hörbuch von Random House Company

- Wilhelm Hauff: *Der kleine Muck*. Hörbuch von Edition See-Igel

- Brüder Grimm: *Grimms Märchen 1, 2, 3 u. 4*. Hörspielfassungen von Random House Audio

Die dem Buch *Kinder lieben Märchen und entdecken Werte* von Rufus Beck (Knaur Verlag, München) beigefügten Hörbuch-CDs zu bekannten Märchen (Grimm und Andersen), vorgelesen von Rufus Beck, können für Familie, Kindergarten und Grundschule empfohlen werden.

4.8 Literatur zur pädagogischen Arbeit mit Märchen

Knoch, Linde: *Praxisbuch Märchen – Verstehen, Deuten, Umsetzen* (Gütersloher Verlagshaus, Gütersloh).
Die Autorin und langjährige Märchenerzählerin geht in diesem Buch wichtigen Fragen nach, u. a. welche Märchen eignen sich für welches Lebensalter? Welche unterschiedliche Wirkung haben Märchen? Auch wird die religiöse Bedeutung des Märchens in diesem Buch angesprochen. Die Märchenauswahl und die Altershinweise sind für die praktische Bearbeitung in Kindergarten und Schule außerordentlich hilfreich.

Mell, Christiane: *Es war einmal. Die Werkstatt zu Märchen* (Verlag an der Ruhr, Mühlheim a. d. R.).
In diesem Arbeitsbuch/Mappe gibt die Autorin ein Vielzahl an Anregungen und Materialien, die für die Arbeit in der Grundschule (3. und 4. Schuljahr) gedacht sind. Auch wird das Konzept des Werkstatt-Unterrichtes zum Thema Märchen vorgestellt und als gute didaktische Möglichkeit für Leserin und Leser erkennbar.

Schwarz, Horst: *Märchen zum Mitmachen* (Beltz Verlag, Weinheim).
In diesem Buch des bekannten Märchenerzählers Horst Schwarz sind 20 Volksmärchen aus unterschiedlichen Ländern für Kinder von 4–10 Jahren neu erzählt und gestaltet worden, die nicht nur zum Zuhören, sondern auch zum Mitsingen, Klatschen und Bewegen anregen. Für pädagogische Fachkräfte und Eltern werden Erzählhilfen und Gestaltungsanregungen gegeben.

Schieder, Brigitta: *Mit Märchen durchs Jahr* (Don Bosco Medien, München).
Die Autorin, die vielfältige Erfahrungen als Märchenerzählerin und Märchenpädagogin hat, lädt in ihrem Buch Kinder und Erzieherinnen Monat für Monat zu einem neuen Märchen ein. Zu jedem einzelnen Märchen entfaltet sie zahlreiche Angebote zum Spielen und Entdecken.

Schieder, Brigitta: *Erzähl mir doch ein Märchen* (Don Bosco Medien, München): In diesem Band hat die Autorin eine methodische Märchensammlung zusammen gestellt, die besonders für Kinder (ab 4 Jahren) geeignet ist. Im Einleitungskapitel gibt die Autorin grundlegende Hinweise zum Umgang mit Volksmärchen und Anregungen für den pädagogischen Einsatz.

*Brigitta Schieder: Erzähl mir doch ein Märchen.
Don Bosco Media, München 2009*

Brigitte vom Wege und Mechthild Wessel: *Das Märchen-Aktionsbuch* (Herder Verlag, Freiburg). In diesem Buch werden für pädagogische Fachkräfte im Elementarbereich vielfältige Anregungen gegeben, Märchen auf spielerische Weise zu erleben. Nach einer theoretischen Einführung wird im Aktionsteil eine Vielzahl von Spielmöglichkeiten vorgestellt. Darüber hinaus enthält das Buch auch eine Auswahl von Volks- und Kunstmärchen sowie von Märchen ferner Länder.

Anregungen für den Unterricht

Das Märchenangebot bzw. das Angebot von Märchen für Kinder ist heute sehr breit und vielfältig. Vielfach ist der Ursprungstext in den unterschiedlichen medialen Präsentationsformen Film/CD/CD-ROM stark verändert. So ist die Auswahl für die Eltern und für die Erzieherinnen und Erzieher nicht einfach. Wichtige Hinweise dazu werden ja im Buch im Kapitel „Das Märchen", insbesondere in den Abschnitten „Märchen und Kind" und „didaktisch-methodische Überlegungen" gegeben.

Bei den angehenden Erzieherinnen und Erziehern ist die Erfahrung mit Märchen in der Regel sehr unterschiedlich. Einige bringen noch Familienerfahrungen mit, die durch das Vorlesen und Erzählen von Märchen geprägt sind, andere kennen Märchen fast nur als Hörspiel, Film oder Theaterstück. Dieses erfordert für den Unterricht, dass die Schülerinnen und Schüler einen gewissen Fundus an Volks- und Kunstmärchen kennenlernen müssen, um diese Literaturform an Einzelbeispielen auf ihre didaktische Relevanz überprüfen zu können.

Zwei Werke bieten sich für die Behandlung im Unterricht an:

Gebrüder Grimm/Bernhard Oberdieck: Die allerschönsten Märchen der Brüder Grimm. arsEdition, München
Gerade in diesen bekannten Märchen der Brüder Grimm können sich die Kinder mit ihren Gefühlen und Fragen wiederfinden. In ihnen lässt sich Gutes von Bösem eindeutig unterscheiden, es lässt sich lernen mit Ängsten und Aggressionen umzugehen. Diese Märchen sind auch schon für Kindergartenkinder verständlich und zugänglich.

Rosa Maria Plattner: Die Hans-Christian Andersen Märchenfibel. G & G Buchvertriebsgesellschaft, Wien.
Diese Andersen-Märchen-Auswahl ist zum Vorlesen und Selberlesen geeignet. Neben den sehr bekannten Andersen-Märchen lassen sich in dieser Sammlung auch viele weniger bekannte Märchen finden. Im Anhang finden sich Hinweise zum „Weiterdenken" und „Weiterentwickeln". Diese Fibel eignet sich bereits für den Einsatz im Kindergarten sowie für den Einsatz in der Grundschule.

Aus diesen beiden Märchensammlungen lassen sich jeweils einige Volks- und Kunstmärchen heraussuchen, die wegen ihrer Kürze und Aussagekraft gut im Rahmen einer Unterrichtseinheit bearbeitet werden können. Beide Märchensammlungen können den Ausgangspunkt bilden, um den angehenden Erzieherinnen und Erziehern wichtige Orientierungspunkte im Blick auf die didaktischen Möglichkeiten der

Märchen zu vermitteln und die Neugier nach weiteren Märchensammlungen, nach weiterer Beschäftigung mit dem Märchen, wecken.

Für die pädagogische Arbeit mit Märchen im Kindergarten gibt das Buch von Brigitta Schieder Mit Märchen durchs Jahr (Don Bosco Media, München) viele Anregungen und Hilfen, die für angehende Erzieherinnen und Erzieher sehr nützlich sind. Der Abschnitt „Rahmenbedingungen für gutes Gelingen" könnte die Bearbeitung des Themas „Märchen" hilfreich abschließen.

Weiterhin bietet es sich an, Vorleserunden und Erzählstunden durchzuführen, zum einen kann dabei von den Studierenden das Erzählen gelernt werden, und zum anderen können sie so eine Anzahl unterschiedlicher Märchen kennenlernen.

Auch ist das Vergleichen verschiedener Märchenfassungen sinnvoll, z.B. Der Wolf und die sieben Geißlein von den Brüdern Grimm mit Die sieben Geißlein von Ludwig Bechstein. Oder auch der Vergleich moderner Variationen und Umformungen (z.B. Janosch) mit den Volksmärchenfassungen der Brüder Grimm. Durch das Vergleichen verschiedener Texte lässt sich die didaktische Relevanz der einzelnen Fassungen herausarbeiten.

Die Recherche von Märchen, die aus typischen Herkunftsländern von Eltern ausländischer Kindergartenkinder stammen, könnte einen Zugang zu Märchen und gleichzeitig einen Beitrag zur interkulturellen Erziehung erbringen.

Hierzu kann das multikulturelle Lese- und Arbeitsbuch Es war einmal, es war keinmal ... von Michaela Ulich und Pamela Oberhuemer (Beltz & Gelberg Verlag, Weinheim) empfohlen werden. In diesem Buch sind Märchen aus den Herkunftsländern ausländischer Familien zusammen getragen worden, die sowohl für deutsche wie für ausländische Kinder gut geeignet sind. Das Buch enthält auch eine Vielzahl an praktischen Anregungen.

Schließlich können die Studierenden auch versuchen, verschiedene Märchen auf mediale Vermittler zu übertragen. Hierbei ließen sich grundsätzliche Beurteilungskriterien erarbeiten, was mediale Vermittler bei der Darbietung von Märchenstoffen zu leisten vermögen.

Weiterführende Literatur

Beisbart, Ortwin/Kerkhoff-Hader, Bärbel (Hrsg.): Märchen. Geschichte-Psychologie-Medien. 1. Auflage, Schneider Verlag Hohengehren, Baltmannsweiler 2008

Betz, Felicitas: Märchen als Schlüssel zur Welt. 1. Auflage, Verlag Ernst Kaufmann, Lahr 1977

Bettelheim, Bruno: Kinder brauchen Märchen. Deutscher Taschenbuch Verlag, München 1980

Bühler, Charlotte/Bilz, Josephine: Das Märchen und die Fantasie des Kindes. 3. Auflage, Barth Verlag, München 1961

Bürger, Christa: Die soziale Funktion volkstümlicher Erzählformen – Sagen und Märchen. in: Projekt Deutschunterricht I, hrsg. von Heinz Ide, Metzler Verlag, Stuttgart 1973

Doderer, Klaus (Hrsg.): Über Märchen für Kinder von heute. 1. Auflage, Beltz Verlag, Weinheim/Basel 1983

Erl, Erdmute/Erl, Willi: Lektüre für Kinder und Jugendliche. 2. Auflage, Katzmann Verlag, Tübingen 1973

Franz, Kurt (Hrsg.): Märchenwelten. Das Volksmärchen aus der Sicht verschiedener Fachdisziplinen. 2. Auflage, Schneider Verlag Hohengehren, Baltmannsweiler 2008

Geiger, Rudolf: Märchenkunde. Mensch und Schicksal im Spiegel der Grimmschen Märchen. 1. Auflage, Verlag Urachhaus, Stuttgart 1982

Haas, Gerhard: Märchen und Sage. in: Kinder- und Jugendliteratur. 3. Auflage, Reclam Verlag, Stuttgart 1984

Klein, Manfred: Märchen/Sagen/Mythen. in: Kinder- und Jugendmedien, hrsg. von Dietrich Grünewald und Winfried Kaminski, Beltz Verlag, Weinheim/Basel 1984

Künnemann, Horst: Kinder und Kulturkonsum. Beltz Verlag, Weinheim/Basel 1974

Lange, Günter (Hrsg.): Märchen. Märchenforschung, Märchendidaktik. 2. Auflage, Schneider Verlag Hohengehren, Baltmannsweiler 2007

Lüthi, Max: Märchen. 7. Auflage, J. B. Metzlersche Verlagsbuchhandlung, Stuttgart 1979

Lüthi, Max: Es war einmal ... Vom Wesen des Volksmärchens. 6. Auflage, Vandenhoeck & Ruprecht, Göttingen 1983

Lüthi, Max: Das europäische Volksmärchen. 8. Auflage, Francke Verlag, Tübingen 1985

Lüthi, Max: Volksmärchen und Volkssagen. Francke Verlag, Bern/München 1961

Maier, Karl Ernst: Das Märchen. in: Jugendliteratur, 10. Auflage, Julius Klinkhardt Verlag, Heilbrunn 1993

Mönkeberg, Vilma: Das Märchen und unsere Welt. 1. Auflage, Eugen Diederichs Verlag, Düsseldorf/Köln 1972

Petzoldt, Leander: Märchen, Mythen und Sagen. in: Taschenbuch der Kinder- und Jugendliteratur, Bd. 1, hrsg. von Günter Lange. 1. Auflage, Schneider Verlag Hohengehren, Baltmannsweiler 2000

Psaar, Werner/Klein, Manfred: Wer hat Angst vor der bösen Geiß? Zur Märchendidaktik und Märchenrezeption. 1. Auflage, Westermann Verlag, Braunschweig 1976

Röhrich, Lutz: Märchen und Wirklichkeit. 5. Auflage, Schneider Verlag Hohengehren, Baltmannsweiler 2001

Rölleke, Heinz: Die Märchen der Brüder Grimm. 1. Auflage, Reclam Verlag, Stuttgart 2004

Röth, Dieter/Kahn, Walter: Märchen und Märchenforschung in Europa. 1. Auflage, Haag + Herchen Verlag, Frankfurt/M. 1993

Sahr, Michael (Hrsg.): Märchen in der Grundschule. Kreativer und produktiver Umgang mit Märchen. 1. Auflage, Wolf Verlag, Regensburg 1988

Sahr, Michael: Zeit für Märchen. 2. Auflage, Schneider Verlag Hohengehren, Baltmannsweiler 2007

Sauer, Peter: Zur Didaktik des Märchens in der Vorschulerziehung, in: Umstrittene Jugendliteratur, hrsg. v. Horst Schaller, Klinkhardt Verlag, Bad Heilbrunn, 1976

Schenk-Danzinger, Lotte: Entwicklungspsychologie. Österreichischer Bundesverlag für Unterricht, Wissenschaft und Kunst, Wien 1969

Schulz, Gudrun: Märchen in der Grundschule. 1. Auflage, Cornelsen Verlag Scriptor, Berlin 2005

Wardetzky, Kristin: Märchen-Lesearten. Eine empirische Studie. 1. Auflage, Peter Lang Verlag, Berlin 1992

Wragge-Lange, Irmhild: Märchen als frühes literarisches Erlebnis. in: Handbuch Kinderliteratur, hrsg. von Jens Thiele und Jörg Steitz-Kallenbach, 1. Auflage, Herder Verlag, Freiburg 2003

Zitzlsperger, Helga: Märchenrezeption von Kindern. in: Märchen – Kinder – Medien, hrsg. von Kurt Franz und Walter Kahn. 1. Auflage, Schneider Verlag Hohengehren, Baltmannsweiler 2000

Zitzlsperger, Helga: Märchenhafte Wirklichkeiten. 1. Auflage, Beltz Verlag, Weinheim 2007

5 Kinderbücher

5.1 **Erstlesealter**

5.2 **Themen, Motive, Schauplätze**

5.3 **Bereiche der erzählenden Kinderliteratur**

5.4 **Realistische Kinderbücher**

5.5 **Fantastische Kinderbücher**

5.6 **Realistische Kindergeschichten**

5.7 **Fantastische Kindergeschichten**

5.8 **Didaktische Überlegungen**

5.9 **Anthologien**

5.10 **Literatur zur pädagogischen Arbeit**

Das Kinderbuch ist kein klar und eindeutig umrissener Buchgattungsbegriff. Es steht hier aber als sinnvolle Sammelbezeichnung für alle Kinderbücher und Kindererzählungen, die für Kinder vom Erstlesealter bis etwa zum 12. Lebensjahr geschrieben wurden. Im Sinne dieser Zuordnung sind die 6/7–11/12jährigen Kinder die Hauptzielgruppe der Kinderbücher.

An das Kinderbuch richten sich große Erwartungen, zumindest von Seiten der Pädagogen. „Es soll Leseanfänger zum Lesen motivieren und die versierten Leser so fesseln, dass das Buch als persönlich bedeutsames Medium in der krisenhaften Pubertät nicht gänzlich aufgegeben wird, wie es nicht selten passiert" (Mattenklott, 2009, S. 9). In diesem Sinne sind Anforderungen und Einschränkungen, Themen, Motive und Schauplätze des Kinderbuches zunächst zu verstehen, um Aspekte der Beurteilung zu gewinnen und diese dann pädagogisch sinnvoll zur Wirkung zu bringen.

5.1 Erstlesealter

Das erste Lesealter ist durch die schrittweise Aneignung des sich Geschichten/Sachverhalte selbst Erlesens gekennzeichnet. Es ist ein großer Schritt vom Vorlesealter, vom Alter, in dem sich primär über Bilder Geschichten erschlossen werden, zur sich stetig wachsenden Lesekompetenz (gleichzeitig Schreibkompetenz). In dieser Phase sind die Erwartungen an die Kinderbücher, die für das Erstlesealter bis hin zum 10./12. Lebensjahr geschrieben werden sehr groß, insbesondere von den diese Phase begleitenden Pädagogen, vor allem den Grundschullehrern und den Erziehern. So sollen Kinderbücher „bei schwirigen Unterrichtsgegenständen helfen und Kinder in emotionalen und sozialen Notlagen stärken, sollen Kinder erreichen, die aus der Familie keine Leseerfahrungen mitbringen und nicht motiviert sind, sich auf ein Buch einzulassen und sie sollen Kinder fördern, die kaum Deutsch sprechen können" (Mattenklott, 2009, S. 9).

Diese Überfrachtung von Erwartungen an die Kinderbücher, die alle für sich genommen ihre Berechtigung haben, sollen den Blick auf das Wesentliche der „mittleren Kindheitsphase" nicht verdrängen. Es geht beim schrittweisen Erwerb der Lesekompetenz auch besonders um die Stärkung der Motivation, um die Entwicklung und Fortentwicklung der Lesefreude, die für die weiteren Lebensphasen mitentscheidend den künftigen Leser oder Wenig-Leser prägt. Und die Lesefreude wird eben maßgeblich durch die Inhalte, Themen, Motive und Schauplätze wie auch durch die Form, Schriftgröße und Bebilderung befördert. Dabei kommt den begleitenden Erwachsenen eine wichtige Rolle zu, indem sie sich nicht nur nostalgisch an ihre Lieblingsbücher aus ihrer Kindheit orientieren, sondern den Blick auf die Kindheit im jetzt und heute richten, kurzum auf das Kinderleben in unserer Zeit. Gleichwohl bleibt der ein oder andere Klassiker auch heute noch liebens- und lesenswert.

5.2 Themen, Motive und Schauplätze

Im Unterschied zu Märchen, Sagen und Fabeln ist das Kinderbuch von vornherein für Kinder geschrieben. Insofern stellt sich das Kinderbuch nicht nur in der Sprachform, sondern auch in seinen Themen, Motiven und Schauplätzen auf die mittlere Kindheit ein, also auf das Alter zwischen 6 und 12 Jahren. So sind die Stoffe und Themen dem Erfahrungsfeld des Kindes entnommen, handeln im Wesentlichen vom Kinderleben selbst.

5.3 Bereiche der erzählenden Kinderliteratur

Sehr grob lässt sich die Kinderliteratur in einen „realistischen" und „fantastischen" Bereich untergliedern. „Wo ausschließlich real mögliche Tatsachen und Ereignisse den Inhalt ausmachen, spricht man von der ‚realistischen Kindergeschichte'. Ihr Gegenstück ist die ‚fantastische Kindergeschichte', deren Geschehen ganz oder teilweise mit Bereichen in Verbindung steht, die außerhalb der sinnlich und logisch erfassbaren Wirklichkeit liegen" (Maier, 1993, S. 129). Die Vielfalt der Strukturen und Formen erschwert erheblich eine aufgliedernde Differenzierung der realistischen und fantastischen Kindergeschichten. Es vermischen sich inhaltliche Kriterien mit strukturellen, sodass man für eine plausible Aufstellung, die den Gesamtbereich „Kinderbuch" einigermaßen erfassen soll, mehrere Ordnungssysteme benötigt.

Wenn nun trotz dieser Schwierigkeiten eine Übersichtsanordnung nach Themen- und Motivgruppen versucht wird, so deshalb, um dem Leser eine Orientierungshilfe zu geben, die anhand ausgewählter Titelbeispiele die bedeutsamsten Ausprägungen des Gesamtbereiches „Kinderbücher" vermittelt.

5.4 Realistische Kinderbücher

Beispiele für Geschichten aus dem Alltag in Familie und Schule

- Astrid Lindgren: *Die Kinder aus Bullerbü* (Oetinger Verlag, Hamburg)
- Astrid Lindgren: *Ferien auf Saltkrokau* (Oetinger Verlag, Hamburg)
- Kerstin Johansson: *Moa und Pelle. Der verflixte 1. Schultag* (Bertelsmann Verlag, München)
- Gudrun Mebs: *Mariemoritz* (Nagel & Kimche Verlag, Frauenfeld)
- Joke van Leeuwen: *Deesje macht das schon* (Beltz & Gelberg Verlag, Weinheim)
- Christine Nöstlinger: *Echt Susi* (Dachs Verlag, Wien)
- Harkan Jaebsson/Arne Norlin: *Eltern gesucht* (Picus Verlag, Wien)
- Klaus Meyer: *Weiße Wolke Carolin* (Loewes Verlag, Bindlach)
- Kirsten Boie: *Mittwochs darf ich spielen* (Oetinger Verlag, Hamburg)
- Kirsten Boie: *Alles ganz wunderbar weihnachtlich* (Oetinger Verlag, Hamburg)
- Rose Lagererantz: *Klara will Eis!* (Oetinger Verlag, Hamburg)

- *Nina Schindler: Und wo bleib ich? (C. Bertelsmann Verlag, München)*
- *Dagmar Chidolue: Millie in Paris (Dressler Verlag, Hamburg)*
- *Per Olov Enquist: Großvater und die Wölfe (Hanser Verlag, München)*
- *Werner Färber: Tore, Kicker & Turniere (arsEdition, München)*
- *Hubert Schirneck: Flaschenpost für Papa (NP Verlag, Wien)*

Beispiele für Geschichten mit problemorientierten Inhalten (vorwiegend aus dem Familienkreis)

- *Achim Bröger: Oma und ich (Nagel & Kimche Verlag, Frauenfeld)*
- *Achim Bröger: Geschwister ... nein danke!? (Arena Verlag, Würzburg)*
- *Peter Härtling: Fränze (Beltz & Gelberg Verlag, Weinheim)*
- *Simone Klages: Mein Freund Emil (Beltz & Gelberg Verlag, Weinheim)*
- *Dagmar Chidolue: Ponzl guckt schon wieder (Beltz & Gelberg Verlag, Weinheim)*
- *Ulf Stark: Wir Eisbären (Ueberreuter Verlag, Wien)*
- *Sylvia Cassedy: Lucys Haus (Dressler Verlag, Hamburg)*
- *Doris Orgel: Mein Streit mit Frau Gallo und wie alles wieder gut wurde (Sauerländer Verlag, Aarau)*
- *Grete Randsborg-Jenseg: Hallo Lukas, sagt Vater (Gabriel Verlag, Wien)*
- *Amelie Fried: Der unsichtbare Vater (Hanser Verlag, München)*
- *Kirsten Boie: Man darf mit dem Glück nicht drängelig sein (Oetinger Verlag, Hamburg)*
- *Christine Nöstlinger: Sowieso und überhaupt (Dachs Verlag, Wien)*
- *Jacqueline Wilson: Das Kofferkind (Oetinger Verlag, Hamburg)*
- *Angelique de Waard: Die geheime Schachtel (Sauerländer Verlag, Düsseldorf)*

„Jede Minute zählt", so der Untertitel von *Wie man unsterblich wird* von Sally Nicholls. So sind der leukämiekranke Sam und der zwei Jahre ältere Felix, den er im Krankenhaus kennengelernt hat, fest entschlossen, jede Minute ihres kurzen Lebens auszukosten. In sehr verständlicher Sprache wird ein ernstes Thema aufgenommen und eindrücklich, ohne Sentimentalität, manchmal traurig, manchmal richtig zum Lachen, in dieser Geschichte behandelt. Die noch sehr junge englische Autorin schreibt aus der Perspektive des Jungen, der sich nicht unterkriegen lässt und dessen Mut und Schicksal uns berührt.

*Sally Nicholls/Birgitt Kollmann
(Übers. aus dem Englischen): Wie man unsterblich wird.
Hanser Verlag, München 2008*

Beispiele für Geschichten „Wie es früher war"

- *Tilde Michels: Freundschaft für immer und ewig? (Nagel & Kimche Verlag, Frauenfeld)*
- *Peter Härtling: Krücke (Beltz & Gelberg Verlag, Weinheim)*
- *Arnulf Zitelmann: Unter Gauklern (Beltz & Gelberg Verlag, Weinheim)*
- *Tilde Michels: Lena vom Wolfsgraben (Nagel & Kimche Verlag, Frauenfeld)*
- *Jo Pestum: Die Waldläufer (Ellermann Verlag, München)*
- *Elisabeth Stöckli/Robert Ingpen: Glückliche Kinder? (Pro juventute Verlag, Zürich)*
- *Patricia Reilly Griff: Manchmal werden Wünsche wahr (Oetinger Verlag, Hamburg)*
- *Josef Holub: Bonifaz und der Räuber Knapp (Beltz & Gelber Verlag, Weinheim)*
- *Gabriele Rittig: Verschwörung gegen den Pharao (G&G Wien)*
- *Jürg Schubiger: Die Geschichte von Wilhelm Tell (Nagel & Kimche Verlag, München/Wien)*

Beispiele für Geschichten aus der Erlebniswelt des Kindes in der Gemeinschaft mit Gleichaltrigen

- *Christine Nöstlinger: Jokel, Julia und Jericho (Beltz & Gelberg Verlag, Weinheim)*
- *Ole Lund Kirkegaard: Die Strolche von Vinneby (Oetinger Verlag, Hamburg)*
- *Barbara Robinson: Hilfe, die Herdmanns kommen (Oetinger Verlag, Hamburg)*
- *Max von der Grün: Vorstadtkrokodile (Bertelsmann Verlag, München)*
- *Tilde Michels: Ausgerechnet Pommes (Nagel & Kimche Verlag, Frauenfeld)*
- *Sigrid Zeevaert: Sam und Bill (Dressler Verlag, Hamburg)*
- *Renate Ahrens-Kramer: Die Höhle am Strand (Thienemann Verlag, Stuttgart)*
- *Sigrid Zeevaerd: Ein Meer voller Sterne (Dressler Verlag, Hamburg)*
- *Jutta Richter: Der Tag, als ich lernte die Spinnen zu zähmen (DTV, München)*
- *Dagmar Geisler: Wandas geheime Notizen (DTV, München)*
- *Per Nilsson: Für immer Milena (Oetinger Verlag, Hamburg).*

Beispiele für das Themenfeld gesellschaftliche Außenseiter/Behinderung

- *Ellie Donelly: Der rote Strumpf (Dressler Verlag, Hamburg)*
- *Peter Härtling: Das war der Hirbel (Beltz & Gelberg Verlag, Weinheim)*
- *Klaus Kordon: Der Käpt'n aus dem 13. Stock (Dressler Verlag, Hamburg)*
- *Gudrun Pausewang: Zwei hungrige Freunde (Nagel & Kimche Verlag, Frauenfeld)*
- *Ursula Wölfel: Die grauen und die grünen Felder (Ravensburger Verlag, Ravensburg)*
- *Willi Fährmann: Jakob und seine Freunde (Arena Verlag, Würzburg)*
- *Tahar Ben Jelloun: Papa, was ist ein Fremder (Rowohlt Verlag, Berlin)*
- *Edith Schreiber-Wicke: Regenbogenkind (Thiemann Verlag, Stuttgart)*
- *Pete Smith: Mein Freund Jerimias (Ueberreuter Verlag, Wien)*
- *Sis Deans: Ricky rennt (Dressler Verlag, Hamburg)*

Beispiele für Geschichten aus anderen Ländern

- *Nasrin Siege: Sombo, das Mädchen vom Fluß (Beltz & Gelberg Verlag, Weinheim)*
- *Nhuongh: Mein verlorenes Land. Erlebnisse eines Jungen aus Vietnam (Sauerländer Verlag, Aarau)*
- *Karen Press: Der kleine gelbe Bagger. Fünf Geschichten aus Südafrika (Hammer Verlag, Wuppertal)*

- *Ruth Weiss: Feresia. Ein Mädchen aus Simbabwe erzählt (Hammer Verlag, Wuppertal)*
- *Gudrun Pausewang: Die Kinder in den Bäumen (Nagel & Kimche Verlag, Frauenfeld)*
- *Andreas Venzke: Carlos kann doch Tore schießen (Nagel & Kimche Verlag, Zürich)*
- *Daniella Carmi: Samir und Jonathan (dtv junior Verlag, München)*
- *Gloria Cecila Diaz: Der Himmel glüht (Atlantis Verlag, Zürich)*
- *Hermann Schulz: Wenn dich ein Löwe nach der Uhrzeit fragt. Eine Afrikageschichte (Hammer Verlag, Wuppertal)*

Beispiele für sozialkritische Erzählungen/ökologisch orientierte Geschichten

- *Macht die Erde nicht kaputt. Geschichten für Kinder über uns und unsere Welt (Herder Verlag, Freiburg)*
- *Wolfgang Pauls: Jule und Steffen bei Greenpeace (Erika Klopp Verlag, Berlin/München)*
- *Dagmar Scherf: Vorsicht: Paradies (Erika Klopp Verlag, Berlin/München)*
- *Nina Rauprich: Die sanften Riesen der Meere (dtv junior Verlag, München)*
- *Gudrun Pausewang/Marion Thomas: Es ist doch alles grün (Ravensburger Verlag, Ravensburg)*
- *David Grossmann: Eine offene Rechnung (Hans Verlag, München)*
- *Kirsten Boie: Krisensommer mit Ur-Otto (Oetinger Verlag, Hamburg)*

Beispiele für abenteuerliche Kindergeschichten/Kinderkrimis

- *Paul van Loon: Meisterdetektivin Micki Hammer/Entführungsfall Schildkröte (Picus Verlag, Wien)*
- *Josef Carl Grund: Der Meisterdetektiv (Loewes Verlag, Bindlach)*
- *Steinar Sörlle: Die Nacht, als keiner schlief (Nagel & Kimche Verlag, Frauenfeld)*
- *Dieter Bromund: Der Schatz des Schweden (Carlsen Verlag, Hamburg)*
- *ky: Sonst ist es aus mit dir (Patmos Verlag, Düsseldorf)*
- *Kirkpatrick Hill: Starker Sohn und Schwester (Beltz & Gelberg Verlag, Weinheim)*
- *Inger Skote: Hinter der blauen Tür (Ueberreuter Verlag, Wien)*
- *Wendelin van Draanen: Sammy und der Hoteldieb (Carlsen Verlag, Hamburg)*
- *Wolfram Hänel: Die Sache mit den Weihnachtsmännern. Ein Großstadt-Krimi (Gerstenberg Verlag, Hildesheim)*
- *Eva Ibbotson: Maia oder als Miss Minton ihr Korsett in den Amazonas warf (Dressler Verlag, Hamburg)*
- *Martin von Aesch: Aufregung um Lala. Torgasse 12 – Kukus dritter Fall (Atlantis Verlag, Zürich)*

Beispiele für Tiergeschichten

- *Hans Petersson: Matthias und das Eichhörnchen (Oetinger Verlag, Hamburg)*
- *Alfons Schweiggert: Beppo, mein Goldhamster (Ludwig Auer Verlag, Donauwörth)*
- *Uwe Timm: Rennschwein Rudi Rüssel (Nagel & Kimche Verlag, Frauenfeld)*
- *Dieuwke Winsemius: Vier Welpen im Dachsbau (dtv junior Verlag, München)*
- *Manfred Eichhorn: Dieses Pferd und kein anderes (Herder Verlag, Freiburg)*
- *Hennig Pawel: Joschkas Hund (Kinderbuchverlag, Berlin)*

- *Eva Eriksson: Lauras Geheimnis (Oetinger Verlag, Hamburg)*
- *Alfred Wellm: Das Pferdemädchen (Beltz & Gelberg Verlag, Weinheim)*
- *Wolfram Hänel und Uli Waas: Ein Hund kommt nicht ins Haus! (Nord-Süd Verlag, Gossau)*
- *Ulrike Kaup und Martina Mair: Eine Klasse hebt ab (arsEdition, München)*
- *Etel Brüning: Jule-Pule und der Wuschel (Metz Verlag, Gaggenau)*
- *Eduard Ulspenski: Väterchen Fjodor, der Kater der Hund (leiv Verlag, Leipzig)*

5.5 Fantastische Kinderbücher

Beispiele für Vermischung von Realität und Irrealität, Verwandlungsgeschichten

- *Astrid Lindgren: Karlsson vom Dach (Oetinger Verlag, Hamburg)*
- *Astrid Lindgren: Karlsson fliegt wieder (Oetinger Verlag, Hamburg)*
- *Astrid Lindgren: Der beste Karlsson der Welt (Oetinger Verlag, Hamburg)*
- *Christine Nöstlinger: Lollipop (Beltz & Gelberg Verlag, Weinheim)*
- *Christine Nöstlinger: Wir pfeifen auf den Gurkenkönig (Beltz & Gelberg Verlag, Weinheim)*
- *Paul Maar: Lippels Traum (Oetinger Verlag, Hamburg)*
- *Christine Nöstlinger: Der Zwerg im Kopf (Beltz & Gelberg Verlag, Weinheim)*
- *Elisabeth Lynn: Das silberne Pferd (Sauerländer Verlag, Aarau)*
- *Manfred Limmroth: Das verschwundene Ottchen (C. Bertelsmann Verlag, München)*
- *Anne Steinwart/Silke Brix-Henker: Hotte und das Unzelfunzel (Loewes Verlag, Bindlach)*
- *Elisabeth Dommer: Jenny und das Zauberpferd (Ueberreuter Verlag, Wien)*
- *Joanne K. Rowling: Harry Potter und der Stein der Weisen (Carlsen Verlag, Hamburg)*
- *Joanne K. Rowling: Harry Potter und die Kammer des Schreckens (Carlsen Verlag, Hamburg)*
- *Joanne K. Rowling: Harry Potter und der Gefangene von Askaban (Carlsen Verlag, Hamburg)*
- *Joanne K. Rowling: Harry Potter und der Feuerkelch (Carlsen Verlag, Hamburg)*
- *Joanne K. Rowling: Harry Potter und der Orden des Phönix (Carlsen Verlag, Hamburg)*
- *Kirsten Boie: Der durch den Spiegel kommt (Oetinger Verlag, Hamburg)*

Beispiele für märchenhafte geschlossene Geschichten, in denen eigene fantastische Welten geschildert werden

- *Otfried Preußler: Der kleine Wassermann (Thienemann Verlag, Stuttgart)*
- *Otfried Preußler: Die kleine Hexe (Thienemann Verlag, Stuttgart)*
- *Achim Bröger: Die kleine Jule (Thienemann Verlag, Stuttgart)*
- *Tilde Michels: Kleiner König Kalle Wirsch (Herder Verlag, Freiburg)*
- *August Kirchfeld: Der Räuber Haselnuß und andere Zwergenmärchen (Ludwig Auer Verlag, Donauwörth)*
- *Lukas Hartmann: Die wilde Sophie (Nagel & Kimche Verlag, Frauenfeld)*
- *Robert Bolt: Der kleine dicke Ritter Oblong-Fitz-Oblong (Hoch Verlag, Stuttgart)*
- *Clive S. Lewis: Der König von Narnia (dtv junior Verlag, München)*
- *Joan Aiken: Der Zauberschatz von Astalon (Oetinger Verlag, Hamburg)*
- *Paul Maar/Sepp Strubel: Die Opodeldoks (Oetinger Verlag, Hamburg)*

Beispiele für fantastische Abenteuer/fantastische Reisen

- *Michael Ende: Jim Knopf und Lukas der Lokomotivführer (Thienemann Verlag, Stuttgart)*
- *Michael Ende: Jim Knopf und die Wilde 13 (Thienemann Verlag, Stuttgart)*
- *Gabriele M. Göbel: Einer wie der Zwinz (Boje Verlag, Erlangen)*
- *Madeleine L'Engle: Die Zeitfalle (Thienemann Verlag, Stuttgart)*
- *Michael Ende: Die unendliche Geschichte (Thienemann Verlag, Stuttgart)*
- *Angelika Mechtel: Die Reise nach Tamerland (Loewes Verlag, Bindlach)*
- *Simon und Desi Ruge: Das Mondkalb ist weg! (Beltz & Gelberg Verlag, Weinheim)*
- *Astrid Lindgren: Mio, mein Mio (Oetinger Verlag, Hamburg)*
- *Susa Mämmerle/Brigitte Smith: Alice im Wunderland und hinter den Spiegeln (Betz Verlag, Wien)*
- *Carna Zacharias: Die Leute von Samira (C. Bertelsmann Verlag, München)*
- *Mascha Rabben: Der zweitletzte Fausel (C. Bertelsmann Verlag, München)*
- *Klaus-Peter Wolf/Bettina Göschl: Das unheimliche Piratenschiff (Schneider Verlag, München)*

Beispiele für überdimensionale Gestalten

- *Astrid Lindgren: Pippi Langstrumpf (Oetinger Verlag, Hamburg)*
- *Astrid Lindgren: Pippi im Taka-Tuka-Land (Oetinger Verlag, Hamburg)*
- *Astrid Lindgren: Pippi Langstrumpf geht an Bord (Oetinger Verlag, Hamburg)*
- *Forrest Wilson: Superoma (Dressler Verlag, Hamburg)*
- *Forrest Wilson: Superoma räumt auf (Dressler Verlag, Hamburg)*
- *Runer Jonsson: Wickie und die starken Männer (Loewes Verlag, Bindlach)*
- *Colin Mc Naughton: Viel Glück, grüner Riese (Gerstenberg Verlag, Hildesheim)*

Astrid Lindgren schuf 1941 die Figur der **Pippi Langstrumpf**, die bis heute zu Weltruhm (unterstützt durch die zahlreichen Verfilmungen) gekommen ist. In der oben stehenden Neuauflage können die altbekannten Pippi-Geschichten (wieder) entdeckt werden. Als Pippi in die Villa Kunterbunt einzieht, staunen die Nachbarskinder Annika und Tommy. Denn Pippi hat nicht nur einen Koffer voller Gold, ein Pferd und einen Affen – sie ist auch das stärkste Mädchen der Welt und macht, was sie will.

Beispiele für das Themenfeld: Licht und Dunkelheit/ Gut und Böse

- *James Krüss: Timm Thaler oder Das verkaufte Lachen (Oetinger Verlag, Hamburg)*
- *James Krüss: Timm Thalers Puppen oder Die verkaufte Menschenliebe (Oetinger Verlag, Hamburg)*
- *Otfried Preußler: Krabat (Thienemann Verlag, Stuttgart)*
- *John Ronald R. Tolkien: Der kleine Hobbit (Georg Bitter Verlag, Recklinghausen)*

Astrid Lindgren: Pippi Langstrumpf. Oetinger Verlag, Hamburg 2007

- *Astrid Lindgren: Die Brüder Löwenherz (Oetinger Verlag, Hamburg)*
- *Joan Aiken: Der flüsternde Berg (Oetinger Verlag, Hamburg)*
- *Astrid Lindgren: Ronja, Räubertochter (Oetinger Verlag, Hamburg)*
- *Michael Ende: Der satanarchäolügenialkohöllische Wunschpunsch (Thienemann Verlag, Stuttgart)*

Beispiele für Flunkergeschichten/Seemannsgarn und Fantastisches

- *Hanna Johannsen: Dinosaurier gibt es nicht (Nagel & Kimche Verlag, Frauenfeld)*
- *Käpt'n Blaubärs Geschichtenbuch (Ravensburger Verlag, Ravensburg)*
- *Christoph Hein: Das Wildpferd unterm Kachelofen (Beltz & Gelberg Verlag, Weinheim)*
- *Laß das, Hein Blöd (Ravensburger Verlag, Ravensburg)*
- *Dietloff Reiche: Geisterschiff (Hanser Verlag, München)*

Beispiele für Gespenster-, Grusel-, Hexen- und Vampirgeschichten

- *Angela Sommer-Bodenburg: Florians gesammelte Gruselgeschichten (Bertelsmann Verlag, München)*
- *Erika Ertl: Gespensterkind im Flatterhemd (Ensslin & Laiblin Verlag, Reutlingen)*
- *Angela Sommer-Bodenburg: Anton und der kleine Vampir (Bertelsmann Verlag, München)*
- *Walter Wippersberg: Julias Hexe (Nagel & Kimche Verlag, Frauenfeld)*
- *Alison Prince: Aus heiterem Himmel. Gruselgeschichten ganz anders (Sauerländer Verlag, Aarau)*
- *Ingrid Uebe: Das Monsterchen (Loewes Verlag, Bindlach)*
- *Willis Hall: Der letzte Vampir/Urlaubsgrüße vom Vampir (Dressier Verlag, Hamburg)*
- *Sibylle Durian: Benjamin und der geheimnisvolle Sarg/Benjamin und der Schatz der Vampire (Kinderbuch Verlag, Berlin)*
- *Bianca Pitzorno: Emilia das Hexenkind (Elefanten Press Verlag, Berlin)*
- *Cornelia Funke: Gespensterjäger in großer Gefahr (Loewe Verlag, Bindlach)*

Beispiele für Geschichten mit lebendigen Spielsachen/Geschichten, in denen unbelebte Dinge in der alltäglichen Welt agieren

- *Carlo Collodi: Pinocchio (Loewes Verlag, Bindlach)*
- *Alan Alexander Milne: Pu der Bär (Dressler Verlag, Hamburg)*
- *Pauline Clarke: Die Zwölf vom Dachboden (Oetinger Verlag, Hamburg)*
- *Ernst Hoffmann/Maurice Sendak: Nußknacker und Mäusekönig (Bertelsmann Verlag, München)*
- *Günter Herburger: Birne (Luchterhand Verlag, Darmstadt)*
- *Klaus-Peter Wolf: Wenn dich die Phantasie beißt ... (Riedel Verlag, Bad Homburg)*
- *Jutta Richter: Annabella Klimperauge. Geschichten aus dem Kinderzimmer (Bertelsmann Verlag, München)*
- *Margery Bianco: Armer Kecko (Sauerländer Verlag, Aarau)*
- *Boy Lornsen: Die Möwe und der Gartenzweg (Thienemann Verlag, Stuttgart)*
- *Boy Lornsen: Robby, Tobbi und das Fliewatüüt (dtv junior Verlag, München)*
- *Christine Nöstlinger/Nikolaus Heidelbach: Der Neue Pinocchio (Beltz & Gelberg Verlag, Weinheim)*

Beispiele für Geschichten mit übernatürlichen hilfreichen Tieren/ Themenfeld: Tier-Fantastik mit tierverfremdeter Umwelt

- *Willi Fährmann: Der überaus starke Willibald (Arena Verlag, Würzburg)*
- *Janosch: Das kleine Panama-Album. Der kleine Bär und der kleine Tiger (Beltz & Gelberg Verlag, Weinheim)*
- *Simon und Desi Ruge: Katze mit Hut (Beltz & Gelberg Verlag, Weinheim)*
- *Hanna Johansen: Die Geschichte von der kleinen Gans, die nicht schnell genug war (Nagal & Kimche Verlag, Frauenfeld)*
- *Helmut Nachtigall und Alicia Sancha: Kapitän Kater Maran (Herder Verlag, Freiburg)*
- *Sophie Brandes: Gustav Hundeherz (Loewes Verlag, Bindlach)*
- *Michael Korth: Der Kater von Marrakesch (Bertelsmann Verlag, München)*
- *Dietlof Reiche: Freddy. Ein wildes Hamsterleben (Anrich Verlag, Weinheim)*
- *Felix Scheinberger: Im Dschungel der Großstadt (Ravensburger Verlag, Ravensburg)*
- *Stefan Gemmel: Tom Wuff und Huckleberry Cat (Metz Verlag, Gaggenau)*

5.6 Realistische Kindergeschichten

Die realistischen Kindergeschichten greifen besonders **Themen aus dem nahen Lebenskreis des Kindes** auf. Bevorzugt sind: Elternhaus, Schule und Freundschaft. Es werden auch ungewöhnliche Lebensverhältnisse (z. B. gesellschaftliche Außenseiter) vorgestellt. Sozialkritische und ökologisch orientierte Themen sind zunehmend stärker in realistischen Kindergeschichten vertreten. Kinder aus anderen Ländern werden vorgestellt. Tiergeschichten, in denen Erlebnisse von Kindern mit Tieren geschildert werden, nehmen einen breiten Raum ein. Sie werden zunehmend auch durch ökologisch orientierte Tiergeschichten thematisch erweitert und dadurch inhaltlich anspruchsvoller.

In den realistischen Kindergeschichten tritt das **Kind selbst als ein Handelndes** auf, das etwas zustande bringt und sich an kleinen Aufgaben bewährt. Es besteht Umweltabenteuer und erfährt, dass seine Ängste und Leiden überwindbar sind. Den in den Geschichten geschilderten Kindergestalten kommt eine wichtige Bedeutung zu, da sie als Identifikationsfiguren der lesenden Kinder fungieren. „Die kindlichen Hauptfiguren werden also stets irgendwo zwischen den Extremen stehen, entweder mehr echtes, wahrhaftiges Kind sein oder mehr Leitbild; vielleicht könnten die gelungensten von beidem etwas haben, etwas vom Risiko, das mit dem Menschen verknüpft ist, etwas vom Gepflegten, Normalen, Gutartigen; etwas von Lukas Kümmel und Pippi und etwas vom dicken Tim und von Hans Frieder" (Dahrendorf, 1975, S. 75).

Gute realistische Kindergeschichten zeigen die Realität so, wie sie ist, mit ihren schönen Seiten, aber auch mit all ihren Problemen und Konflikten, um dem lesenden Kind Anregungen für Problem- und Konfliktlösungen zu geben. Gute Kindergeschichten bieten insofern neben der Unterhaltung, neben dem Lesevergnügen, Anregungen und Perspektiven für das eigene Leben. Das bedeutet, gute realistische Kindergeschichten/Kinderbücher können Kindern dabei helfen, die gesellschaftliche und soziale Umwelt durchschaubarer und verstehbarer zumachen.

Ein gutes Beispiel dafür ist in diesem Zusammenhang *Mut für Drei* von Bart Moeyaert (Text) und Rotraut Susanne Berner (Illu.). In den drei Erzählungen dieses Buches geht es um Neugier, Freundschaft, Drangsal, Liebe und um erwachsenes Unverständnis gegen kindliche Abenteuerlust. Die drei Helden des Buches heißen Rosie, Tom und Marta. Alle drei haben Mut und auch Grips. Jeder auf seine Weise.

5.7 Fantastische Kindergeschichten

Seit 1945 hat das fantastische Kinderbuch einen bedeutenden Aufschwung in der Bundesrepublik genommen. Dies ist nicht unwesentlich dem Einfluss von Astrid Lindgren zu verdanken.

Alice im Wunderland von Lewis Caroll, *Peter Pan* von James Barrie und *Nils Holgersons wunderbare Reise auf den Wildenten*, die von Anna Krüger

Bart Moeyaert/Rotraut Susanne Berner (Illustrationen): Mut für drei. Hanser Verlag, München 2008

als die ersten großen Meisterwerke dieser Erzählform genannt werden, fanden bei uns nicht die gleiche Verbreitung wie in ihren Ursprungsländern. Astrid Lindgrens *Pippi Langstrumpf* (1949) wurde dagegen ein eindeutiger Erfolg, der bei den Kindern Begeisterung und bei den Erwachsenen eine lebhafte Diskussion über fantastische Kindergeschichten auslöste.

Neben dem Unterhaltungsmoment, das viele fantastische Kindergeschichten so reizvoll macht, spielt auch „das Bedürfnis, die vorfindliche Wirklichkeit vorstellungsmäßig zu erweitern oder zu verändern, eine maßgebliche Rolle; denn Fantasie ist die Fähigkeit, vorhandene Wahrnehmungen und Erfahrungen zu neuen Bewußtseinsgebilden und Vorstellungen umzuwandeln, wobei mehr oder weniger freizügig und ohne Rücksicht auf tatsächliche Realisierbarkeit vorgegangen werden kann" (Maier, 1993, S. 102).

Während die realistischen Kindergeschichten dem Kind Hilfestellung bei der Bewältigung seiner immer komplizierter werdenden Umwelt geben können, erscheinen fantastische Kindergeschichten besonders geeignet, „um bei den Kindern eine Lesefreude zu erwecken, da sie neben der realen Umwelt besonders auch auf die Träume, Sehnsüchte, Ängste, Hoffnungen der Kinder eingehen – vermischt mit ihren Fantasien, ihrem Glauben an das Wunderbare" (Schubert/Kerhoff, 1977, S. 12).

Für die Kinder können über die Identifikation mit dem Buchhelden geheime **Wünsche und Träume** wahrgemacht werden, sodass fantastische Kindergeschichten dadurch befriedigend und **befreiend** wirken können. In diesen Geschichten können neue und ungeahnte Möglichkeiten aufgezeigt werden, „sich selbst, seine Mitmenschen und sein alltägliches Leben zu betrachten – und möglicherweise zu verändern" (Schubert/Kerhoff, 1977, S. 13).

Der Einsatz von fantastischen Kinderbüchern in der sozialpädagogischen Arbeit sollte nicht mit dem Anspruch geschehen, „den Problemen der Realität eine stimmige, spannende, problemlose Welt des Fantastischen entgegenzusetzen, sondern er soll in den bestehenden gesellschaftlichen Verhältnissen Orientierungshilfe bieten (wenn nötig), kompensatorisch wirken und Verhaltenskorrekturen erlauben; vor allem soll er Verständnis wecken für Handlungsalternativen und für ein kritisches Reflektieren des Neuen und Ungewohnten" (Schubert/Kerkhoff, 1977, S. 14).

5.8 Didaktische Überlegungen für den Umgang mit Kinderbüchern

1. Bevor ein Kinderbuch eingesetzt wird, bedarf es der kritischen Prüfung, für welche Kinder es eingesetzt werden soll (also der Berücksichtigung des Alters der Kinder, des bisherigen Sozialisationsprozesses etc.). Es gilt, die Zielsetzung (bzw. die Art der Förderung) festzulegen.
2. Bei der Auswahl des Buches sollte darauf geachtet werden, dass es den Kindern Spaß bereitet und dass Wünsche nach Unterhaltung und Spannung befriedigt werden.
3. Will die Erzieherin/der Erzieher das Buch in der Kindergruppe vorlesen, so sollte sie/er die einzelnen Abschnitte des Buches vorab genau durchsehen. Weiterhin ist genügend Zeit für das gemeinsame Gespräch mit den Kindern einzuplanen.
4. Nicht immer wollen und können die Kinder nur aufnehmen. Es lassen sich folgende Aktivierungsmöglichkeiten einplanen: kleine Buchszenen durchspielen, ein größeres Spiel aus einem Buch entwickeln (als Rollenspiel, als Puppenspiel). Oder aber die Kinder fertigen Zeichnungen zu einzelnen Buchszenen oder Buchfiguren an und sprechen darüber.

Bei der Auswahl eines Kinderbuches für die Verwendung in einer Kindergruppe (Kindergarten, Hort, Spielgruppe, Jugendgruppe) ist es sinnvoll, vorher zu überlegen, „welchem Reifegrad die in dem jeweiligen Buch angesprochenen Probleme und Bedürfnisse entsprechen, welche Fähigkeiten zum Verständnis des Textes vorhanden sein müssen und – vor allem – ob sich eine Gestalt als Identifikationsfigur anbietet" (Schubert/Kerhoff, 1977, S. 13).

5.9 Anthologien

Kurze und kürzere Kindergeschichten lassen sich häufig wegen des zur Verfügung stehenden zeitlichen Rahmens günstiger einsetzen als ein komplettes Kinderbuch. Aus diesem Grunde sollen im Folgenden noch einige Titel aufgeführt werden, die kurze Kindergeschichten beinhalten und die sich inhaltlich für die sozialpädagogische Arbeit eignen.

1. Christiane Schneider/Birgit Kneip (Hrsg.): *Erdenschwer und wolkenfern. Geschichten vom Hoffen auf Frieden* (Middelhauve Verlag, München).
   In dieser Anthologie sind vielfältige und vielschichtige Geschichten zum Thema Krieg und Frieden, fremde Kulturen zusammengestellt, die Kinder zum Denken und Fühlen – angefangen über den Frieden im Großen, wie über den ganz persönlichen Frieden – anzuregen vermögen. Für Kinder ab 9./10. Lebensjahr.

2. Reiner Engelmann: *1. Klasse Wackelzahn. Geschichten, Gedichte und Rätsel rund ums erste Schuljahr* (Sauerländer Verlag, Aarau).
   Diese Sammlung bietet eine reichhaltige und vielstimmige Sammlung für die Zeit vor und nach der Einschulung. Geeignet zum Vorlesen für Kinder ab dem 5. Lebensjahr.

3. Klaus Wagenbach (Hrsg.): *Wie der Hund und der Mensch Freunde wurden*. Italienische Kindergeschichten (Wagenbach Verlag, Berlin).
   Eine gelungene Sammlung von Geschichten, die Kinderalltag und Erziehungsfragen ins Fantastische, z.T. auch in den Nonsens transportieren, sie zeichnen sich dabei aus durch viel Hintersinn. Sie sind zum Vorlesen für Kinder vom 6./7. Lebensjahr an geeignet.

4. Sophie Härtling (Hrsg.): *24 Weihnachtsgeschichten zum Vorlesen* (Fischer Schatzinsel Verlag, Frankfurt).
   In diesem Band sind 24 alte und neue Weihnachtsgeschichten, für jeden Tag im Dezember eine, versammelt. Sie sind stimmungsvoll von Katrin Engelkind illustriert. Sie sind zum Vorlesen für Kinder ab dem 5. Lebensjahr geeignet.

5. Maria Rutenfranz (Hrsg.): *Unterwegs. Geschichten für die ganze Familie* (dtv junior, München).
   In diesem Jubiläumsband (30 Jahre dtv junior) sind aufregende Geschichten von Maar, Boie, Janosch, Guggenmoos, Nöstlinger u. v. a. versammelt. Sie laden ein zum Entdecken vielfältiger Dinge. Zum Vorlesen ab 7./8. Lebensjahr geeignet.

6. Erwin Grosche/Julia Kaegel (Illu): *Wunder gibt es überall. Kleine und große Vorlesegeschichten* (Gabriel Verlag, Stuttgart/Wien).
   Dieser Band versammelt 35 Vorlesegeschichten zum Lachen, Träumen und Nachdenken, in denen die beiden Hauptakteure, Leoni und Robert, sich auf die Suche nach kleinen und großen Wundern machen. Zum Vorlesen für Kinder ab 4 Jahren an geeignet.

7. Sibylle Sailer (Hrsg.)/Tilman Michalski (Illu): *Ich hör dir zu und denk mir was. Weltliteratur zum Vorlesen* (Arena Verlag, Würzburg).
Diese Anthologie ermöglicht einen Streifzug durch die Weltliteratur. Geschichten von Askenazy, Bichsel, Brecht, Härtling, Kästner, Krüss, Lenz, Nöstlinger und vielen anderen bekannten Autoren verlocken zum Lesen und Vorlesen. Für Kinder im Kindergarten- und Grundschulalter geeignet.

8. Susanne Klein (Hrsg.)/Susann Opel-Götz (Illu): *Warten auf Weihnachten. 24 Geschichten bis zum Heiligen Abend* (Oetinger Verlag, Hamburg).
24 Selbst- und Vorlesegeschichten von Klassikern wie Lindgren, Janosch oder Kästner sowie von zahlreichen anderen bekannten Gegenwartsautoren bieten eine Sammlung, die nicht zur weihnachtlichen Verklärung verhilft, sondern durchaus auch die Probleme des Alltags thematisiert. Geeignet für Kinder ab 6 Jahren.

5.10 Literatur zur pädagogischen Arbeit

Im *Geschichten-Aktionsbuch* von Helge Weinrebe finden sich vielfältige und gute Anregungen zum Vorlesen, Erzählen, Erfinden und Gestalten von Geschichten für das Kindergarten- und frühe Grundschulalter. Es ist eine ausgezeichnete Arbeitshilfe, die allen angehenden und praktizierenden Erzieherinnen und Erziehern empfohlen werden kann.

Helge Weinrebe: Das Geschichten-Aktionsbuch.
1. Auflage, Herder Verlag, Freiburg 2006

Anregungen für den Unterricht

Ein denkbar guter Einstieg wäre hier, zunächst mit Büchern der eigenen Kindheit, also mit Kinderbuchklassikern in das Thema Kinderbücher einzusteigen. **Tom Sawyers Abenteuer** *bzw.* **Huckleberry Finns Abenteuer** *von Mark Twain (z. B. Diogenes Verlag, Zürich) oder das* **Dschungelbuch** *von Rudyard Kipling (z. B. Gestenberg Verlag, Hildesheim) sind solche Klassiker, aber auch* **Wir pfeifen auf den Gurkenkönig** *von Christine Nöstlinger (Beltz & Gelberg Verlag, Weinheim) können die geeigneten Anknüpfungspunkte sein. Unverzichtbar sind natürlich in diesem Zusammenhang die Klassiker von Astrid Lindgren (Oetinger Verlag, Hamburg), die sowohl in der Gruppe der realistischen wie auch in der der fantastischen Kindergeschichten eindrucksvolle Beispiele liefern.*

Eine Gesprächsrunde über eigene Leseerfahrungen hilft beim Motivationsaufbau, lässt die eigenen Leseerfahrungen Revue passieren, um daraus Ansatzpunkte für eine gezielte Leseförderung bei Kindern zu diskutieren.

Bei der unterrichtlichen Bearbeitung kommt es darauf an, die Kinderbücher näher zu betrachten, die neben einer guten Unterhaltung unsere Gesellschaft, bzw. ganz konkret, unsere Lebenssituationen in der Familie so realistisch abzubilden vermögen, dass wir sie als die „unsere" erkennen und doch gleichzeitig immer auch positive Handlungs- und Erlebensmuster mit geliefert werden, die quasi Perspektiven der Hoffnung und des Entwickelns aufzeigen.

So soll in diesem Zusammenhang das Kinderbuch von Christine Nöstlinger **Sowieso und überhaupt** *(Dachs Verlag, Wien) ausdrücklich zur Lektüre empfohlen werden, da genau dieses darin vorbildlich und beispielgebend gelungen ist. Aber auch die Titel* **Die Sache mit Finn** *von Tom Kelly,* **Rico, Oskar und die Tieferschatten** *von Andreas Steinhöfel und* **Frieda und ihre Brüder** *von Beate Kirchhof sind gut geeignet, um genauer betrachtet und analysiert zu werden.*

Als fantastische Kindergeschichte kann **Das magische Licht** *von Gabrielle Alioth (Nagel & Kimche Verlag, Zürich) empfohlen werden. Eine zauberhafte, intelligente und spannende Gesichte, in deren Mittelpunkt die 13-jährige Georgina steht.*

Im Unterricht lassen sich beim Thema Kinderbuch sehr gut Anthologien einsetzen, da sie nicht so umfangreich wie ein Kinderbuch sind. Einzelne Erzählungen lassen sich gezielt in Gruppen diskutieren und im Plenum im Vergleich auswerten. Für die angehenden Erzieherinnen wird auch durch diese Sammlungen das Spektrum und die Bandbreite der Kindergeschichten erfahrbar.

Folgende Sammlungen lassen sich gut im Unterricht bearbeiten:

- *Sybille Sailer (Hrsg.):* **Ich hör dir zu und denk mir was. Geschichten zum Immerwieder-Vorlesen** *(Arena Verlag, Würzburg)*
- *Hans-Joachim Gelberg (Hrsg.):* **Eines Tages. Geschichten von überallher** *(Beltz & Gelberg Verlag, Weinheim)*

> Nicht unwesentlich ist es auch die inhaltlichen Verbindungslinien zu den Fächern Pädagogik und Psychologie zu nutzen, um das Wissen über die Lebensphase „Kindheit" bei der Einschätzung und Beurteilung von Kindergeschichten angemessen zu nutzen.
>
> Für die sozialpädagogische Praxis ist besonderes Augenmerk auf die Kindergeschichten zu legen, die bestimmte Problem- und Konfliktlagen in den Mittelpunkt stellen. Peter Härtlings *Das war der Hirbel* ist hierfür ein Klassiker. An diesem „Klassiker" lassen sich wichtige Kriterien der Beurteilung von Büchern dieser Themengruppe gewinnen.
>
> Zum Schluss soll noch das Buch *Gedankenspiele. Philosophie für Kinder* von Liza Haglund mit einem Vorwort von Rüdiger Safranski (Omnibus Verlag, München) ausdrücklich für eine Bearbeitung im Unterricht empfohlen werden, da in diesem Buch wichtigen Grund- und Denkfragen kindgerecht nachgegangen wird.
>
> So werden z. B. folgende Fragen untersucht:
>
> Wie entstehen Regeln? Wann bist du glücklich? Wie spät ist es auf der Sonne? Dies Buch zeigt eindrucksvoll, dass philosophisches Denken nicht wirklichkeitsfremd sein muss. Man lernt über sich nachzudenken und sich in andere Menschen hineinzudenken.
>
> Im Anhang dieses Buches ist ein Sachinformationsteil zu berühmten Vordenkern und Strömungen beigefügt.

Weiterführende Literatur

Breitmoser, Doris/Lentge, Julia: Das Kinderbuch. 6. Auflage, Arbeitskreis für Jugendliteratur e. V., München 2009

Dahrendorf, Malte: Das Kinderbuch, in: Das Buch in der Schule, hrsg. v. Malte Dahrendorf, Schroedel, Hannover 1975

Gutmair, Anja: Klassiker der Kinder- und Jugendliteratur: Pippi, Ronja und Co. im Grundschulunterricht. 1. Auflage, GRIN Verlag, München 2005

Haas, Gerhard: Kinder- und Jugendliteratur. Ein Handbuch. 3. Auflage, Reclam Verlag, Stuttgart 1984

Kümmerling-Meibauer, Bettina: Kinderliteratur, Kanonbildung und literarische Wertung. 1. Auflage, J. B. Metzler Verlag, Stuttgart 2003

Kümmerling-Meibauer, Bettina: Klassiker der Kinder- und Jugendliteratur. 3 Bände, 1. Auflage, J. B. Metzler Verlag, Stuttgart 2004.

Lange, Günter (Hrsg.): Taschenbuch der Kinder- und Jugendliteratur. 2 Bände, 1. Auflage, Schneider Verlag Hohengehren, Baltmannsweiler 2005

Mattenklott, Gundel: Familie, Freundschaft, Abenteuer. in: Das Kinderbuch, hrsg. vom Arbeitskreis für Jugendliteratur e.V., 6. Auflage, München 2009

Maier, Karl Ernst: Jugendliteratur. 10. Auflage, Klinckhardt Verlag, Bad Heilbrunn 1993

Plath, Monika/Mannhaupt Gerd (Hrsg.): Kinder – Leser – Literatur. 1. Auflage, Schneider Verlag Hohengehren, Baltmannsweiler 2008

Schikorsky, Isa: Schnellkurs Kinder- und Jugendliteratur. 1. Auflage, DuMont Verlag, Köln 2003

Schubert, Susanne/Kerhoff, Ernst: Pädagogische Perspektiven in fantastischen Kinderbüchern. in: Sozialpädagogische Blätter, Heft 1, Beltz Verlag, Weinheim 1977

Thiele, Jens/Steitz-Kallenbach, Jörg-Dietrich (Hrsg.): Handbuch Kinderliteratur. 1. Auflage, Herder Verlag, Freiburg 2003

Ulrich, Anna-Katharina: Schrift-Kindheiten. 1. Auflage, Chronos Verlag, Zürich 2002

6 Mädchenbücher

6.1 **Begriff und Eigenart**

6.2 **Charakteristik**

6.3 **Das Mädchen und seine Welt im Mädchenbuch**

6.4 **Zur Beurteilung des Mädchenbuches**

Mädchenbücher stehen einerseits in der Tradition des sogenannten „Backfischbuches", die eher traditionelle Rollenmuster aufgreifen und vertiefen, andererseits aber auch seit den 70er Jahren in einer jüngeren Tradition, die sich kritisch-emanzipatorisch versteht, und in denen die traditionellen Orientierungsmuster kritisch hinterfragt werden. Hinzu kommen seit etwa den 80er Jahren die psychologisch orientierten Mädchenbücher, die sich stärker der Entwicklung von weiblicher Identität in der Adoleszenz zuwenden. Viele dieser psychologisch orientierten Mädchenbücher stehen durchaus in der Tradition der kritisch-emanzipatorischen Mädchenbücher, sie lassen sich als Vertiefung durch den Blick nach „innen" verstehen und können auch als eine Variante des jugendliterarischen Adoleszensromanes begriffen werden.

Jumbo Verlag: Die Wilden Hühner (Hörspiel), Hamburg 2009

6.1 Begriff und Eigenart des Mädchenbuches

Die umstrittene Annahme, dass sich Jungen und Mädchen psychisch völlig verschieden entwickeln, mitgetragen von der traditionellen Entwicklungspsychologie (vgl. Bühler 1971, Lippert 1950), scheint die Produktion geschlechtsspezifischer Jugendbücher unvermindert zu beeinflussen. Was nun das Alterstypische und die Geschlechtsspezifik des Verhaltens der Mädchen angeht, so ist dieses grundsätzlich dann infrage zu stellen, wenn es im Sinne von naturwüchsig verstanden wird. Dahrendorf stellt treffend fest: „Mädchen' ist nicht nur ein Ergebnis biologischer Prozesse, sondern auch die gesellschaftliche Rolle (entsprechend: Frau, Junge, Mann usw.). Diese aber wird durch gesellschaftliche Erwartungen ‚zugewiesen', sie ist vermittelt im Wesentlichen durch die Familie als Agentur primärer Sozialisation" (Dahrendorf, 1984, S. 110 f.). In diesem Sinne kann das Mädchenbuch nicht nur als Antwort auf Erwartungen und Bedürfnisse seines jugendlich-weiblichen Leserpublikums, sondern muss auch „als ein zusätzliches Instrument der Gesellschaft zur Prägung des Mädchens im Sinne ihrer Erwartungen" (Dahrendorf, 1984, S. 111) verstanden werden.

„Als Mädchenbuch im engeren Sinne können daher alle literarischen Produkte bezeichnet werden, die als Instrumente zur Sozialisation des Mädchens zum ‚Mädchen' interpretierbar sind, im weiteren Sinne allerdings auch alle diejenigen Produkte, die dem Mädchen helfen wollen, sich seiner Situation bewusst zu werden, um ihm die Chance zur Emanzipation zu geben" (Dahrendorf, 1984, S. 111).

6.2 Charakteristik des Mädchenbuches

Malte Dahrendorf unterscheidet eine „innere" und eine „äußere" Charakteristik des Mädchenbuches (vgl. Dahrendorf, 1984, S. 112).

Auf den **Titeln** der Mädchenbücher werden entweder schlicht Mädchennamen präsentiert: *Cindy, Anne, Britta* oder betonter: *Es geht um Sarah, Larissas Entscheidung, Katja tanzt ins Leben, Die Zeit mit Marie*. Viele Titel stellen auch gleich vermeintlich Mädchenspezifisches heraus: z. B. *Komm mit zum Ballett, Mathe ungenügend, Ohne dich kann ich nicht leben, Liebeskummer*. Häufig werden auch noch Untertitel wie *Mädchenroman, Mädchenbücher* oder noch betonter *Freche Mädchenbücher* auf der Einbandseite und in den Prospekten abgedruckt. Eine Reihe stellt sich sogar in provokativer Abgrenzung mit folgendem Reihentitel (bereits 10 Buchausgaben) vor: *No Jungs! Zutritt nur für Hexen*. Auch Reihentitel wie *Pferdemädchen und Ponyträume* greifen schon vom Titel her mädchenspezifische Leseinteressen auf. Diese äußere Hinweis- und Lenkungsfunktion scheint sich jedoch zunehmend aufzulösen. Die Titel werden integriert in die Kinder- und Jugendbuchreihen, ohne allerdings dadurch schon ihre inhaltliche sozialisationsspezifische Lenkungsfunktion zu verlieren. Diese wird dadurch lediglich weniger offensichtlich. Parallel zu dieser Entwicklung spiegelt sich allerdings ein zunehmend stärker werdender Schwerpunkt, nämlich derjenigen Mädchenliteratur, die sich thematisch deutlich erweitert hat und die zahlreiche problemorientierte Mädchenbücher hervorgebracht hat, die zu einem nicht unerheblichen Teil als emanzipatorische Mädchenliteratur bezeichnet werden kann. Bereits der Titel kündigt das jeweilige Problem an: *Mädchen heiraten ja doch*; *Ulla, 16, schwanger*; *Gekündigt*; *Ayse und Devrim – Wo gehören wir hin?*; *Verkauft*.

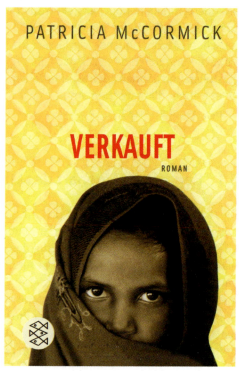

Patricia McCormick: Verkauft. 1. Auflage, S. Fischer Schatzinsel Verlag, Frankfurt a. M. 2009

Auch durch die **Titelbildgestaltung** wurde und wird versucht, über das Angebot von Identifikationsfiguren das Mädchen rollenspezifisch zu beeinflussen. Durch das Aufgreifen von Konsuminteressen werden dabei eindeutig Werbestrategien verwendet.

Mädchenbücher mit kritisch-emanzipatorischem Anspruch bzw. mit einem deutlich veränderten Rollenverständnis durchbrechen allerdings dieses Schema, zumindestens zeitweise.

Elemente der inneren Charakteristik

„Das Gros der Mädchenliteratur im deutschen Sprachraum steht noch heute in der Tradition des Backfischbuchs, das die Leserin zur Anpassung an die traditionelle bürgerliche Frauennorm ermutigt" (Arbeitskreis für Jugendliteratur e.V., 1990, S. 3). Hauptgestalten sind immer Mädchen. Sie sind zumeist im gleichen Alter oder etwas älter als die angesprochene Leserin. Ihre Verhaltensweisen werden so dargestellt, wie sie als typisch für Mädchen angenommen werden. „Die in den Büchern dargestellten Sozialisationsprozesse unterstützen dabei vermittels Identifikation die der lesenden Mädchen. Die Absicht wird unterstützt durch bestimmte bewährte, identifikationserleichternde Erzählformen (Ich-Erzählung, wobei das Ich regelmäßig die Heldin selber ist, auktoriale Erzählweise, allwissender Erzähler, Wirklichkeitssuggestion), denn der ‚Zweck' des Mädchenbuches, durch Anknüpfen an die Sozialisation des Mädchens das Leseinteresse der Mädchen zu wecken und dadurch absetzbar zu werden, wird so auf optimale Weise erreicht" (Dahrendorf, 1984, S. 113).

Hortense Ulrich: Kuss oder Schluss. Thienemann Verlag, Stuttgart 2009

Nun hat sich allerdings das Genre Mädchenliteratur inhaltlich und formal verändert, sodass die vorgenannten Ausführungen wie folgt zu relativieren sind. „Seit dem Wiedererstarken der Frauenbewegung und der emanzipatorischen Wende der Kinder- und Jugendliteratur zu Beginn der 70er Jahre gibt es auch Alternativen: eine Mädchenliteratur, die die geschlechtsspezifische Sozialisation kritisch hinterfragt, die auch für Mädchen eigenständige Handlungsperspektiven entwirft und die auch literarisch innovativ verfährt – eine emanzipatorische Mädchenliteratur also" (Arbeitskreis für Jugendliteratur e.V., 1990, S. 3).

6.3 Das Mädchen und seine Welt im Mädchenbuch

Im Folgenden werden in groben Zügen die Merkmale der Mädchenfiguren und ihre Umweltorientierungen, wie sie im Gros der Mädchenliteratur erscheinen, kurz skizziert.

„Das Mädchenbuch-Mädchen zeichnet sich durch eine Reihe von Eigenschaften aus, die es als Geschlechtswesen vom Jungen bzw. Mann unterscheiden und die es entweder bereits hat oder übernehmen soll. Es ist (oder sei) z. B. schutz- und anlehnungsbedürftig, lässt sich gern passiv treiben, nimmt gegenüber dem Leben eine mehr abwartende Haltung ein, neugierig darauf, was es ihm vielleicht noch bescheren mag. Die Autoren loben es besonders dann, wenn es bereit ist, sich zu opfern für andere (als Mutter für die Familie, als Frau für den Mann, als Mädchen für irgendwelche Kranken, Schwachen, Hilfsbedürftigen). Es ist vor allem dazu auserkoren, andere glücklich zu machen. [...] Ihr eigenes Glück ist insofern ein sekundäres, als es Ergebnis der Erfahrung ist, andere glücklich zu machen. Mit einem Wort: Gepredigt wird Erfüllung und Glück durch Versagung gleich Verzicht auf eigene Individualität. Diese Grund- und Idealform weiblicher Selbst-Verwirklichung wird unterstützt durch eine Reihe von ‚typischen' Fähigkeiten: Emotionalität, Tugendhaftigkeit und Stolz, Bescheidenheit, Anspruchslosigkeit und Schlichtheit (Gretchen-Typ)" (Dahrendorf, 1984, S. 120).

Demgegenüber werden in den **kritisch-emanzipatorischen Mädchenbüchern** geschlechtsspezifische Denkstrukturen aufgebrochen. Die „neuen" Mädchenbuch-Mädchen „lassen sich nicht mehr einseitig und automatisch auf Partnerschaft und Familie festlegen, sondern wollen ihr Leben autonom gestalten. Deshalb nehmen sie Bildung und Beruf wichtig, deshalb interessieren sie sich für Politik" (Arbeitskreis Jugendliteratur e.V., 1990, S. 3) und vieles mehr.

6.4 Zur Beurteilung des Mädchenbuches

Die Fragen, die sich aus den vorhergehenden Ausführungen für die Erzieherin ergeben, sind: Wie soll ich mich dem Phänomen Mädchenbuch gegenüber verhalten, und welche pädagogischen Möglichkeiten sind am Gegenstand zu entfalten?

Sinnvoll ist es sicher, Mädchen zu einem reflexiven Gebrauch des Unterhaltungsmittels „Mädchenbuch" zu befähigen. Nicht durch Bewahrung, Verbot und damit Bevormundung lässt sich Mündigkeit erreichen, sondern durch das Gewinnen von **Einsichten in die Funktion der Unterhaltung und ihre Mittel.**

„Die Mädchenliteratur sollte stärker als bisher dem Mädchen seine Aufgaben in dieser Gesellschaft klären helfen. Die Selbstrücknahme dieser Literatur wäre eine unrealistische und billige Forderung, ihre permanente Erweiterung und Differenzierung aber eine Notwendigkeit. Lesestimulierende und unterhaltende Funktionen der Mädchenliteratur bleiben weiterhin wichtig. Mädchenliteratur sollte nicht als Herausforderung zu administrativen und entmündigenden Maßnahmen zu verstehen sein, sondern als Herausforderung zu pädagogischer Aktivität. Nur indem das permanente Ärgernis Mädchenbuch zur Bewährungsprobe für die Mündigkeit gemacht wird, lässt es sich ins Positive kehren, Verachtung und Verdammung aber erreichen das Gegenteil" (Dahrendorf, 1975, S. 172).

Es hätte kaum Sinn, wollte man das Mädchen durch extrememanzipatorische Mädchenbücher beeinflussen. Aus dem vorher Gesagten ergibt sich daher, dass nur durch eine Schritt für Schritt voranschreitende Veränderung kritische Distanz und erhöhter Leseanspruch erzielt werden können.

Dabei sollten besonders jene Formen des Mädchenbuches Beachtung finden, „die das Mädchen aus seiner traditionellen Bevormundung und Rolleneinengung hinausführen, sei es, indem es die weibliche Rolle explizit infrage stellt und/oder Alternativen anbietet, sei es, indem es das Mädchen schlicht über seinen herkömmlichen Lebenskreis hinausführt und ihm weitere Erfahrungsmöglichkeiten und Orientierungen anbietet" (Dahrendorf, 1984, S. 133).

Erfreulicherweise nehmen seit Beginn der 80er Jahre die Mädchenbücher zu, „in denen Emanzipation sich nicht in der puren Ablehnung der traditionellen Frauenrolle erschöpft", sondern „in denen weibliche Stärke und Solidarität in Gegenwart und Vergangenheit dokumentiert werden, in denen weibliche Qualitäten wie Emotionalität, Empathie, Solidarität oder Mütterlichkeit (...) als wichtige und positive Eigenschaften begriffen werden" (Arbeitskreis Jugendliteratur e.V., 1990, S. 4).

So sollte die Erzieherin/der Erzieher besonderes Augenmerk auf **Mädchenbücher** legen, die **mit kritisch-emanzipatorischem Anspruch** das traditionelle Genre Mädchenliteratur thematisch und inhaltlich erweitern und so den Selbstfindungsprozess des Leserpublikums unterstützen.

Bleibt zum Schluss noch anzumerken, dass die Emanzipation der Frau nicht über die Literatur erreichbar ist, sie kann allenfalls unterstützend diesem Ziel dienen. Die Wirksamkeit emanzipatorischer Mädchenliteratur bleibt grundsätzlich am Vorhandensein entsprechender Sozialisationsformen, die weiterführen und verstärken, gebunden.

Beispiele für Mädchenbücher vom 10./11. Lebensjahr an

- *Cornelia Funke: Die wilden Hühner (Dressler Verlag, Hamburg)*
- *Carmen Martin Gaite: Rotkäppchen in Manhattan (Suhrkamp Verlag, Frankfurt)*
- *Jan Prochazka: Lenka (Bitter Verlag, Recklinghausen)*
- *Veronika Hazelhoff: Mensch, Mama! Tochter-Geschichten/So ein Luder! Tochter-Geschichten/Au verdammt! Tochtergeschichten (rotfuchs/Rowohlt Verlag, Reinbek)*
- *Christine Nöstlinger: Gretchen Sackmeier (Oetinger Verlag, Hamburg)*
- *Christa Zeuch: Stella vom roten Stern (Elefanten Press, Berlin)*
- *Gabriele Dietz (Hrsg.): Die Bärenbraut. Märchen von Töchtern und Müttern (Elefanten Press, Berlin)*
- *Megan McDonald: Judy Moody. Meistens mordsmäßig motzig (dtv München)*
- *Philip Pullman: Lila lässt die Funken fliegen (Carlsen Verlag, Hamburg)*
- *Pete Smith: Tausche Giraffe gegen Freund (Ueberreuter Verlag, Wien)*

Beispiele für Mädchenbücher vom 12./13. Lebensjahr an

- *Dagmar Chidolue: Lady Punk (Beltz & Gelberg Verlag, Weinheim)*
- *Susanne Kaiser: Von Mädchen und Drachen (Suhrkamp Verlag, Frankfurt)*
- *Diane Broeckhoven: Tage mit Goldrand (Dressler Verlag, Hamburg)*
- *Dagmar Chidolue: Fieber oder Der Abschied der Gabriele Kupinski (Beltz & Gelberg Verlag, Weinheim)*
- *Rosmarie Thüminger: Fidan (Herder Verlag, Freiburg)*

- Barbara Dieck: Plastikherzen bringen Pech (Herder Verlag, Freiburg)
- Susie Morgenstern: Als ich erstmal sechzehn war (Sauerländer Verlag, Aarau)
- Sophie Brandes: Total blauäugig (Beltz & Gelberg Verlag, Weinheim)
- Dagmar Chidolue: Aber ich werde alles anders machen (Beltz & Gelberg Verlag, Weinheim)
- Heather-Lee: Das Mädchen aus den Bergen (Elefanten Press, Berlin)
- Werner Raith: Die Hälfte des Mondes (Elefanten Press, Berlin)
- Rosmarie Thüminger: Elena (Dachs Verlag, Wien)
- Charlotte Gingras: Freiheit nimmt man sich (Patmos Verlag, Düsseldorf)
- Barbara Büchner: Überleben im Alltagsdschungel. Jung, weiblich, selbstbewusst (Ueberreuter Verlag, Wien)
- Margret Steenfatt: Superstar gesucht (Rotfuchs Verlag, Reinbek)
- Carolin Philipps: Weiße Blüten im Gelben Fluss (Ueberreuter Verlag, Wien)

Anregungen für den Unterricht

Im Unterricht lässt sich das Thema „Mädchenbücher" sicher gut im Rahmen einer einführenden Diskussionsrunde erarbeiten, in der angehende Erzieherinnen – das weibliche Geschlecht ist bekannterweise ja in diesem Beruf deutlich stärker als das männliche Geschlecht vertreten – aus ihrer Lesebiographie berichten. Also welche Bücher sie selber in dieser Lebensphase gern gelesen haben.

Nach diesem Einstieg lässt sich der Bogen spannen zu einer eher kritischen Betrachtung dieser Bücher, die ja nach wie vor auf eine Bedürfnislage treffen, die im Blick auf ihre Unterhaltungs- und Entspannungsfunktion nicht unterschätzt werden darf.

Die Themengruppen der Geschichten rund um das Pferd bietet sich für eine exemplarische Untersuchung einzelner Buchbeispiele an, um herauszuarbeiten, ob in ihnen die traditionellen Rollenvorstellungen weiter konserviert werden oder ob auch hier eine Veränderung festzustellen ist.

Buchbeispiele für eine solche Untersuchung:

Isabelle von Neumann-Cosel: Die Zügel in der Hand. Pferdegeschichten: lustig spannend, nachdenklich. FN-Verlag, Warendorf

Günter Huch: Pferdeabenteuer Haflinger. Gefahr in den Bergen. Schneider Verlag, München

Andrea Pabel: Pferdeabenteuer Vollblutaraber. Hundert Meilen bis zum Ziel. Schneider Verlag, München.

In jedem Fall sollten im Unterricht aber auch die Mädchenbücher besprochen werden, die die sehr traditionellen Orientierungen durchbrechen bzw. aufgeben und die sich dadurch auch sehr zum Jugendbuch hinentwickeln und die geschlechtsspezifische Aufteilung hinter sich lassen, ohne das ganz spezifische ihrer Hauptakteure bzw. der Hauptakteurin vernachlässigen.

Cecilia Torudd: Hilfe, ich werde erwachsen! Eine witzig-realistische Geschichte, nicht nur für Mädchen. Oetinger Verlag, Hamburg

Christian Bienieck: Alles easy, oder was? Arena Verlag, Würzburg

Empfohlen werden soll schließlich noch ein Buch, das die Trennung von Mädchenbuch und Jugendbuch aufhebt. Es handelt von der Liebe und dem Leben und daran sind, zumindestens in der Regel, beide Geschlechter beteiligt. Es ist eine Sammlung von zwölf Geschichten, die von sechs Autorinnen und sechs Autoren verfasst wurden und die sich geradezu für die Bearbeitung im Unterricht anbieten. Regula Venske (Hrsg.): Der ganz normale Wahnsinn. Von der Liebe und dem Leben. C. Bertelsmann Verlag, München

Jungen und Mädchen haben unterschiedliche Leseinteressen. Dieses wurde nicht zuletzt durch die PISA-Studie belegt. Interessant wäre es im Rahmen einer Unterrichtseinheit diese Fragestellung genauer zu untersuchen. Also, welche Lektüre wird stärker von Mädchen, welche stärker von Jungen bevorzugt. An konkreten Buchbeispielen wäre herauszuarbeiten, wie der Vorsprung der Mädchen bei der Lesefreude gegenüber den Jungen entsteht und welche Schlüsse für die Leseförderung der Jungen daraus ggfs. gezogen werden können.

Weiterführende Literatur

Arbeitskreis für Jugendliteratur e.V.: Wie es uns gefällt! Bücher für Mädchen. Redaktion Brigitte Pyerin, München 1990

Bühler, Charlotte: Das Märchen und die Fantasie des Kindes. 3. Auflage, Barth Verlag, München 1971

Dahrendorf, Malte: Mädchenliteratur. in: Kinder- und Jugendliteratur, hrsg. von Gerhard Haas, 3. Auflage, Reclam Verlag, Stuttgart 1984, S. 110–138

Dahrendorf, Malte: Das moderne Mädchenbuch in soziologischer und pädagogischer Analyse, in: Literaturdidaktik im Umbruch, Bertelsmann-Universitätsverlag, Düsseldorf, 1975

Grenz, Dagmar: Mädchenbuch. in: Kinder- und Jugendmedien, hrsg. von Dietrich Grünewald und Winfried Kaminski, 1. Auflage, Beltz Verlag, Weinheim 1984, S. 461–470

Grenz, Damar: Mädchenliteratur. in: Taschenbuch der Kinder- und Jugendliteratur, hrsg. von Günter Lange, Bd.1, 1. Auflage, Schneider Verlag Hohengehren, Baltmannsweiler 2000, S. 332–358

Grenz, Dagmar: Mädchenliteratur. in: Geschichte der deutschen Kinder- und Jugendliteratur, hrsg. von Reiner Wild, 3. Auflage, Verlag J. B. Metzler, Stuttgart 2008, S. 379–393

Keiner, Sabine: Emanzipatorische Mädchenliteratur 1980–1990. in: Entpolarisierung der Geschlechterbeziehungen und die Suche nach weiblicher Identität. Lang Verlag, Frankfurt a. M. 1994

Lippert, Else: Der Mensch als Leser. Entwicklungsverlauf der literarästhetischen Erlebnisfähigkeit. In: Begegnungen mit dem Buch, hrsg. von Else Schmücker, Henn Verlag, Ratingen 1950, S. 47–59

Milhoffer, Petra: Wie sie sich fühlen, was sie sich wünschen. Eine empirische Studie über Mädchen und Jungen auf dem Weg in die Pubertät. 1. Auflage, Juventa Verlag, Weinheim, 2000

Rosebrock, Cornela: Mädchenbuch und Adoleszenznovelle. in: Erfolgreiche Kinder- und Jugendbücher, hrsg. von Bernhard Rank, 1. Auflage, Schneider Verlag Hohengehren, Baltmannsweiler 1999, S. 87–106

Pellatz, Susanne: Körperbilder in Mädchenratgebern. 1. Auflage, Juventa Verlag, Weinheim 1999

7 Jugendbücher

7.1 Zum Begriff „Jugendbuch"

7.2 Entwicklungspsychologische Aspekte zum Leserpublikum

7.3 Themen und Inhalte der problemorientierten Jugendbüchern

7.4 Aspekte der Beurteilung

Als Buchgattung ist das Jugendbuch für Jungen und Mädchen vom 12. Lebensjahr an gedacht. Es umfasst alle Texte, die für Jugendliche konzipiert worden sind. Den Kern der Gattung machen die problemorientierten Jugendbücher aus, da sie ihre Themen und Motive aus der spezifischen Lebenssituation des Jugendlichen ziehen und erzählerisch entwickeln. Aus diesem Grunde sollen in diesem Kapitel ausschließlich diese Jugendbücher zur Sprache kommen, da ihre Bedeutung für die Erziehung von Jugendlichen unbestritten ist.

7.1 Zum Begriff Jugendbuch

Es sind ähnlich wie beim Kinderbuch sowohl fantastische als auch realistische Texte, die als Leseangebot den Jugendlichen zur Verfügung stehen. Das Spektrum des erzählenden Jugendbuches lässt sich weit fassen, es reicht von Alltagsgeschichten

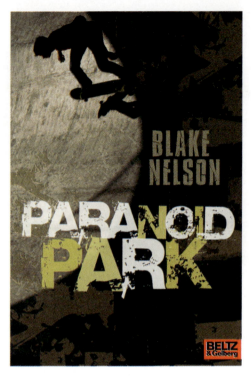

Blake Nelson: Paronid Park. Beltz & Gelberg Verlag, Weinheim 2008

über die Detektivgeschichten bis hin zu den Abenteuergeschichten, sodass sich recht unterschiedliche Gebilde unter dem Sammelbegriff „Jugendbuch" zusammenfassen lassen.

Im Vergleich zum Kinderbuch, wo die Verteilung von fantastischen und realistischen Geschichten gleich stark sein dürfte, ist das Jugendbuch insgesamt eher realistisch orientiert, obwohl fantastische (z. B. utopische) Erzählungen auch hier ihren Platz und ihren Stellenwert haben.

Den Kern der Gattung „Jugendbuch" machen alle diejenigen Bücher aus – ihre Anzahl und Verbreitung hat in den letzten Jahren deutlich zugenommen –, die ihre Themen- und Motivwahl aus der spezifischen Lebenssituation des Jugendlichen ziehen. Diese Jugendbücher werden unter dem Terminus „problemorientierte Jugendbücher" zusammengefasst, da sie individuelle und gesellschaftliche Konflikte und Problemlagen jugendgemäß behandeln und aufbereiten. Sie bieten dem jugendlichen Leserpublikum brauchbare **Hilfen zur Realitätsbewältigung** an.

Im weiteren Verlauf dieses Kapitels soll es daher nur noch um die „problemorientierten Jugendbücher" gehen, da sie aus dem großen Themenspektrum der unterhaltenden Jugendbücher diejenigen sind, die für die Erziehung und für die sozialpädagogische Arbeit am bedeutungsvollsten, am wichtigsten sind, es zumindest sein können.

7.2 Entwicklungspsychologische Aspekte zum Leserpublikum

Will man die Themen und Inhalte der problemorientierten Jugendbücher in ihrem jeweiligen Bedeutungszusammenhang einigermaßen erfassen und beurteilen, so ist es hilfreich, sich der wichtigsten **Merkmale und Charakteristiken der Jugendphase** zu versichern. „In entwicklungspsychologischer Perspektive wird der Beginn der Jugendphase in der Regel mit dem Eintreten der Geschlechtsreife, der sogenannten Pubertät, festgelegt. Im Unterschied zur zurückliegenden Kindheitsphase, die durch ein verhältnismäßig kontinuierliches Wachstum verschiedener Körper- und Sinnesfunktionen gekennzeichnet ist, kommt es durch die Geschlechtsreife zu einem abrupten Ungleichgewicht in der psychophysischen Basisstruktur der Persönlichkeit. Der gesamte Körper ist in anatomische und physiologische Veränderungen einbezogen" (Hurrelmann/Rosewitz/Rolf, 1985, S. 11).

Die Jugendphase ist eine wichtige, eine **eigenständige Lebensphase**, „weil in ihr der Prozess der Individuation und Identitätsbildung einsetzt und zu einem zumindest vorläufigen ersten Abschluss kommt, der die Basisstruktur für spätere Umformungen und Weiterentwicklungen im Erwachsenenalter setzt. Die Gewinnung der Identität gegenüber der drohenden Zerstückelung und Diffusion des Selbstbildes und des Selbstverständnisses wird als der Kernkonflikt des Jugendalters verstanden. Die Identität wird in intensiver Auseinandersetzung mit den gesellschaftlich vorgegebenen Normen, Werten und Handlungsanforderungen gesucht, mit denen sich der Heranwachsende bei der Bewältigung der Entwicklungsaufgaben konfrontiert sieht. Diese sozialen Vorgaben und Orientierungen werden als Bezugspunkte für die Erzeugung und Sicherung eines subjektiven ‚Lebenssinnes' herangezogen. Das von der (Erwachsenen-) Gesellschaft angebotene Weltbild wird systematisch nach seiner Deutungsleistung abgefragt, wobei Defizite und Leerstellen, Widersprüche und Ambivalenzen Ausgangspunkt und Auslöser für heftige Orientierungs- und Selbstwertkrisen sein können" (Hurrelmann/Rosewitz/Rolf, 1985, S. 13 f.).

Die **Suche nach der eigenen Identität**, Thema und Motiv in vielen problemorientierten Jugendbüchern, ist also nicht zufällig so gewählt, sondern weil diese Thematik auf ein ganz wichtiges Lesebedürfnis der Jugendlichen selbst stößt.

Andere zentrale Themen, die in gleicher Weise die Entwicklungsproblematik des Heranwachsenden differenziert behandeln, wie z. B. das Thema der geschlechtlichen Entwicklung, lassen sich ohne eine angemessene Berücksichtigung dessen, was die Lebensphase „Jugend" für die Betroffenen selbst bedeutet und ausmacht, nur unzulänglich einschätzen und beurteilen.

Erfreulich ist auf jeden Fall, dass die Anzahl der Jugendbücher in den letzten Jahren zugenommen hat, die sich angemessen mit der Thematik „Adoleszenzkrise" befassen. Sie stellen ein zeitgemäßes Mittel für die Jugendlichen selbst dar, ihren Weg zum Erwachsenen zu finden. Sie sind nicht selten hinsichtlich ihrer Form und Struktur der Erwachsenenliteratur schon völlig ebenbürtig, sie können nicht zuletzt aus diesem Grund auch Literatur für Erwachsene sein, in der diese Wichtiges über Jugendliche erfahren.

7.3 Themen und Inhalte der problemorientierten Jugendbücher

Die größte Anzahl der problemorientierten Jugendbücher beschäftigt sich mit der Entwicklungsproblematik der Heranwachsenden, mit den entscheidenden und nur selten ohne Schwierigkeiten ablaufenden **Prozessen der Identitäts- und Rollenfindung**, mit der Erfahrung der eigenen Individualität und ihrer Abhängigkeit von anderen.

In *Die Sonne ist eine geniale Göttin* von Jon Ewo (Bertelsmann Verlag, München) geht es um Adam, der einen 9-Punkte-Plan entwirft, um erwachsen zu werden. Zur Realisierung dieses Plans macht er einen Deal mit der Sonne. Es geht zwar einiges schief, doch er findet ein Mädchen, einen guten Freund und einen neuen Zugang zu den Eltern.

In *Mein aufgewühltes Herz* von Christophe Honore (Fischer Schatzinsel Verlag, Frankfurt/M.) steht der Jugendliche Marcel im Mittelpunkt der Handlung, der schmerzhaft, traurig aber auch aufregend und schön fühlt und erfährt, dass er erwachsen wird. Überschlagende Ereignisse lassen ihn lernen, selbst Entscheidungen zu treffen.

In *Die Brücke* von Aidan Chambers (Ravensburger Verlag, Ravensburg) geht es um Jan, der herauszufinden versucht, wer er ist und was er will. Er nimmt einen einsamen Job auf einer Zollbrücke an und begegnet einem energischen Mädchen und einem rätselhaften Jungen. Es ist eine durchaus spannende Geschichte vom Erwachsenwerden.

In *Stundenplan* von Christine Nöstlinger (Beltz & Gelberg Verlag, Weinheim) werden die Alltagsprobleme von Jugendlichen sehr unterhaltsam und mit trockenem Witz dargeboten. Die vierzehnjährige Anika hat es nicht leicht: Die Schule ist langweilig, die Lehrer oft ungerecht, und die Mutter nervt. Doch all dieses lässt sich, wenn auch nicht immer leicht, bewältigen.

Die 666. Reinkarnation: In diesem Jugendbuch kommt der sechzehnjährige Josch auf die verrückte Idee, die 666. Reinkarnation von Jesus zu sein. Er beschließt die Welt von allem Bösen zu retten. Diese tragisch-komische Leidensgeschichte eines 16jährigen, der von Größenwahn und gleichzeitig nagenden Selbstzweifeln geplagt wird, bringt die Irrungen und Wirrungen der Pubertät auf den Punkt.

In *Ihr kennt mich nicht!* von David Klass (Arena Verlag, Würzburg) steht der Jugendliche John im Mittelpunkt des Buches. Er ist sich sicher: Niemand kennt ihn wirklich – weder seine Leute zu Hause noch die in der

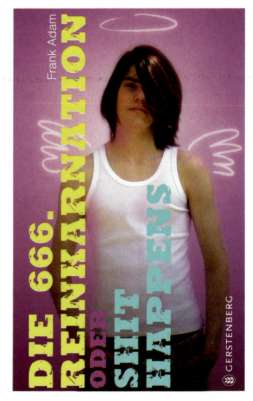

Frank Adam: Die 666. Reinkarnation oder Shit happens. Gerstenberg Verlag, Hildesheim 2009

Schule. Dieses Jugendbuch ist poetisch, witzig, traurig und spannend – es zeigt John in seinen unterschiedlichsten Facetten.

Das **Ausbruch- und Fluchtmotiv** ist in Jugenderzählungen häufig zu finden. Wenn Schwierigkeiten zu Hause und in der Schule überhand zu nehmen drohen, versuchen Jugendliche, aus den Funktionszwängen ihres Alltags auszubrechen. Für den jugendlichen Leser geschieht dieses über die Hauptperson des Buches, die so möglicherweise stellvertretend für den Leser handelt.

In *Flucht nach vorn* von Julie Johnston (Urachhaus Verlag, Stuttgart) hat es der Jugendliche Fred satt, immer als Versager dazustehen. Von zu Hause weg, bei seinen Großeltern am See, hofft er, allem entfliehen zu können, insbesondere den Erwartungen seines Vaters. Fred genießt seine Freiheit, macht neue Erfahrungen und beweist, dass mehr in ihm steckt.

In *Die heimlichen Museumsgäste* von Elaine L. Konigsburg (Rowohlt Verlag, Reinbeck) reißt die zwölfjährige Claudia zusammen mit ihrem kleinen Bruder aus, um dem langweiligen Familienleben zu entfliehen. Im großen Kunstmuseum von New York schlafen sie in königlichen Betten und geraten unversehens in spannungsreiche Geschehnisse, in dem die Kunstgeschichte eine zentrale Rolle spielt.

In *Angel* von Marliese Arold (Fischer Schatzinsel Verlag, Frankfurt/M.) flieht die Jugendliche Svenja von der alkoholabhängigen Mutter zum Vater, der sie aber nicht haben will. So landet sie auf der Straße und schließt sich einer bettelnden Gruppe an, bis der Vater sie entdeckt und bei sich aufnimmt.

In *Die schlafenden Wasser* von Henri Bosco (Verlag Freies Geistesleben, Stuttgart) träumt Pascalet vom Fluss weit hinter dem Haus. Als seine Eltern verreisen, reißt er aus, nutzt die Gelegenheit, den Fluss kennenzulernen. Nach einigen Tagen auf dem Wasser – der Fluss offenbart ihm sowohl die Schönheiten als auch die Unheimlichkeiten des Lebens, die außerhalb der familiären Geborgenheit zu finden sind – trifft er einen Fischer, der ihn nach Hause zurückbringt.

In *Ilse Janda, 14 oder Die Ilse ist weg* von Christine Nöstlinger (Oetinger Verlag, Hamburg) haut die vierzehnjährige Ilse von zu Hause ab. Nur ihre Schwester glaubt zu wissen, wohin sie gefahren ist. Ein gelungenes Jugendbuch über erste Irrtümer, Entäuschungen und falsche Träume.

Jugenderzählungen, in denen es um die geschlechtliche Entwicklung der Jugendlichen, in denen es um die **erste Liebesbeziehung** geht, thematisieren einen wichtigen Lebens- und Erfahrungsbereich der Heranwachsenden. Glücklicherweise wird dieses Themenfeld zunehmend offener und weniger verklärt literarisch bearbeitet.

In *Amor, Herzkönig und ich* von Joan Bauer (Omnibus Verlag, München) wünscht sich die siebzehnjährige Allison nichts sehnlicher, als ihren Schwarm Peter zu erobern. Und so tritt Amor in das Leben der siebzehnjährigen und verspricht ihr die Erfüllung eines Wunsches. Allison glaubt sich am Ziel ihrer Träume.

In *Liebesleid und andere Freuden* von Rosie Rushton (Bertelsmann Verlag, München) geht es um Chloé, die durch Irrungen und Wirrungen in ihrer Clique und ihren Gefühlen zu Nick ihren Weg finden muss.

In *Per E-Mail in den siebten Himmel* von Susanne Keller (Ueberreuter Verlag, Wien) fühlt sich die Jugendliche Chess nach dem Umzug ziemlich allein. Über E-Mail lernt sie Lukas kennen, mit dem sie sich sofort – zumindestens virtuell – versteht, sodass sie ihn kennenlernen möchte.

In *Joe & ich* von Evelyne Stein-Fischer (Ueberreuter Verlag, Wien) geht es um die zwölfjährige Sophie, die für den fünfzehnjährigen Joe schwärmt. Es ist eine sehr einfühlsam geschriebene Liebesgeschichte über die Liebe zu einem älteren Jungen.

In *Sandor slash Ida* von Sara Kadefors (Carlsen Verlag, Hamburg) lernen sich die vierzehnjährige Ida und der sechzehnjährige Sandor durchs Chatten im Internet kennen. Beide verstehen sich gut bis es zur ersten Begegnung kommt. Ein gelungener Roman über das Erwachsenenwerden, der in der Frage gipfelt „Wie viel Wahrheit verträgt die Liebe?

In *So lonely* von Per Nilsson (dtv, München) ist ein Junge unglücklich verliebt. In kurzen Abschnitten rekapituliert er die Geschichte. Es ist die einfühlsam erzählte Geschichte einer ersten Liebe.

So ein alberner Satz wie Ich liebe dich von Martin Casariego Cordoba (Hanser Verlag, München) ist ein Roman aus der Perspektive eines siebzehnjährigen, der in seinem Glück die ganze Welt umarmen möchte. Es werden aber auch die Dinge erzählt, die neben der Liebe wichtig sind: die Schule, das Fußballspiel, die Familie und die Freunde.

In *Cool. Und was ist mit Liebe?* von Ned Vizzini (Bertelsmann Verlag, München) geht es um Jeremy, der sich nicht cool genug findet. Besonders in Bezug auf Mädchen ist Coolness entscheidend. Dieser Jugendroman (der Autor ist 21 Jahre alt) liegt außergewöhnlich dicht an der Gefühlswelt der Jugendlichen.

Das Thema „Freunde/Freundinnen" und „Freundschaften" spielt in den meisten Jugendbüchern als Begleitmotiv eine wichtige Rolle. In nicht wenigen Jugenderzählungen wird es aber auch zum Hauptmotiv der Handlung. Freundschaften sind für die Jugendlichen noch bedeutsamer als für die Kinder, da im Erlebnishorizont Jugendlicher Freundschaften eine stärkere Orientierungshilfe im Blick auf die eigene Identitätsbildung darstellen.

In *Im Regen stehen* von Zoran Drvenkar (Rowohlt Verlag, Reinbeck) entdecken und erfahren Zoran und seine Freunde im Westberlin der 70er Jahre die kleine Welt im Kiez, die gleichermaßen das große Leben beinhaltet. In zahlreichen Episoden entwirft der Autor das realistische Panorama einer Berliner Kindheit und Jugend.

In *Gefangen in der Tiefe* von Joyce Sweeny (dtv junior, München) erkunden Neil und sein Freund Randy eine Höhle in einem Nationalpark. Im Gewirr der Gänge verlaufen sich die Jungen.

In *Die Narbe* von Michael Cockett (dtv junior, München) geht es um Simon und Leroy, zwölf Jahre alt und beste Freunde. Doch ihre Freundschaft wird immer wieder auf die

Probe gestellt, da die Stadtviertel, in denen sie wohnen, verfeindet sind. Und auch in der Schule gibt es Probleme.

In *Liebe Liz* von Alison Prince (Urachhaus Verlag, Stuttgart) geht es um Frances, die es kaum erwarten kann, Liz, ein Mädchen aus dem Armenviertel Glasgows, endlich kennenzulernen. Aber es dauert, bis das Eis zwischen den beiden Mädchen – ganz unterschiedlicher Herkunft – schmilzt und die Grundlage für eine Freundschaft entstehen kann.

In *Die Clique* von Brigitte Blobel (Arena Verlag, Würzburg) erzählt Lara von ihrer Clique. Es geht darum, dass es schön ist dazuzugehören – aber nicht um jeden Preis. Dargestellt wird ein typischer Erfahrungshintergrund von Jugendlichen, in dem andere Jugendliche wichtig sind.

Das Thema **Krankheit, Behinderung und Tod** findet zunehmend stärkere Beachtung in der realistischen Kinder- und Jugendliteratur. So sind zahlreiche Jugendbücher entstanden, in denen dieses schwierige und wichtige Themenfeld angemessen aufbereitet und literarisch anspruchsvoll verarbeitet worden ist.

In *Birnbäume blühen weiß* von Gerbrand Bakker (Patmos Verlag, Düsseldorf) steht Gerson im Mittelpunkt der Handlung, der bei einem Autounfall sein Augenlicht verliert. Seine Zwillingsbrüder Klaas und Kees erzählen eindrücklich, glaubwürdig und unsentimental vom Leben mit ihm, dem blinden jüngeren Bruder.

In *Tanz auf dünnem Eis* von Pernilla Glaser (Carlsen Verlag, Hamburg) beschreibt die Autorin, die als Regisseurin einer Theatergruppe arbeitet, ihr Zusammensein und Zusammenleben mit dem Schauspieler Robson. Robson erkrankt erneut, gerade als er seine Erkrankung an einem Gehirntumor besiegt glaubte, und beide sind gerade einmal 22 Jahre alt, als er stirbt. Offen reiht die Autorin die Momente des Zusammenlebens, der Angst und des Schmerzes aneinander. Der Schluss kündet vom Mut, trotz Verzweiflung und großem Kummer weiterzuleben.

In *Das total normale Chaos* von Sharon Creech (Fischer Schatzinsel Verlag, Frankfurt/M.) berichtet ein dreizehnjähriges Mädchen über ihre Erfahrungen mit Krankheit und Tod.

In *Und über uns der Sternenhimmel* von Jane Mitchell (dtv pocket, München) trifft Tony nach einem schweren Unfall in der Klinik auf den totkranken Stephen. Tony kämpft sich ins Leben zurück, Stephen stirbt. Ein realistischer Roman, der traurig stimmt und gleichzeitig ermutigend wirkt.

Moira. 16 Jahre: „Ich hatte Anorexie" von Moira Müller (Urachhaus Verlag, Stuttgart) beschreibt in Tagebuchform die Stationen einer Heilung. Moira beschreibt ihre Anorexie (Magersucht) mit erschütternder Offenheit und genauer Selbstbeobachtungsgabe. Ein Buch, das bewegend geschrieben ist, aber auch Mut zu machen versteht.

Aggressivität und Gewalttätigkeit stellen einen vielschichtigen Themenkomplex dar, der verstärkt in Jugendbüchern aufgegriffen wird. Kinder- und Jugendbücher zum Thema Gewalt können Anstoß sein, sich mit Machtstrukturen, die sich verdeckt oder offen zeigen, zu beschäftigen. Sie können Mechanismen zeigen, die diese Machtstrukturen möglich machen und die oft genug ihre Aufdeckung und Beseitigung verhindern.

In *Und wenn ich zurückhaue* von Elisabeth Zöllner (Omnibus Verlag, München) geht es um Christian, der in der neuen Schule von drei älteren Jugendlichen ausgelacht und angegriffen wird. Dieses Buch behandelt eindrucksvoll das Thema Gewalt in der Schule.

In *Tanz in die Hölle* von Tor Fretheim (dtv pocket, München) wird der zwölfjährige Espen immer wieder brutal von seinem Vater geschlagen. Trotz dieser Misshandlung will er ihn nicht bloßstellen, so zieht er sich immer mehr in sich selbst zurück.

In *Das Leben ist anders* von Marie Regina Kaiser (Omnibus Verlag, München) fabuliert sich Lothar seine eigene Welt, da er in dieser Realität mit einem gewalttätigen Vater und einer schwachen Mutter nicht mehr zurechtkommt. Von seinen Freunden wird er daher nur noch „Lügenface" genannt.

In *Die vergitterte Welt* von Jane Frey (Loewe Verlag, Bindlach) wird die Geschichte eines Jungen erzählt, der kaum eine Chance hatte. Seine Aggressivität bringt ihn hinter Gittern. Doch nach zahlreichen Rückschlägen schöpft er neuen Mut. Bewegend geschrieben, ohne sentimental zu werden.

In *Kaltes Schweigen* von Mats Wahl (Hanser Verlag, München) wird in einem Waldstück die Leiche eines Jungen gefunden. Durch Befragungen, die Kommissar Fors vornimmt, entsteht kein sympathisches Bild des Opfers. Drogen und Gewalt sind mögliche Motive. Spannend und glaubwürdig erzählt.

In *Paranoid Park* von Blake Nelsen (Beltz & Gelberg Verlag, Weinheim) geht es um eine Art Schuld und Sühne in der Skaterwelt. Der Autor dieses packenden Jugendbuches zeichnet das Psychogramm eines Jugendlichen in Gewissensnöten, klischeefrei und vielschichtig, dabei voller Lebensnähe.

Jugenderzählungen über **Länder und Menschen aus der Dritten Welt** können wichtige soziale Lernprozesse beim jugendlichen Leserpublikum in Gang setzen. In ihren gelungenen Beispielen schildern sie nicht nur die geographischen und kulturellen Besonderheiten, sondern vor allem die Menschen in ihren jeweiligen existentiell bedeutsamen Lebenssituationen und Lebenszusammenhängen.

In *Township Blues* von Lutz van Dijk (Elefanten Press, München) wird erzählt, was AIDS für Afrika, besonders für Südafrika bedeutet. Am Schicksal von Thina wird die Problematik fassbar und erfahrbar.

In *Kinder im Dunkeln* von Julio Emilio Braz (Nagen und Kimche Verlag, Zürich) geht es um Straßenkinder, die sich ohne Eltern, oft zusammen mit anderen Kindern und Jugendlichen, in den Großstädten durchschlagen müssen. Die Geschichte des Mädchens Rolina gibt einen wirklichkeitsnahen Einblick in das Dasein der Straßenkinder.

In *Salsavida* von Andres Caicedo (Hammer Verlag, Wuppertal) geht es um die Kolumbianerin Mona, die aus ihrer geordneten Welt ausbricht. Der Autor vermittelt die Lebenssituation einer städtischen Jugend in Kolumbien in eindrucksvoller Weise. Das Besondere der lateinamerikanischen Kultur wird dadurch erfahrbar gemacht.

Jugendbücher mit **politischen und gesellschaftspolitischen Inhalten** stellen eine wichtige eigene Themengruppe der problemorientierten Jugendbücher dar. Sie geben Impulse für den politischen und den gesellschaftspolitischen Lernprozess der Jugendlichen. Ihr Themenfeld ist weit gespannt, die nachfolgenden Beispiele verdeutlichen dies.

In *Die schnelle Mark* von Felicitas Naumann (Rowohlt Verlag, Reinbeck) tappt der Auszubildende Chris in die Schuldenfalle der werbenden Banken. Als er arbeitslos wird, muss er erleben, wie die Gläubiger gnadenlos ihr Geld eintreiben.

In *Die Nacht, die kein Ende nahm* von Frederik Hetmann und Harald Tondern (Rowohlt Verlag, Reinbeck) ist in der Nachwendezeit eine Schulklasse aus dem Westen in Mecklenburg. Eine Gruppe Jugendlicher fühlt sich durch einige dunkelhäutige Schüler dieser Klasse provoziert und terrorisiert die Klasse und ihre Lehrer eine Nacht lang.

In *Plötzlich ist nichts mehr sicher* von Reiner Engelmann (Elefanten Press, München) geht es um Gewalt und Krieg, genauer um Kinder und Krieg. In verschiedenen Erzählungen dieses Sammelbandes wird die ganze Problematik recht anschaulich.

In *Die Wolke* von Gudrun Pausewang (Ravensburger Verlag, Ravensburg) geht es um die vierzehnjährige Janna Berta, die nach einem GAU durch die verseuchte Landschaft, auf der Suche nach ihrer Verwandtschaft, irrt. Eine erschreckend realistische Darstellung einer realistischen Gefährdung unserer Zeit.

In *Das Abenteuer des Denkens*. Roman über Albert Einstein von David Chotjewitz (Carlsen Verlag, Hamburg) wird der Physiker Albert Einstein menschlich sehr nahe gebracht, in seiner Freude und Launenhaftigkeit, seinem zuweilen provokativen Umgang mit Freunden und Kollegen, in seinem Einsatz gegen den Krieg. Ein ausgezeichneter Jugendroman, spannend und informativ.

In *LAB 47. Gefahr aus dem Labor* von Malcom Rose (Arena Verlag, Würzburg) geht es um den jungen Chemiker Kyle Proctor, der in einem Pharmakonzern arbeitet und dabei auf ein geheimes Forschungsprojekt stößt. Es ist ein Thriller über die Risiken der Gentechnik, über biologische Waffen und Rassismus. Aktuell und aufrüttelnd.

Problemorientierte historische Jugendbücher und Jugendromane, die an Beispielen aus vergangener Zeit aufzeigen, wie die Lebenswirklichkeit aussah, wie z.B. Unterdrückung und Machtmissbrauch stattfanden, haben zahlenmäßig und hinsichtlich ihrer thematischen Reichweite deutlich zugenommen. Sie können zu geschichtskritischen und gesellschaftspolitischen Einsichten führen, die für unsere Gegenwart und ihrer Ausdeutung bedeutsam sind.

In *Im Schatten des schwarzen Todes* von Harald Parigger (dtv junior, München) geht es um den schwarzen Tod, wie die Pest auch genannt wurde. Im Zentrum der Erzählung steht der junge David, der eine alte medizinische Abhandlung, die vielleicht Rettung bringt, nach Mainz bringen soll. Es wird ein eindrucksvolles Bild mittelalterlichen Lebens in düsteren Zeiten vermittelt.

In *Der Fremdling* von Sigrid Heuck (Thienemann Verlag, Stuttgart) wird die authentische Geschichte von Michael und Emmerenzia, einem heimatlosen Trommler und einer als Außenseiterin angesehenen Bäuerin, erzählt. Der Handlungsrahmen ist gegen Ende des Dreißigjährigen Krieges angesiedelt.

In *Hexenkind* von Celia Rees (Arena Verlag, Würzburg) muss die junge Mary mitansehen, wie ihre geliebte Großmutter als Hexe hingerichtet wird. Das Geschehen spielt im England des 17. Jahrhunderts. Durch Form der Tagebuchaufzeichnung wirkt dieser Roman in besonders eindrücklicher Weise auf die Leser.

In D*er Freund des Malers* von Elisabeth Borton de Trevino (Beltz & Gelberg Verlag, Weinheim) geht es um die Geschichte eines afrikanischen Sklaven, der mit dem großen spanischen Maler Velazquez befreundet ist. Der Roman vermittelt Einblicke in spanische Geschichte und Kunst des 17. Jahrhunderts.

In *Becky Brown. Versprich, nach mir zu suchen!* (Bertelsmann Verlag, München) wird das Einwandererschicksal eines Geschwisterpaares aus dem New York des 19. Jahrhunderts spannend und glaubwürdig erzählt. Im erläuternden Anhang wird auch Kartenmaterial mitgeliefert.

Fünf Finger hat die Hand: In diesem Jugendbuch geht es um eine Berliner Zimmermannsfamilie um 1870 vor dem Hintergrund des Deutsch-Französischen Kriegs von 1870/71 und der Gründung des Deutschen Kaisersreichs. Kordon erzählt in diesem Jugendbuch eine bewegte deutsche Familiengeschichte. Sie lässt sich lesen, als wäre man dabei.

Einige **utopische Jugenderzählungen und Jugendromane** lassen sich durchaus auch zu den problemorientierten Jugendbüchern zählen. Sie entwickeln Visionen, die die Gefährdungen durch gegenwärtige und zukünftige gesellschaftliche Entwicklungen aufzeigen. Die nachfolgenden Beispiele machen die Aktualität und Brisanz der angegangenen Themen und Inhalte deutlich.

In *Hüter der Erinnerung* von Louis Lowry (dtv junior, München) entdeckt Jonas, dass er, anders als seine Mitmenschen, Farben unterscheiden kann. In diesem Zukunftsroman wird nämlich die Fähigkeit zur Unterscheidung abgelehnt.

Klaus Kordon: Fünf Finger hat die Hand. Beltz & Gelberg Verlag, Weinheim 2009

In *Oceantec 2051* von Hilari Bell (Arena Verlag, Würzburg) wird im Jahr 2051 die Menschheit gezwungen, im Meer zu leben. Aber auch dort wird dieses Leben durch Anschläge, Sabotage und Mord gefährdet. Es ist ein spannender Zukunfts-Thriller, der zukünftige Möglichkeiten und Gefahren erahnen lässt.

In *Justin Time – Zeitsprung* von Peter Schwindt (Loewe Verlag, Bindlach) geht es um die Welt im Jahr 2385. In diesem Roman, im Mittelpunkt steht der Internatsschüler Justin Time, wird der Leser auf eine faszinierende Zeitreise mitgenommen, die zwischen den Gegensätzen von Zukunft und Vergangenheit ihren dramatischen Lauf nimmt.

7.4 Aspekte der Beurteilung

Problemorientierte Jugendbücher vermitteln nicht nur vielfältige und zum Teil vielschichtige Informationen. Sie können auch den Aufbau von Einstellungen und Haltungen fördern.

Thematisch und inhaltlich geht es in vielen problemorientierten (erzählenden) Jugendbüchern „um die exemplarische Darstellung krisenhafter Lebenssituationen junger Menschen, in denen sich offenbar fundamentale Widersprüche zwischen den Lebensansprüchen und autonomen Wertvorstellungen der jungen Generation und dem von der Erwachsenengeneration repräsentierten Normengefüge der Gesellschaft manifestieren" (Scheiner, 1984, S. 50).

Damit begegnet der jugendliche Leser im Buch fiktiven Situationen, die Parallelen zu seiner ganz spezifischen Lebenssituation aufweisen. Er erhält über die Jugendlektüre **Entscheidungs- und Lebenshilfen**, die ihm bei der Lösung der eigenen Konflikt- und Problemsituationen unterstützen können.

Der Jugendliche begegnet im Jugendbuch Personen, mit denen er sich identifizieren kann, und solchen, von denen er sich distanzieren kann. Er erhält aber nicht Rezepte zur Lösung der eigenen Identitäts- und Rollenkonflikte. In der Findung von Lösungsperspektiven verweisen die meisten problemorientierten Jugendbücher den Leser auf sich selbst zurück.

„Das Scheitern des Einzelnen an der Umwelt, der sich selbst bescheidende Rückzug aus der Gesellschaft oder die innere Veränderung in einer neuen zwischenmenschlichen Beziehung sind typische Konfliktlösungsmuster, die den Leser herausfordern, sein eigenes Verhältnis zu seiner sozialen Umwelt neu zu überdenken und aus seinem persönlichen Erlebnishorizont heraus Gegenperspektiven zu seinen Realitätserfahrungen zu gewinnen" (Scheiner, 1984, S. 54).

Jugendbücher, die durch ihre Themen- und Motivwahl Jugendlichen bei der Bewältigung ihrer konfliktreichen Lebensphase helfen können, die durch ihre inhaltliche Aufbereitung die Integration des Jugendlichen in diese Welt zu unterstützen vermögen, die außerdem auch noch spannend und unterhaltend sind, können ihren Lesern eine echte **Hilfestellung zu einer sinn- und wertorientierten Lebensgestaltung** geben.

Jugendbücher mit dieser Konzeption beinhalten eine pädagogische Dimension, die sich bereits in zahlreichen problemorientierten Jugendbüchern widerspiegelt.

Anregungen für den Unterricht

Als Einstieg bietet es sich hier an, den Schülerinnen und Schülern ausgewählte Beispiele problemorientierter Jugendbücher als Leselektüre mitzugeben und diese von ihnen anschließend in Einzel- oder Gruppenarbeit mithilfe von eigenen Kurzrezensionen im Unterricht vorstellen zu lassen.

Empfehlenswerte Buchbeispiele:

- *Themengruppe Krankheit, Behinderung und Tod:*
  *Peter Pohl: **Ich werde immer bei euch sein**. Arena Verlag, Würzburg*

- *Themengruppe Gewalt und Rassismus:*
  *Heidi Hassenmüller: **Schwarz, rot, tot**. Klopp Verlag, Hamburg*

- *Themengruppe Erste Liebesbeziehungen:*
  *Sören Olsson/Anders Jacobson: **Emanuel – Mädchen im Kopf**. Arena Verlag, Würzburg*
  *Evelyne Stein-Fischer: **Joe & ich**. Ueberreuter Verlag, Wien*
  *Francine Oomen: **Wie überlebe ich mich selbst**. Klopp Verlag, Hamburg*

Weitere Buchempfehlungen sind dem Abschnitt „Themen und Inhalte der problemorientierten Jugendbücher" zu entnehmen.

*Zentral bei den problemorientierten Jugendbücher ist das Thema Pubertät. Hierzu kann eine Sammlung für den Unterricht empfohlen werden, die auch den angehenden Erzieherinnen und Erziehern helfen kann, sich zu erinnern, um darauf aufbauend zu ermessen, welche Möglichkeiten und Chancen gute Jugendbücher für Jugendliche haben. Dies ist die Sammlung von Michael Gutzschhahn **Sprung ins kalte Wasser** (Hanser Verlag, München). Sie beinhaltet zwölf Geschichten zum Erwachsenwerden von zwölf jungen deutschen Autorinnen, die sich an ihre Pubertät erinnern.*

*Sehr empfehlenswert für eine Bearbeitung im Unterricht ist auch das Jugendbuch **... und dann war alles anders. Geschichten vom Krieg und Frieden** (Ueberreuter Verlag, Wien). Es ist eine Sammlung von Geschichten ganz unterschiedlicher Autorinnen und Autoren, die sich geradezu als Diskussionsgrundlage für den Unterricht aufdrängen und das Thema Krieg und Frieden in unserer Welt auf eindrucksvolle Weise an uns herantragen.*

Die Studierenden könnten als Hausarbeit verschiedene Jugendbücher vollständig durchlesen und kurze Rezensionen dazu anfertigen. Im Unterricht ließe sich dann anhand dieser angefertigten Rezensionen eine vergleichende und wertende Diskussion führen.

*Empfehlenswert für eine exemplarische Bearbeitung ist das Taschenbuch **Berts beste Familienkatastrophen** von Anders Jacobsson und Sören Olsson (Rowohlt Verlag, Reinbeck) aus der Reihe der Katastrophen-Tagebücher von Bert. In diesem Buch, das in der Form eines Tagebuches verfasst ist, wird humorvoll und treffsicher das Lebensgefühl und Empfinden eines pubertierenden Jungen beschrieben.*

Weiterführende Literatur

Baacke, Dieter: Die 13- bis 18-jährigen. Einführung in Probleme des Jugendalters. 6. Auflage, Beltz Verlag, Weinheim 1993

Ewers, Hans-Heino (Hrsg.): Jugendkultur im Adoleszenzroman. 1. Auflage, Juventa Verlag, Weinheim 1994

Gansel, Carsten: Der Adoleszenzroman. in: Geschichte der deutschen Kinder- und Jugendliteratur, hrsg. von Reiner Wild, 3. Auflage, Verlag J. B. Metzler, Stuttgart 2008, S. 359–379

Gansel, Carsten: Der Adoleszenzroman. Zwischen Moderne und Postmoderne. in: Taschenbuch der Kinder- und Jugendliteratur, hrsg. von Günter Lange, Bd. 1, 1. Auflage, Schneider Verlag Hohengehren, Stuttgart 2000, S. 358–398

Groeben, Norbert/Hurrelmann, Bettina: Lesekompetenz. 1. Auflage, Juventa Verlag, Weinheim 2002

Hurrelmann, Klaus: Lebensphase Jugend. 3. Auflage, Juventa Verlag, Weinheim 1994

Hurrelmann, Klaus/Rosewitz, Bernd/Wolf, Hartmut: Lebensphase Jugend. Eine Einführung in die sozialwissenschaftliche Jugendforschung. Juventa Verlag, Weinheim 1985

Milhoffer, Petra: Wie sie sich fühlen, was sie sich wünschen. Eine empirische Studie über Mädchen und Jungen auf dem Weg in die Pubertät. 1. Auflage, Juventa Verlag, Weinheim 2000

Scheiner, Peter: Realistische Kinder- und Jugendliteratur. in: Kinder und Jugendliteratur, hrsg. von Gerhard Haas, 3. Auflage, Reclam Verlag, Stuttgart 1984

Schulz, Gudrun: Außenseiter als Thema der Kinder- und Jugendliteratur. in: Taschenbuch der Kinder- und Jugendliteratur, hrsg. von Günter Lange, Bd. 2, 1. Auflage, Schneider Verlag Hohengehren, Baltmannsweiler 2000, S. 746–765

Weinkauff, Gina: Multikulturalität als Thema der Kinder- und Jugendliteratur. in: Taschenbuch der Kinder- und Jugendliteratur, hrsg. von Günter Lange, Bd. 2, 1. Auflage, Schneider Verlag Hohengehren, Baltmannsweiler 2000, S. 766–782

8 Abenteuerbücher

8.1 Zum Begriff „Abenteuerbuch"
8.2 Formen des Abenteuerbuches
8.3 Aspekte der Beurteilung

Die Abenteuerliteratur für Jugendliche hat bereits viele Berührungspunkte mit der für die Erwachsenen. Viele jugendgemäße Abenteuerbücher waren ursprünglich Erwachsenendichtung.

Besonders bei der Altersstufe der 10- bis 14-jährigen lässt sich eine Vorliebe für Abenteuerbücher feststellen. Darüber hinaus bleibt das Interesse an Abenteuerliteratur sicher auch beim jungen Erwachsenen wie beim Erwachsenen überhaupt in einem nicht zu unterschätzenden Umfang erhalten.

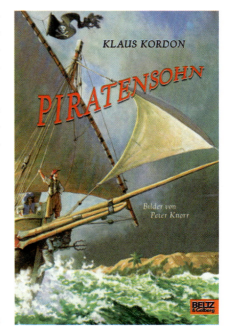

Klaus Kordon/Peter Knorr: Piratensohn.
Beltz & Gelberg Verlag, Weinheim 2008

8.1 Zum Begriff „Abenteuerbuch"

Das Abenteuer kann als ungewöhnliches oder außergewöhnliches, gewagtes Unternehmen und gefährliches Erlebnis bezeichnet werden. Es kann von einem einzelnen oder einer Gruppe von Menschen erlebt bzw. durchstanden werden. Der Begriff „Abenteuerbuch" lässt sich dementsprechend wie folgt definieren: „Das Abenteuerbuch ist die Darstellung des Erlebens eines ungewöhnlichen, seltsamen, in Unsicherheit versetzenden Ereignisses oder Wagnisses von einem einzelnen oder mehreren Menschen. Das Erlebnis ist persönlichste Angelegenheit und kann sich im erdkundlichen, geschichtlichen oder technisch-utopischen Bereich vollziehen. Das Abenteuer erregt die Gefühlswelt, beansprucht alle Kräfte, besitzt und erzeugt Spannung" (von Schack, 1975, S. 92).

8.2 Formen des Abenteuerbuches

Karl Ernst Maier geht bei der **Einteilung der Abenteuerlektüre** von inhaltlichen Kategorien aus und kommt zu folgender Gruppierung (vgl. Maier, 1993, S. 162).

1. Völkerkundlich-geographisch orientierte Abenteuerbücher
2. Robinsonaden
3. Seegeschichten
4. Historisch-orientierte Abenteuergeschichten
5. Indianergeschichten

6. Abenteuerliche Erzählungen mit Tieren
7. Detektivgeschichten
8. Utopische und fantastische Abenteuergeschichten (Science Fiction und Fantasy)

Im Sinne dieser Einteilung wird im Folgenden das Spektrum der Abenteuerlektüre kurz skizziert.

8.2.1 Völkerkundlich-geografisch orientierte Abenteuerbücher

„Diese zahlreich vertretenen Abenteuerbücher schildern auf dem Hintergrund ferner Landschaften und bei fremden Völkern außergewöhnliche Tatsachen, Taten und Schicksale von Menschen" (Maier, 1993, S. 162).

So lässt sich kaum ein Gebiet der Erde finden, das noch nicht von der Abenteuerliteratur erfasst wurde.

Beispiele (ab 12./13. Lebensjahr)

- *Kurt Lütgen: Kein Winter für Wölfe (Arena Verlag, Würzburg)*
- *Leosch Schimanek: Im Bann des Polarwinters (Union Verlag, Fellbach)*
- *Karl Verleyen: Das Geheimnis des Roten Wikingers (Arena Verlag, Würzburg)*
- *Leosch Schimanek: Durch die Wildnis zum Eismeer (Badenia Verlag, Karlsruhe)*
- *Ronald M. Hahn: Goldfieber am Yukon River (Ensslin Verlag, Reutlingen)*
- *Don H. Meredith: Das Rennen (dtv, München)*
- *Sembene Ousmane: Chala (Hammer Verlag, Wuppertal)*
- *Maretha Maartens: Sidwell und der Müllhaldenmann (Lamuv Verlag, Göttingen)*
- *Sigrid Heuck: Saids Geschichte oder Der Schatz in der Wüste (Thienemann Verlag, Stuttgart*
- *Eric Campbell: Das Lied des Leoparden (Ueberreuter Verlag, Wien)*
- *Reinhard Burger: Der Wind und die Sterne (Beltz & Gelberg Verlag,Weinheim).*
- *Franz Braumann: Aufstieg zum Dach der Welt (Boje Verlag, Köln)*
- *Klaus Kordon: Monsum oder Der weiße Tiger (Beltz & Gelberg Verlag, Weinheim)*
- *Herbert Kranz: In den Klauen des Ungenannten (Herder Verlag, Freiburg)*
- *Janne Carlsson: Kleiner grauer Vogel aus Kabul (Boje Verlag, Köln)*
- *Colin Thiele: Die Höhle (Ravensburger Verlag, Ravensburg)*
- *Eve Sutton: Im Tal der Goldgräber (Arena Verlag, Würzburg)*
- *Rainer M. Schröder: Abby Lynn – Verbannt ans Ende der Welt (Bertelsmann Verlag, München)*
- *Joy Cowley: JONAS und die Schildkröte (Arena Verlag, Würzburg)*
- *Kurt Lütgen: Auf Geheimkurs/Weit hinter dem Wüstenmond/Wie Sand vor dem Wind. 3 Bde. Australien Saga (Arena Verlag, Würzburg)*
- *Juri Korinetz: Dort, weit hinter dem Fluss (Beltz & Gelberg Verlag, Weinheim)*
- *Juri Korinetz: Der Mückensammler (Bertelsmann Verlag, München)*
- *Barbara Bartos-Höppner: Taigajäger (Loewes Verlag, Bindlach)*
- *Nelly Däs: Mit Timofej durch die Taiga (Bitter Verlag, Recklinghausen)*

- Rainer M. Schröder: Dschingis Khan (Bertelsmann Verlag, München)
- Friedrich Gerstäcker: Die Flußpiraten des Mississippi/Gold (Swan-Buch-Vertrieb, Kehl)
- William Judson: In den Wäldern am kalten Fluss (Bertelsmann Verlag, München)
- William Mayne: Der Clan des Bären (Arena Verlag, Würzburg)
- Werner J. Egli: Bis ans Ende der Fährte (Ueberreuter Verlag, Wien)
- Kathryn Lasky: Jenseits der Wasserschelde (dtv junior, München)
- Werner J. Egli: Das Gold des Amazonas (Ueberreuter Verlag, Wien)
- Lira Willems: Manchmal bin ich ein Jaguar (Beltz & Gelberg Verlag, Weinheim)
- Emilio Salgari: Der schwarze Korsar (Arena Verlag, Würzburg)
- Franz Braumann: Fluss ohne Namen (Loewes Verlag, Bindlach)
- Sebastiáo Bastos: Mein Wald am Ufer des großen Flusses (Lamuv Verlag, Göttingen)

8.2.2 Robinsonaden

Robinson Crusoe von Daniel Defoe (1719) ist das klassische Ausgangswerk dieser Buchgruppe, das zu zahlreichen Nach- und Neuschöpfungen anregte.

„Die Zentralidee einer echten Robinsonade bildet die Inselexistenz; ob einer allein oder eine Gruppe von Menschen das inselhafte Dasein erlebt, ob sie ungewollt oder freiwillig in diese Situation geraten, ja selbst die Tatsache, ob es sich um eine Insel im Meer oder einen anderen von Menschen isolierten Flecken Erde handelt, ist nicht entscheidend. Maßgeblich für die Kennzeichnung als Robinsonade ist die Isolation von Zivilisation und Gesellschaft und die sich daraus ergebende ursprungshafte Anfangslage, in der sich der Mensch zurechtfinden und bewähren muss" (Maier, 1993, S. 165).

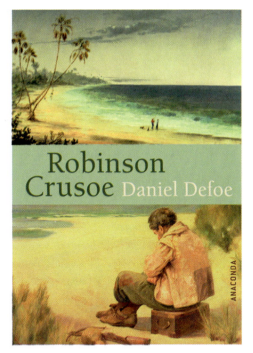

Daniel Defoe: Robinson Crusoe. Anaconda Verlag, Köln 2008

Beispiel deutscher Jugendbuchausgabe von Defoes Robinson

Daniel Defoe: Robinson Crusoe (Boje Verlag, Köln, Thienemann Verlag, Stuttgart, Loewes Verlag, Bindlach, Arena Verlag, Würzburg, Ueberreuter Verlag, Wien u. a.)

Beispiele von Jugendbuchausgaben mit Robinson-Motiv

- Scott O'Dell: Insel der blauen Delphine (Oetinger Verlag, Hamburg und dtv junior, München)
- Harry Mozer: Cleos Insel (Anrich Verlag, Weinheim)

- Natalie Scharf: Die schwarze Trommel (Spectrum Verlag, Fellbach)
- Lisa Tetzner: Die Kinder aus Nr. 67. Band 4: Das Schiff ohne Hafen und Band 5: Die Kinder auf der Insel (Sauerländer Verlag, Frankfurt/M. und dtv junior, München)
- Alois Th. Sonnleitner: Die Höhlenkinder (Kosmos Verlag, Stuttgart)

8.2.3 Seegeschichten

Die Seeabenteuergeschichte hat sich vor allem in England entwickelt (Herman Melville: *Moby Dick*, Robert Lois Stevenson: *Schatzinsel* und die Bücher von Frederik Marryat). Die Gefahren in Wellen und Sturm, die Fahrt in die unbekannte und endlose Weite, männliche Leistung und Kameradschaft, das Wagnis der Erforschung neuer Seewege, der Kampf mit Piraten und Meuterern, das alles sind Stoffe von Seegeschichten. Seit der Ablösung der gefahrvollen Segelschiffe durch Dampfschiffe werden vorwiegend historische Stoffe verwendet, in denen die vorgenannten Abenteuer des Meeres noch vorherrschen.

Beispiele abenteuerlicher Seegeschichten (ab 12./13. Lebensjahr)

- *Robert Lois Stevenson: Die Schatzinsel (Loewes Verlag, Bindlach)*
- *Herman Melville: Moby Dick (Arena Verlag, Würzburg und Hanser Verlag, München)*
- *Karl Rolf Seufer: Kurs West! (Loewes Verlag, Bindlach)*
- *Kurt Lütgen: Das Rätsel der Nordwestpassage (Arena Verlag, Würzburg)*
- *James F. Cooper: Der rote Freibeuter (Arena Verlag, Würzburg)*
- *Colin Thiele: Sturm Boy (Ravensburger Verlag, Ravensburg)*
- *Sarita Kendall: Schatzsuche im Glockenriff (Boje Verlag, Köln)*
- *Eve Sutton: Seeräuber an Bord (Boje Verlag, Köln)*
- *Günter Sachse: Die Meuterei auf der Bounty (Bertelsmann Verlag, München)*
- *Jack London: Der Seewolf (Loewes Verlag, Bindlach)*
- *Johan Ballegeer: Kaperkapitän Jan Bart (Anrich Verlag, Weinheim)*

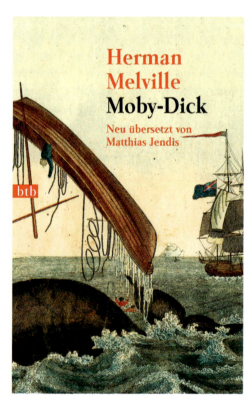

Hermann Melville: Moby-Dick. 5. Auflage, btb Verlag, München 2003

8.2.4 Historisch orientierte Abenteuergeschichten

Führen Abenteuergeschichten in frühere Zeiten, wird die geschichtliche Vergangenheit zum Rahmen der Handlung gewählt, so „spricht man vom historisch orientierten Abenteuerbuch" (Maier, 1993, S. 169). Nicht immer lässt sich genau unterscheiden, ob die Abenteuerbücher mit historischer Orientierung erlebnishaft gestaltete Sachbücher oder Abenteuerbücher sind. „Maßgeblich für die Einordnung in der Abenteuerliteratur ist die Konzentration auf einzelmenschliche Ereignisse und Schicksale, sind Dynamik und Besonderheit der Handlung" (Maier, 1993, S. 169).

Während früher die Entdeckungsgeschichten verhältnismäßig breit vertreten waren, nimmt seit geraumer Zeit die Zahl der Jugenderzählungen zu, die das Leben und Schicksal der einfachen Menschen in den Mittelpunkt stellen.

Beispiele (ab 11./12. Lebensjahr)

- *Erich Ballinger: Der Gletschermann (Ueberreuter Verlag, Wien)*
- *Arnulf Zitelmann: Kleiner-Weg (Beltz & Gelberg Verlag, Weinheim)*
- *Rosemarie Sutcliff: Scharlachrot (dtv junior, München)*
- *Michael Tesch: Im Schatten des roten Mondes (Herder Verlag, Freiburg)*
- *James H. Brennan: Shiva (aare Verlag, Solothurn)*
- *Arnulf Zitelmann: Zwölf Steine für Judäa (Beltz & Gelberg Verlag, Weinheim)*
- *H. Kneifel: Pompeji – Flucht aus Feuer und Asche (Arena Verlag, Würzburg)*
- *Jakob Streit: Milon und der Löwe (Freies Geistesleben, Stuttgart)*
- *Rosemarie Sutcliff: Der Adler der Neunten Legion (Union Verlag, Stuttgart)*
- *Arnulf Zitelmann: Hypatia (Beltz & Gelberg Verlag, Weinheim)*
- *Rosemarie Sutcliff: Das vertauschte Kind (Urachhaus Verlag, Stuttgart)*
- *Tonke Dragt: Der Brief für den König (Beltz & Gelberg Verlag, Weinheim)*
- *Thea Beckmann: Der goldene Dolch (Urachhaus Verlag, Stuttgart)*
- *Kurt Wasserfall: Minona und der Schwarze Tod (Anrich Verlag, Weinheim)*
- *Gertrud Ott: Widukind (Freies Geistesleben, Stuttgart)*
- *J. C. Grund: Reiter aus der Sonne (Loewes Verlag, Bindlach)*
- *Ole Rösholdt: Die goldene Schlange (Anrich Verlag, Weinheim)*
- *Walter Scott: Ivanhoe (Hoch Verlag, Stuttgart)*
- *Eric P. Kelly: Der Trompeter von Krakau (Freies Geistesleben, Stuttgart)*
- *Cynthia Harnett: Die Lehrlingsprobe (Freies Geistesleben, Stuttgart)*
- *Sigrid Heuck: Meister Joachims Geheimnis (Thienemann Verlag, Stuttgart)*
- *Thea Beckmann: Karen Simonstochter (Urachhaus Verlag, Stuttgart)*
- *Rosemarie Sutcliff: Bonnie Dundee (dtv junior, München)*
- *Dietlof Reiche: Der Bleisiegelfälscher (Anrich Verlag, Weinheim)*
- *Heinz Markstein: Der sanfte Konquistador (Freies Geistesleben, Stuttgart)*
- *Anton Quintana: Die Nachtreiter (dtv junior, München)*
- *Joan Aiken: Geh, zügle den Sturm (Oetinger Verlag, Hamburg)*
- *Sigrid Heuck: Die alte Mühl (Thienemann Verlag, Stuttgart)*
- *Philip Pullmann: Der Rubin im Rauch (Anrich Verlag, Weinheim)*

8.2.5 Indianergeschichten

Indianergeschichten sind sowohl völkerkundlich-geographisch als auch historisch orientiert. Zahlreich sind die Abenteuerbücher, die „über Nordamerika in der Pionierzeit, über Leben und Kampf der Indianer und der Ansiedler, über den Wilden Westen" entstanden sind. „Seit über hundert Jahren zählen sie zu den beliebtesten Stoffen der Kinder- und Jugendlektüre" (Maier, 1993, S. 173).

James Fenimore Cooper (1789–1851) ist, besonders mit seinen *Lederstrumpf*-Erzählungen, Vorbild für viele Schriftsteller von Indianergeschichten geworden. Bei Karl May zeigt sich die Nachfolgeschaft besonders deutlich. „Auch er stellt die Freundschaft zwischen einem großen Häuptling und einem ebenbürtigen weißen Trapper in den Mittelpunkt der Handlung; auch er überhöht die Gestalten. Während aber Cooper seine Helden in angemessener Berücksichtigung der äußeren und psychologischen Möglichkeiten beschreibt und handeln lässt, versteigt sich Karl May in ein unwirkliches und unwahrhaftes Superheldentum" (Maier, 1993, S. 174).

In seiner *Tecumseh*-Reihe (8 Bände/1930 ff.) hat Fritz Steuben das Abenteuerliche mit historisch fundiertem Wissen verbunden, sodass seine Bücher eine Mittelstellung zwischen dem abenteuerlichen und sachlichen Indianerbuch einnehmen.

„Eine ähnliche Erzählposition vertritt auch Liselotte Welskopf-Henrich, die in ihren Indianererzählungen *Die Söhne des Großen Bären* die soziale und völkerkundliche Problematik besonders berücksichtigt" (Maier, 1993, S. 175).

Etwa seit Beginn der 70er Jahre lässt sich verstärkt eine neue Entwicklung in der Indianerliteratur ausmachen. „Sie schließt an die sachlich-historische Entwicklungslinie an, behandelt die Indianerthematik von der sozial-politischen und der ethnologischen Seite, klammert das abenteuerliche Element weitgehend aus und wendet sich mit ihren sozialkritisch engagierten Ausführungen an den Leser" (Maier, 1993, S. 175).

Beispiele (ab 10./11. Lebensjahr)

- *Lieselotte Welskopf-Henrich: Die Söhne des großen Bären. Bd. 1–6 (Ravensburger Verlag, Ravensburg)*
- *James Fenimore Cooper: Lederstrumpf. Bearb. von Lotte Weitbrecht (Thienemann Verlag, Stuttgart)*
- *Nanata Mawatani: Kleiner Bär und Weißer Vogel (Arena Verlag, Würzburg)*
- *Käthe Recheis (Hrsg.): Lasst mein Volk leben/Die Söhne des großen Geistes (Hoch Verlag, Stuttgart)*
- *Käthe Recheis: Red Boy (St. Gabriel Verlag, Mödling)*
- *Forrest Carter: Der Stern der Cherokee (Bertelsmann Verlag, München)*
- *Federica de Cesco: Der rote Seidenschal (Ravensburger Verlag, Ravensburg)*
- *Frank Bass: Wie ein junger Wolf (Ueberreuter Verlag, Wien)*
- *Betty Sue Cummings: Vergesst die Namen nicht (Union Verlag, Stuttgart)*
- *Hannelore Westhoff: Indianergeschichten (Ravensburger Verlag, Ravensburg)*
- *Fritz Steuben: Tecumseh, 8 Bde. (Kosmos Verlag, Stuttgart)*

Beispiele für sachbetonte Indianerbücher (ab 10./11. Lebensjahr)

- Jane Bendix: Die Türkishöhle (Anrich Verlag, Weinheim)
- Frederik Hetmann: Indianer (Ravensburger Verlag, Ravensburg)
- René Orth: Auf den Spuren der Indianer (Ensslin Verlag, Eningen)
- Karin von Weick: Bisonjäger und Mäusefreunde (Ravensburger Verlag, Ravensburg)

8.2.6 Abenteuerliche Erzählungen mit Tieren

In zahlreichen Geschichten wird das Tier zum Handlungsträger und zum Helden. Es muss sich mit seinesgleichen, mit Natur oder Mensch kämpferisch auseinander setzen. Andere Schilderungen verlegen den Schwerpunkt der Betrachtung auf den Menschen, der in der Begegnung mit dem Raubtier oder als Jäger gezeigt wird. Abenteuerlichen Charakter können auch Erzählungen haben, in denen das Tier als treuer und mutiger Helfer des Menschen auftritt und durch sein Verhalten den Verlauf des Geschehens wesentlich beeinflusst.

Beispiele (ab 11./12. Lebensjahr)

- Jack London: Der Ruf der Wildnis/Wolfsblut (Ravensburger Verlag, Ravensburg)
- Lothar Streblow: Manka, das Mammut (Loewes Verlag, Bindlach)
- Barbara Bartos-Höppner: Silvermoon. Bd. 1–3 (Ravensburger Verlag, Ravensburg)
- Walter Thorwartl: Der Luchsfelsen (Dachs Verlag, Wien)
- Werner J. Egli: Bis ans Ende der Fährte (dtv junior, München)
- R. Siegel: Das Lied der Wale (Arena Verlag, Würzburg)
- Jean C. George: Julie von den Wölfen (Sauerländer Verlag, Frankfurt/M.)
- Christine Pullein-Thompson: Black Beautys Vorfahren (Boje Verlag, Köln)
- Colin Thiele: Der Hai mit der Narbe (Ravensburger Verlag, Ravensburg)
- Michelle Gilles: Orka gibt nicht auf (Titania Verlag, Stuttgart)
- Helga Wegener-Olbricht: Mein Pony ist mein bester Freund (Schneider Verlag, München)
- Don H. Meredith: Das Rennen (St. Gabriel Verlag, Mödling)
- Käthe Recheis: Amarog, Wolf mein Freund (Hoch Verlag, Stuttgart)
- Sylvia Brandis: Español (Rowohlt Verlag, Reinbek)

8.2.7 Detektivgeschichten

Detektivgeschichten oder Kriminalerzählungen für Jugendliche lassen sich auch zur Abenteuerliteratur zählen. Sie entsprechen allerdings nicht ganz den mit einem dezidierten Abenteuerbegriff verbundenen Vorstellungen. So fehlt ihren Schauplätzen das Fremdartige (ferne Räume, ferne Zeiten); sie ziehen die bekannte Umwelt mit ihren alltäglichen und zivilisatorischen Verhältnissen vor.

Der Held (oder die Helden) der Detektivgeschichten unterscheidet sich von den Hauptgestalten der typischen Abenteuerlektüre. „Der Detektiv ist weniger vielseitig mit seinen Fähigkeiten ausgestattet, er ist sozusagen ein spezialisierter Held. Seine charakterlichen

Merkmale sind nicht körperliche Tüchtigkeit, sondern neben Mut und Kaltblütigkeit geistige Qualitäten wie Logik, Kombinationsgabe, Schärfe der Beobachtung, Schnelligkeit der Auffassung" (Maier, 1993, S. 180). In vielen Geschichten, in denen nicht ein Erwachsener als Detektiv oder Kriminalbeamter im Mittelpunkt steht, sind Jugendliche als Gruppe die Hauptakteure (z. B. ein Fall für TKKG, ein Fall für vier), die gemeinschaftlich detektivische Aufgaben lösen. In diesen Geschichten verteilen sich dann die zuvor aufgeführten charakterlichen Merkmale auf mehrere Handlungsträger.

Beispiele (ab 10./11. Lebensjahr)

- *Stefan Wolf: ... ein Fall für TKKG, über 60 Bde. (Pelikan Verlag, Hannover)*
- *Joe Pestum: Der Kater kommt zurück/Der Kater und der Mann aus Eisen (Ravensburger Verlag, Ravensburg)*
- *Thomas Brezinka: Die Knickerbocker-Bande (Bertelsmann Verlag, München)*
- *Wilhelm Matthießen: Das Rote U (dtv junior, München)*
- *Alfred Hitchcock: Die drei ???, bisher über 40 Bde. (Kosmos Verlag, Stuttgart)*
- *Roger H. Schoemans: Chico – Überleben in Lima (Herder Verlag, Freiburg)*
- *Joan Aiken: Wölfe ums Schloss (Oetinger Verlag, Hamburg)*
- *Astrid Lindgren: Meisterdetektiv Blomquist (Oetinger Verlag, Hamburg)*
- *Erich Kästner: Emil und die Detektive (Dressiler Verlag, Hamburg)*
- *Agatha Christie: Miss Marple, bisher 20 Bde. (Loewes Verlag, Bindlach)*
- *Doris Gercke: Versteckt (Elefanten Press, München)*

8.2.8 Utopische Abenteuergeschichten/fantastische Abenteuergeschichten

„Utopien schildern Zustände und Ereignisse, die der Zukunft angehören, an keinem Ort (u topos) Wirklichkeit sind und daher nur in gedanklicher Konstruktion entwickelt werden können" (Maier, 1993, S. 184).

Gelungene utopische Geschichten können in alternative Denk- und Sichtweisen einführen, können den Möglichkeitssinn des Menschen fördern, sie können die Palette des Denkmöglichen ausschöpfen, sie können in diesem Sinne eine spannungsreiche und intelligente Lektüre für Jugendliche sein. Sicher vermag die Masse der utopischen Abenteuerlektüre diese Funktionen nicht zu erfüllen, doch hat in den letzten Jahren die Zahl der anspruchsvollen Geschichten und Romane, die auch die vorgenannten Möglichkeiten zu erschließen beginnen, sichtbar zugenommen.

Abschließend sei noch darauf hingewiesen, dass sich die Motive und Handlungsräume keineswegs nur auf Weltraumabenteuer beschränken. „Neben ihnen stehen gleichberechtigt auf die Erde und die Geschichte des Menschen bezogene Zukunftsvisionen ebenso wie die Themenkreise neuartiger Bewusstseins- und Erkenntnisstrukturen, neuer Techniken jenseits des bisher Vorstellbaren und der Begegnung dieser technisch-zivilisatorischen höchst entwickelten Welt mit dem Unerklärbaren: Fantastik in der Fantastik" (Haas, 1984, S. 326).

Beispiele (ab 12. Lebensjahr)

- *Ludek Pesek: Die Erde ist nah (Bitter Verlag, Recklinghausen)*
- *Joan Joubert: Das darf nicht das Ende sein. Februar 2006 (Sauerländer Verlag, Frankfurt/M.)*
- *Ludek Pesek: Falle für Perseus (Beltz & Gelberg Verlag, Weinheim)*
- *Clifford Wells: Warnung aus der Zukunft (Bertelsmann Verlag, München)*
- *Clifford Wells: Die Zeitmaschine (Diogene Verlag, Zürich)*
- *Horst Heidtmann (Hrsg.): Auf der Suche nach dem Garten Eden. Science-fiction-Geschichten für eine bessere Welt (Signal Verlag, Baden-Baden)*
- *H. J. Alpers/W. Fuchs R. M. Hahn (Hrsg.): 13 Science-fiction Stories (Reclam Verlag, Stuttgart)*

Fantastischen Abenteuergeschichten fehlt die Realistik, der Anspruch und das Bemühen, eine zumindestens „mögliche" Wirklichkeit darzustellen. „Die abenteuerliche Handlung spielt in eine irreale und magische Welt hinüber bzw. wird von numinosen und übersinnlichen Mächten und Personen ganz wesentlich beeinflusst, und es steht fest, dass zwei Ebenen einander berühren oder aufeinander treffen. (...) Abweichend von der Science Fiction, die durch realistische Utopie gekennzeichnet ist und weitgehend von Wissenschaft und Technik getragen ist, spielen in der heute auch mit ‚Fantasy' bezeichneten fantastischen Erzählung Außernatürliches und Unerklärliches, Entlehnungen aus der Mythologie und der Sagenwelt eine zentrale Rolle" (Maier, 1993, S. 187).

Beispiele (ab 12. Lebensjahr)

- *Michael Ende: Die unendliche Geschichte (Thienemann Verlag, Stuttgart)*
- *Wolfgang und Heike Hohlbein: Der Greif/Märchenmond (Ueberreuter Verlag, Wien)*
- *Astrid Lindgren: Die Brüder Löwenherz (Oetinger Verlag, Hamburg)*
- *Madeleine L'Engle: Die große Flut/Die Zeitfalle (Thienemann Verlag, Stuttgart)*
- *Inger Edelfeldt: Robin und die Unsichtbaren (Urachhaus Verlag, Stuttgart)*
- *Michael Ende: Momo (Thienemann Verlag, Stuttgart)*
- *Josefine Ottesen: Feder und Rose (Bitter Verlag, Recklinghausen).*

8.3 Aspekte der Beurteilung

Ein wichtiges Grundmerkmal der Abenteuerlektüre ist die **gesteigerte Dynamik des Handlungsablaufes**, die sich kurz mit dem Terminus „Spannung" umreißen lässt. Aus diesem Grundmerkmal ergibt sich ein erster Aspekt der Beurteilung von Abenteuergeschichten: Wird das Element der Spannung übersteigert, tritt die (billige) Sensation in den Vordergrund, so sinkt die Lektüre ins Triviale ab. Wird der Spannungsgrad in den Grenzen des zumindestens denkbar Möglichen belassen, gewinnt die Abenteuerlektüre an literarischem Wert. In diesem Zusammenhang kommt es natürlich auch auf eine glaubwürdige Charakterisierung der Hauptgestalt (der Hauptgestalten) an, die an der glaubwürdigen Darstellung der äußeren und der psychischen Möglichkeiten zu messen ist.

Ein weiteres Grundmerkmal der Abenteuerliteratur ist die **Betonung des Außergewöhnlichen und Fremdartigen**. Sie führt in Verhältnisse, die sich durch z.T. extreme Gegebenheiten deutlich vom Gleichmaß und der Überschaubarkeit des Alltags abheben. Insofern ergibt sich hieraus ein zweiter Aspekt der Beurteilung von Abenteuergeschichten, in dem zu fragen sein wird, ob die Reizwirkung des Fremdartigen und Außergewöhnlichen den Autor nicht zu Wirklichkeitsverfälschungen, die Realistik vortäuschen, verführt haben. Gute Abenteuergeschichten zeichnen sich durch eine realistische und kenntnisreiche Schilderung der fernen Handlungsschauplätze aus.

Die literarische Qualität von Abenteuergeschichten und Abenteuerbüchern umfasst einen weiten Spannungsbogen. Neben sehr trivialer gibt es auch eine Vielzahl von qualitativ hochwertiger Abenteuerlektüre. Der Spannungsbogen kann durchaus vom Trivialen bis zur Weltliteratur verlaufen. Dieses lässt sich pädagogisch nutzen, wenn es darum geht, für Nichtleser bzw. Wenigleser Leseanreize zu schaffen, die das Buch wieder ins Zentrum von entspannender Freizeitbeschäftigung rücken lassen. Der Einstieg kann also durchaus mit einfachen Abenteuergeschichten beginnen, um dann Schritt für Schritt den Weg zu anspruchsvoller Abenteuerlektüre zu gehen.

Schließlich sei noch darauf hingewiesen, dass zwischen zahlreichen Abenteuergeschichten **Querverbindungen zu Sachbüchern** bestehen, besonders zwischen historischen Abenteuer- und Sachbüchern ist eine Grenze nicht deutlich zu ziehen, sodass nicht selten Abenteuerbücher mit einem Sachinformationsteil und mit Schautafeln versehen sind. Insofern ist Abenteuerlektüre nicht selten Sachinformationslektüre, die Jugendlichen neben Spannung und Unterhaltung auch zahlreiche Informationen zu vermitteln vermag.

Für die Erzieherin und für den Erzieher ist die literaturpädagogische Arbeit mit Abenteuerlektüre also durchaus zu Beginn mit eher leichterer „Kost" als Einstieg denkbar, um das Hinführen zu qualitativ guten bis qualitativ sehr guten Abenteuergeschichten zu ermöglichen, die die Jugendlichen zu anspruchsvollen Leserinnen und Lesern werden lassen. Unterstützend für den Aufbau der Lesemotivation ist die große Beliebtheit der Abenteuerlektüre. Spannungslektüre fasziniert und ihre Rezeption lässt den Leser andere Erfahrungen machen, die persönlich befreiend und bereichernd wirken können, die ihn mit neuen Erkenntnissen in das eigene Leben zurückkehren lassen. Begleitende Gespräche, in denen über die Geschehnisse und die handelnden Personen der Geschichten gesprochen wird, können dabei das Urteilsvermögen der Jugendlichen Schritt für Schritt entwickeln und verbessern.

Anregungen für den Unterricht
Der Unterrichtseinstieg lässt sich gut über eine Diskussion der Bedürfnisse und Wünsche „Abenteuer zu erleben" unter Einbezug der eigener Lesebiographie gestalten.

Zwei gute Abenteuerbücher für Jugendliche sollen als Unterrichtslektüre empfohlen werden, um exemplarisch Kriterien der Beurteilung zu erproben.

Marianne Haake: Ein Onkel in Australien. Laetitia Verlag, Modautal

Im Mittelpunkt dieser Abenteuererzählung steht der Junge Ulrich, der eine hartnäckige Erkältung im milden Klima Australiens bei seinem Onkel auskurieren soll. Dort angekommen entwickelt sich diese spannende Erzählung, die bereits für Kinder ab zehn Jahren verständlich ist.

Friedrich Gerstäcker: Die Goldsucher und andere Erzählungen. Laetitia Verlag, Modautal

Dieses Buch beinhaltet drei Erzählungen, die den Leser (ab zehn Jahren) in ferne Länder und ferne Zeiten führt (Goldsuche im ecuadorianischen Urwald, Besiedelung von Texas, Walfischfängerei).

Abenteuerroman und Sachbuch gleichermaßen ist das mit Vignetten, Glossar und Zeittafel ausgestattete Buch von Joan Dash Die Jagd nach dem Längengrad (Bertelsmann Verlag, München). Es zeigt wie eng Abenteuer und Sachinformation zusammenwirken können.

Auch beim „Abenteuerbuch" kann der Blick auf die Klassiker hilfreich sein, um die Qualität einer guten Abenteuererzählung zu erschließen. Dazu bietet sich z. B. die Lektüre der Schatzinsel nach Robert Louis Stevenson (erzählt von Claire Ubac im Gerstenberg Verlag, Hildesheim) an. Diese eigenwillige Nacherzählung ist ein ganz besonderes Lesevergnügen. Die Schatzinsel ist heute mehr über die verschiedenen Filmversionen bekannt, als durch die Buchlektüre. Mit der Nacherzählung von Claire Ubac lässt sich der Weg zurück zum Buch auf eine besondere Art finden. Für den Unterrichtseinsatz daher gut geeignet.

Das Lexikon der Abenteuer- und Reiseliteratur von Heinrich Pleticha und Siegfried Augustin (Thienemann Verlag, Stuttgart) sei all denen empfohlen, die sich tiefer- und weitergehend in das Fachgebiet der Abenteuerlektüre einarbeiten wollen.

Das Buch Die Abenteuer des Röde Orm bietet sich als Lektüre in der Klasse an. Es kann mithilfe folgender Fragen näher untersucht werden:

1. Haben die Helden wirklich gelebt, oder sind es nur erfundene Gestalten?
2. Stimmt das von den Abenteuerbuchautoren gezeichnete Geschichtsbild? Stimmt der völkerkundlich-geographische Hintergrund?
3. Sind die Konflikte, die von den Abenteuerbuchautoren aufgebaut wurden, logisch überzeugend, können sie an der eigenen Erfahrung und der Wirklichkeit des Lesenden vergleichend gemessen werden?

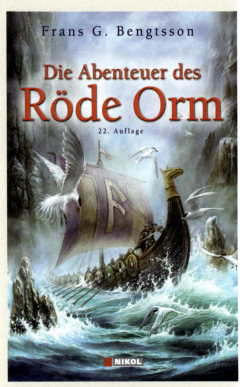

Frans G. Bengtsson: Die Abenteuer des Röde Orm. 22. Auflage, Nikol Verlagsgesellschaft, Hamburg 2008

Weiterführende Literatur

Baumgärtner, Alfred C./Launer, Christoph: Abenteuerliteratur. in: Taschenbuch der Kinder- und Jugendliteratur, hrsg. von Günter Lange, Bd. 1, 1. Auflage, Schneider Verlag Hohengehren, Baltmannsweiler 2000, S. 415–444

Fohrmann, Jürgen: Abenteuer und Bürgertum. Zur Geschichte der deutschen Robinsonaden im 18. Jahrhundert. 1. Auflage, J. B. Metzler Verlag, Stuttgart 1981

Haas, Gerhard: Science-fiction als Jugendliteratur. in: Kinder- und Jugendliteratur, hrsg. von Gerhard Haas, Reclam Verlag, Stuttgart 1984

Maier, Karl Ernst: Das Abenteuerbuch. in: Jugendliteratur, 10. Auflage, Klinkhardt Verlag, Bad Heilbrunn 1993, S. 160–194

Oel-Willenborg, Gertrud: Von deutschen Helden. Eine Inhaltsanalyse der Karl-May-Romane. 1. Auflage, Beltz Verlag, Weinheim 1973

Pleticha, Heinrich/Augustin, Siegfried: Lexikon der Abenteuer- und Reiseliteratur von Afrika bis Winnetou. 1. Auflage, Thienemann Verlag, Stuttgart, 1999

Pleticha, Heinrich: Das Abenteuerbuch. in: Kinder- und Jugendliteratur, hrsg. von Gerhard Haas, 3. Auflage, Reclam Verlag, Stuttgart 1984, S. 206–228

Schack, Walter von: Das Abenteuerbuch. in: Das Buch in der Schule, hrsg. von Malte Dahrendorf und Walter von Schack, 2. Auflage, Schroedel Verlag, Hannover 1975

Schober, Otto (Hrsg.): Abenteuer Buch. 1. Auflage, Kamp Verlag, Bochum 1993

Stach, Reinhard: Robinsonaden. 1. Auflage, Schneider Verlag Hohengehren, Baltmannsweiler 1996

9 Sachbücher

9.1 Zum Begriff „Sachbuch"

9.2 Formen des Sachbuches

9.3 Das Kinder-Sachbuch

9.4 Das Jugend-Sachbuch

9.5 Aspekte der Beurteilung

9.1 Zum Begriff „Sachbuch"

Das Sachbuch erschließt dem Leser ein oder mehrere Sachgebiete, Dinge, Ereignisse oder Zusammenhänge in unterhaltsamer und bildender Form.

Eine genaue und eindeutige Definition des Sachbuches ist schwierig, sie wird besonders auch deshalb erschwert, da es zahlreiche Überschneidungen mit anderen Gattungen gibt.

Mit dem Rückgriff auf die Sachbuchdefinition von Klaus Doderer (1961, S. 14) lassen sich nach Hussong **drei Elemente** herausstellen, die eine begriffliche Eingrenzung dessen, was unter dem Sachbuch verstanden werden kann, ermöglichen:

- „Der Sachbuchautor findet die Sache bereits in der Welt vor. Als Bestandteil der Umwelt ist sie Gegenstand wissenschaftlicher Forschung geworden. Anders als der Autor fiktionaler Texte muss er den Sachverhalt nicht erst im Schreibakt konstituieren.
- Die Sache bzw. das Wissen über sie soll an Nichtfachleute, an Laien vermittelt werden.
- Diese Vermittlung bedarf besonderer Methoden. Offensichtlich muss der Sachbuchautor mit zwei Schwierigkeiten fertig werden: einmal mit dem begrenzten Verständnishorizont des Nichtfachmanns, zum anderen mit einer affektiven Distanz gegenüber ‚schwierigen' Sachen. Der Leser von Sachbüchern will unterhalten werden, d. h., er begegnet Sachbüchern mit seinen Freizeiterwartungen" (Hussong, 1984, S. 65 f.).

9.2 Formen des Sachbuches

Mit der Zielsetzung und inhaltlichen Festlegung ist das Sachbuch noch nicht hinreichend charakterisiert, es kommt die formale Gestaltung hinzu. Da das Sachbuch kein Schulbuch ist, sondern sogenannte Privatlektüre, muss es Didaktik und Methodik in sich selbst tragen, um der Intention des Verfassers gerecht zu werden. Intention und formale Gestaltung sind also wesentlich aufeinander angewiesen.

Zwei Formen der Sachbuchgestaltung lassen sich (grob gesehen) unterscheiden (vgl. Maier, 1993, S. 228):

1. Das erlebnishaft gestaltete Sachbuch
2. Das sachlich informierende Sachbuch

Das **erlebnishaft gestaltete Sachbuch** bedient sich der Darstellungselemente der dichterischen und unterhaltenden Literatur. Rein äußerlich ergibt sich dadurch also kein wesentlicher Unterschied zur übrigen erzählenden Kinder- und Jugendliteratur. „Dass aber ein bestimmtes Tatsachenmaterial in den Mittelpunkt gesetzt wird, mit der Absicht, das

Wissen des Lesers zu bereichern, ist der Grund, warum wir trotz Formgleichheit von einem Sachbuch sprechen können" (Maier, 1993, S. 228).

Das Sachbuch dieses Formtyps kann als Erlebnisbuch bezeichnet werden. „Sprachlich stilistisch tritt an die Stelle der objektiven Beschreibung und Erklärung die subjektive Schilderung, an die Stelle des nüchternen Berichts und der bloßen Mitteilung die lebendige Erzählung. Der Aufbau ist nicht durch wissenschaftliche Ordnungskategorien, sondern durch eine Handlung, meistens ein menschliches Geschehen, bestimmt" (Maier, 1993, S. 228).

Im *Haus der kleinen Forscher* wohnen die Kinder Karla, Luisa und Vincent zusammen mit der Katze Berleburg, die auf eindrucksvolle Weise ihren Forscherdrang ausleben. Es ist ein herausragend gelungenes Beispiel für ein erlebnishaft gestaltetes Sachbuch für Kinder im Vorschul- und Grundschulalter. Joachim Hecker hat 39 Experimente zum Selbermachen, die mit einfachen Mitteln durchzuführen sind, in diesem Buch versammelt. Zudem ist es ein von Sybille Hein sehr schön illustriertes Vorlese- und Experimentierbuch, das die frühe Begegnung mit Natur und Technik spielerisch und gleichzeitig erkenntnisreich zu unterstützen vermag. Die Verbindung von Geschichten und Experimenten regen die Neugier und den Wissensdurst der Kinder (und Erwachsenen) und die Lust, Experimente selbst durchzuführen, motivierend an.

Joachim Hecker/Sybille Hein: Das Haus der kleinen Forscher. 1. Auflage, Rowohlt Verlag, Berlin 2007

Das **sachlich informierende Sachbuch** verzichtet auf Anleihen aus der dichterischen und unterhaltenden Literatur. Der Autor dieses Formtyps versucht, direkt Kenntnisse zu vermitteln. Die Probleme, die sich daraus ergeben, liegen auf der Hand: Die angemessene Vereinfachung des Gegenstandes, die gelungene didaktische Aufbereitung (nicht zu große Stofffülle, verdeutlichende Fotografien und Zeichnungen) bereiten erhebliche Schwierigkeiten, fordern vom Verfasser erheblich mehr als nur die umfassende Kenntnis der zu behandelnden Sache. So werden im Einzelnen die gelungenen Sachbücher dieses Formtyps daran zu erkennen sein, inwieweit sie die Auffassungsgabe und -grenze des intendierten Leserkreises von Kindern und Jugendlichen zu berücksichtigen vermögen, ohne dass dabei der inhaltliche Kern der Sache verloren geht, ohne den Gegenstand allzu sehr zu simplifizieren.

9.3 Das Kinder-Sachbuch

„,Sachen' sind es, die schon im Pappbilderbuch dargestellt sind: Haus und Hase, Löffel und Lamm, Tasse und Tisch. Diese Lebewesen und Dinge erkennt und benennt das Kleinkind. Es freut sich, aus der Umwelt vertraute Spielsachen, Haushaltsgegenstände, Tiere und Kleidungsstücke auch im Buch wiederzufinden. Zunehmend interessiert sich das Kind für Gegenstände in Haus und Hof, auf Wiese und Feld, in der Familie oder im Umkreis der Mitmenschen, für Vorgänge und Zusammenhänge. Sie zu verdeutlichen, kindgerecht zu erklären und zu deuten, in einfacher Sprache und in vielerlei Bildformen aufzugreifen – das ist Aufgabe des Kindersachbuches. Es ist in Kindergarten und Grundschule einsetzbar und regt zur Selbstbeschäftigung an" (Arbeitskreis für Jugendliteratur e.V., 1985, S. 14).

In den letzten Jahren hat sich das Angebot an Sachbüchern für Kinder ganz erheblich erhöht, sodass es nicht leicht fällt, die gelungenen Ausgaben dieses Buchtyps von den weniger gelungenen zu unterscheiden. Im Folgenden sind einige (empfehlenswerte) Kinder-Sachbücher zusammengestellt:

Beispiele für Sacherzählungen

- *Susanne Partsch: Wie die Häuser in den Himmel wuchsen (Hanser Verlag, München)*
- *Helmut Hornung: Safari ins Reich der Sterne (Oetinger Verlag, Hamburg)*
- *Jostein Gaarder: Hallo, ist da jemand? (Hanser Verlag, München)*
- *Pernilla Stalfelt: Und was kommt dann? Das Kinderbuch vom Tod (Moritz Verlag, Frankfurt/a.M.)*
- *Alois Prinz: Und jedem Anfang wohnt ein Zauber inne (Beltz & Gelberg Verlag, Weinheim)*
- *Leo Hartas und Richard Platt: Lizzy und Lucas, die Weltraumforscher (Gerstenberg Verlag, Hildesheim)*
- *Eirik Newth: Abenteuer Zukunft (Hanser Verlag, München)*
- *Heiderose Fischer-Nagel: Alle unsere Tiere (kbv, Luzern)*
- *Elisabeth Rotenberg: Von Ponys und Pferden (Oetinger Verlag, Hamburg)*
- *Franz Sales Sklenizka: Schmeichel (Dachs Verlag, Wien)*
- *Robert Swindells/Stephen Lambert (Illustr.): Götter, Tempel, Pharaonen (Urachhaus Verlag, Stuttgart)*
- *Eva-Maria Dreyer: Tiere an Strand und Küste (Kosmos Verlag, Stuttgart)*
- *Katharina Tebbenhoff/Marion Clause: Meise, Spatz und Nachtigall. Das Sachbuch für den kleinen Vogelforscher (Patmos Verlag, Düsseldorf)*
- *Christiane Gohl/Reiner Ziegler: Pferde und Ponys (Kosmos Verlag, Stuttgart)*

Beispiele für Sachdarstellungen

- *Philip Wilkonson: Kühne Konstruktionen (Gerstenberg Verlag, Hildesheim)*
- *Margret Rettich: Das Buch vom Bergwerk (Oetinger Verlag, Hamburg)*
- *Robert Prince: Forschen und Experimentieren (Tessloff Verlag, Nürnberg)*
- *Roboter. Das Innere der Dinge (Gerstenberg Verlag, Hildesheim)*
- *Tiere im Wald/Tiere als Stadtbewohner (arsEdition, München)*

- Der Regenwald/Die Unterwasserwelt/Die Wüste (arsEdition, München)
- Michael Tambini: Zukunft. Faszinierende Einblicke in das 21. Jahrhundert (Gerstenberg Verlag, Hildesheim)
- Jürgen Teichmann: Das unendliche Reich der Sterne (Arena Verlag, Würzburg)
- Burghard Bartos: Die Welt im Mikroskop (Arena Verlag, Würzburg)
- Philippa Wingate: Das Internet (Arena Verlag, Würzburg)
- Holger Haag/Stefanie Tommers: Kosmos-Uni für Kinder. Tiere und Pflanzen (Kosmos Verlag, Stuttgart)
- Tessloffs Schülerlexikon. Biologie (Tessloff Verlag, Nürnberg)
- Was ist was. Unsere Erde (Tessloff Verlag, Nürnberg)
- Oliver Meckes/Nicole Ottawa: Der Mikrokosmos für Kinder erklärt (GEO Gruner + Jahr Verlag, Hamburg)
- Anita van Saan/Bettina Buresch: Im Wald (arsEdition, München)

Beispiele für Sammelwerke, Lexika, Nachschlagwerke, Atlanten usw.

- David Macauly: Das neue Mammutbuch der Technik (Tessloff Verlag, Nürnberg)
- 1000 Fragen und Antworten aus Natur, Wissenschaft und Technik (Arena Verlag, Würzburg)
- Das große Buch der Autos (Arena Verlag, Würzburg)
- Das visuelle Lexikon der Technik (Gerstenberg Verlag, Hildesheim)
- 3-Atlas (arsEdition, München)
- Das große Tierlexikon (arsEdition, München)
- Das visuelle Lexikon der Umwelt (Gerstenberg Verlag, Hildesheim)
- Achim Bröger: Der große Diercke Kinderatlas (Arena Verlag, Würzburg)
- Dorling Kindersley Kinderatlas (Dorling Kindersley Verlag, Starnberg)
- Meyers bunter Weltatlas (Meyer Verlag, Mannheim)
- Tessloffs illustrierte Bibliothek. Geschichte des Menschen (Tessloff Verlag, Nürnberg)
- Joyce Pope/Richard Orr: Das große Lexikon der Säugetiere (Patmos Verlag, Düsseldorf)

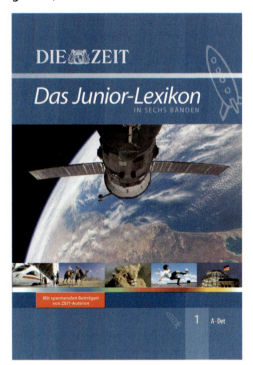

Das Junior Lexikon in 6 Bänden, Zeitverlag, Hamburg 2007

Beispiele für Spiel- und Bastelbücher, Kinderbeschäftigung

- Ludger Buse u. a.: Werkbuch Regenwurm. Für Kindergarten und Grundschule (edition liberacon)
- Edmund Jacoby (Hrsg.): Himmel, Hölle, Blinde Kuh (Hanser Verlag, München)
- Almuth Bartl/Marlit Peikert: 101 Bastelideen (arsEdition, München)

- *Ute und Tilman Michalski: Kunterbunter Bastelspaß (arsEdition, München)*
- *Johanna Friedl: Schlechtwetterspiele (dtv junior, München)*
- *Dagmar von Cramm/Ida Bohatta: Das große Kinderbackbuch (arsEdition, München)*
- *Tom Dahlke: 365 Kinderspiele für jeden Tag (Moses Verlag, Kempen)*
- *Sven Nordguist/Bettina Grabis: Petterson und Findus. Das große Gartenbuch (Xenos Verlag, Hamburg)*
- *Dagmar Binder/Jutta Garbert: Piraten ahoi! Geschichten, Lieder, Spiele und Sachinformationen aus der Welt der Piraten (Patmos Verlag, Düsseldorf)*
- *Claudia Haas/Annette Fierieg: Das Wasserbuch. Wasserwissen, Experimente, Wasserspiele (Patmos Verlag, Düsseldorf)*

9.4 Das Jugend-Sachbuch

„Viele Medien – vom Fernsehen bis zur Tageszeitung – bieten Jugendlichen heutzutage Möglichkeiten an, sich über Tatsachen und Ereignisse der näheren Umgebung und der fernen Welt zu informieren. Das Jugendsachbuch spielt dabei keine unwesentliche Rolle: Jungen Lesern bereitet es das Wissen über Tatbestände und Abläufe aus der Natur und Kultur, Technik, Politik, Kunst, Sport – aus allen Wissensgebieten – verständlich auf. Es befriedigt Neugier, beschreibt sachkundig, erklärt anschaulich, dokumentiert zuverlässig Fakten und Daten. Und es gibt Anleitung zu eigenen Versuchen, Spielen, Experimenten. Auf vergnügliche Weise hilft das Jugendsachbuch beim Aufbau eines wissenschaftsorientierten Weltbildes" (Arbeitskreis für Jugendliteratur, 1985, S. 16). Immer vorausgesetzt freilich, es gehört zu den gelungenen Ausgaben dieses Formtyps. Folgende Titelbeispiele, die hier allerdings nach thematischen Schwerpunkten geordnet sind, sollen das Themenspektrum des Jugend-Sachbuches verdeutlichen:

Beispiele für das Themenspektrum des Jugend-Sachbuches

Technik

- *Peter Turvey: Erfindungen. Vom Faustkeil zum Biochip. (Tessloff Verlag, Nürnberg)*
- *Eryl Davies: Transport und Verkehr. Vom Ochsenkarren zum Solarmobil (Tessloff Verlag, Nürnberg)*
- *Steve Parker: Technik im Alltag (arsEdition, München)*
- *Marianne Steinecke: Elektronik (Gerstenberg Verlag, Hildesheim)*
- *Konrad Dietzelbinger: Elektrizität (Gerstenberg Verlag, Hildesheim)*
- *Roger Bridgman: Roboter. Von den ersten Automaten bis zu den Cyborgs der Zukunft (Gerstenberg Verlag, Hildesheim)*

Natur

- *Hochgebirge (Gerstenberg Verlag, Hildesheim)*
- *Das visuelle Lexikon der Umwelt. Ökosystem Erde (Gerstenberg Verlag, Hildesheim)*
- *Lin Sutherland: Erdbeben und Vulkane (Tessloff Verlag, Nürnberg)*

- Nicolas Harris u. a.: Die unglaubliche Reise in den menschlichen Körper (Tessloff Verlag, Nürnberg)
- Trevor Day: Faszination Naturkräfte (Dorling Kindersley Verlag, Starnberg).

Geographie

- Michael Vigoreux/Damien Chavanat: Japan heute (Tessloff Verlag, Nürnberg)
- Jane Olliver: Jugend-Weltatlas (Tessloff Verlag, Nürnberg)
- David C. Money: Wohnort Erde (Herder Verlag, Freiburg)
- Jean-Paul Albert/Mann de Renty: Westafrika heute (Tessloff Verlag, Nürnberg)
- Claire Asten: Länder der Erde (Tessloff Verlag, Nürnberg)

Geschichte

- So lebten sie im alten Griechenland (Tessloff Verlag, Nürnberg)
- Rosalie David: Agypter (Schneider Verlag, München)
- Anthony Marks: Die Römer (arsEdition, München)
- Ludwig Barring: Der große Augenblick in der Weltgeschichte (Loewes Verlag, Bindlach)
- Taten und Träume. Bildatlas zur Weltgeschichte (Herder Verlag, Freiburg)
- Hartmut Leppin/Mirko Rathke: Die erste Demokratie. Athen im 5. Jahrhundert v. Chr. (Gerstenberg Verlag, Hildesheim)

Politik

- Christopher Coker: Terrorismus (Tessloff Verlag, Nürnberg)
- Georg Popp: Die Großen der Welt (Arena Verlag, Würzburg)
- Nigel Hawkes: Die atomare Bedrohung (Tessloff Verlag, Nürnberg)
- Barbara Veit/Hans-Otto Wiebus: Dritte Welt Buch für Kinder (Ravensburger Verlag, Ravensburg)
- Alois Prinz: Die Lebensgeschichte der Ulrike Marie Meinhof (Beltz & Gelberg Verlag, Weinheim)
- Susanne Fritsche: Die Mauer ist gefallen. Eine kleine Geschichte der DDR (Hanser Verlag, München)

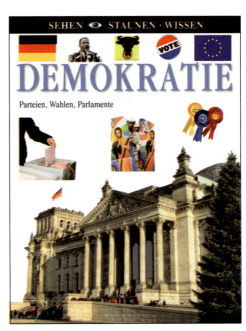

Philip Steele: Demokratie. Gerstenberg Verlag, Hildesheim 2009

Ökologie

- Fiona Macdonald/Carolyn Scrace: Regenwald (Arena Verlag, Würzburg)
- Hans Georg Noack: Die Ozeane (Esslinger/Klett Verlag, Stuttgart)
- Gunter Steinbach (Hrsg.): Wir tun was für naturnahe Gewässer (Kosmos Verlag, Stuttgart)

- Barbara Veit/Christine Wolfrum: Das Buch vom Klima (Ravensburger Verlag, Ravensburg)
- Claire Aston/Susanne Addario, S.: Natur und Tiere – Lebensräume (Tessloff Verlag, Nürnberg)

Kunst/Musik

- Nicholas Ingman: Die Geschichte der Musik (Tessloff Verlag, Nürnberg)
- Helmut Höfling: Der große Applaus. Zweitausend Jahre Theater (Ensslin Verlag, Eningen)
- Musikinstrumente (Gerstenberg Verlag, Hildesheim)
- Brigitte Walzer/Regine Schulz: Theater-Theater (Altberliner Verlag, Berlin)
- Arnold Werner-Jensen: Opernführer für junge Leute (Schott Verlag, Mainz)

Religion

- John Rogerson: Das Buch vom Land der Bibel (Arena Verlag, Würzburg)
- Lynn Underwood: Welt der Religionen (Herder Verlag, Würzburg)
- Jacques Musset: Ich entdecke die Welt der Bibel. 1. Bd. Altes Testament. 2. Bd. Neues Testament (Ravensburger Verlag, Ravensburg)
- Jonathan Tubb: Länder und Völker der Bibel (Gerstenberg Verlag, Hildesheim)
- Sybil Rasen/Katharina Ebinger: Mensch sucht Sinn. Fünf Erlebnisse mit den Weltreligionen (Gabriel Verlag, Wien)
- Marc Gellman: Wie buchstabiert man Gott? (Carlsen Verlag, Hamburg)

Spielbücher/Bastelbücher

- Hajo Bücken: Das große Spielbuch für alle Gelegenheiten (Herder Verlag, Freiburg)
- Howard Harrison: Papiermusik. 10 Musikinstrumente zum Selbermachen und Spielen (Tessloff Verlag, Nürnberg)
- Anne Blanchard/ Irvine Peacock: Navigation – Wir fahren auf allen Meeren (Südwest Verlag, München)
- Daniel King: Tessloffs Buch der Brett- und Kartenspiele (Tessloff Verlag, Nürnberg)

Sport

- Andreas Türk: Fußball. Wissen von A-Z (Loewes Verlag, Bindlach)
- Roland Eitel: Fußball-Fußball (Hoch Verlag, Stuttgart)
- Christiane Gohl: Das Kosmos-Buch vom Reiten (Kosmos Verlag, Stuttgart)
- Schwimmen/Skifahren/Tennis (Südwest Verlag, München)
- Christoph Bausenwein: Fußballbuch (Tessloff Verlag, Nürnberg)

Tiere

- Margot Hellmiß/Nikola Neubauer: So leben Wale und Delphine (Arena Verlag, Würzburg)
- Helen Gilks/Andrew Bale: Bären (Schneider Verlag, München)
- Dominique und Serge Simon: Tessloffs großes Hundebuch (Tessloff Verlag, Nürnberg)
- Otto von Frisch: Loewes Tierlexikon (Loewes Verlag, Bindlach)
- Vassili Papastavrou/Frank Greenaway: Wale und Robben (Gerstenberg Verlag, Hildesheim)

Wissenschaft

- Steve Parker: Marie Curie und das Radium (Peters Verlag, Hanau)
- Hans Georg Noack: Wissenschaft und Forschung (Esslinger/Klett Verlag, Stuttgart)
- Steve Parker: Charles Darwin und die Evolution (Peters Verlag, Hanau)
- Alain Dupas: Start ins Weltall (Ravensburger Verlag, Ravensburg)
- Rainer Köthe: Wissenschaft und Technik 2000 (Tessloff Verlag, Nürnberg)

Tipps und Anregungen

- Karl-Heinz Tobias/Bruno Neurath: Fototips für Kids (Schneider Verlag, München)
- Casper Verner-Carlsen: Das große Buch vom Angeln (Oetinger Verlag, Hamburg)
- Hannelore Müller-Scherz: Tausend Tipps und Tricks für unterwegs (Loewes Verlag, Bindlach)
- Günter Kienitz: Der Internet-Guide für Schüler. Das Wissen der Welt und wo du es findest (Moses Verlag, Kempen)

Maja Nielsen: Charles Darwin. Gerstenberg Verlag, Hildesheim 2009

Aufklärung und Sexualität

- Barbara Poche und Norman Filz: Girls, Girls, Girls (Ueberreuter Verlag, Wien)
- Esther E. Schütz/Theo Kimmich: Körper und Sexualität. Entdecken, verstehen, sinnlich vermitteln (pro juventute Verlag, Zürich)
- Maria Coole: Jungs – und wie sie funktionieren (Ueberreuter Verlag, Wien)
- Sunny Graff/Birgit Rieger: Mädchen sind unschlagbar. Selbstverteidigung ist lernbar (Ravensburger Verlag, Ravensburg)
- Robie Harris/Michael Emberley: Total normal. Was du schon immer über Sex wissen wolltest (Beltz & Gelberg Verlag, Weinheim)

Lexika, Atlanten, Nachschlagewerke

- Jill Bailey/Tony Seddon: Young Oxford Urgeschichte (Beltz & Gelberg Verlag, Weinheim)
- Pete Rowan/John Temperton: Hauptsache Köpfchen! Was unser Gehirn alles kann (Kbv, Luzern)
- Edmund Jacoby (Hrsg.): Die visuelle Geschichte der Kunst (Gerstenberg Verlag, Hildesheim)
- Edmund Jacoby (Hrsg.): Die visuelle Weltgeschichte der alten Kulturen (Gerstenberg Verlag, Hildesheim)
- Tim Furniss: Der Kosmos-Atlas vom Weltall (Kosmos Verlag, Stuttgart)
- Anna Claybourne: Das Kosmos-Buch der Erde (Kosmos Verlag, Stuttgart)

- *Meyers Jugendlexikon (Meyer Verlag, Mannheim)*
- *Der Jugend Brockhaus (Brockhaus Verlag, Mannheim)*
- *1000 Porträts. Das große Buch der Biographien von A – Z (Ravensburger Verlag, Ravensburg)*

Wirtschaft

- *Birgit Neiser/Ralf Butschkow: Max macht Mäuse. Geldratgeber (Moses Verlag, Kempen)*
- *Ulrike Reisach/Joachim Knapp: Wirtschaft (Tessloff Verlag, Nürnberg)*
- *Niklas Pipe: Geschichte der Wirtschaft (Beltz & Gelberg Verlag, Weinheim)*
- *Die Mercedesstory (Tessloff Verlag, Nürnberg)*

9.5 Aspekte der Beurteilung

Klaus Doderer hat in seiner Studie *Das Sachbuch als literarpädagogisches Problem* **sechs Regeln zur Beurteilung von Sachbüchern** aufgestellt:

1. „Das Sachbuch muss sachlich richtig sein.

2. Das Sachbuch darf das zu vermittelnde Wissen nicht ungestaltet anhäufen, sondern muss es auswählen und durch die Form der Darstellung akzentuieren.

3. Die Form des Sachbuches ist bestimmt durch das erzählerische Nacheinander. Damit unterscheiden sich das Sachbuch einerseits und andererseits Lehrbuch sowie wissenschaftliche Arbeit voneinander.

4. Der Leser des Sachbuches muss die Möglichkeit haben, nicht nur Erlebnisse vorgesetzt zu bekommen, sondern an dem Zustandekommen der Ergebnisse sich retrospektiv beteiligen zu können.

5. Dazu sind nicht nur die Formen der Epik wie Erzählung, Reportage, Abenteuergeschichte usw. geeignet und nötig, sondern auch eine Sprache, die klar und einfach und dem Laien verständlich ist. Es gilt, Abstraktion in Anschauung umzusetzen.

6. Das Sachbuch soll durch alle sachliche Vermittlung hindurch erkennen lassen, dass der Mensch der eigentliche Beziehungspunkt ist" (Doderer, 1961, S 35).

Der Erzieher wird nun bei der Beurteilung eines Sachbuches neben der Beachtung dieser sechs Regeln auch besonderes Augenmerk auf den Inhalt zu richten haben, um ein Sachbuch nicht nur von seiner Gestaltung, sondern wesentlich vom Inhalt und seiner Bedeutung her für das Kind und den Jugendlichen zu beurteilen.

Anregungen für den Unterricht
Die Zahl der Sachbücher hat deutlich zugenommen, man kann auch von einem Boom der Sachbuchliteratur sprechen.

Einen guten Einstieg im Unterricht bietet das Kindersachbuch Die Kinder-Uni. Forscher erklären die Rätsel der Welt von Ullrich Janssen und Ulla Steuernagel (DVA Stuttgart).

Die Kinder-Uni ist ein übersichtlich gestaltetes Wissensbuch, das vergnüglich zu lesen ist und eine großes Themenspannweite umfasst.

Ein Schwerpunkt sollte die Auseinandersetzung mit Lexika, Nachschlagewerken und Atlanten bilden, da ein früher Umgang unbedingt gefördert werden muss, um Kindern auch die selbstständige Wissensaneignung zu eröffnen.

Beispiele, die für den Unterricht interessant sind:

- Achim Bröger: Meyers großes Kinderlexikon. Bibliografisches Institut, Mannheim.
- Anne Emmert: Meyers bunter Weltatlas für Kinder. Bibliografisches Institut, Mannheim.
- Dorling Kindersley Kinderatlas. Dorling Kindersley, Starnberg.
- Meyers Jugendlexikon. Bibliographisches Institut, Mannheim.

Für Jugendliche ist ein Sachbuch besonders hilfreich, weil es sehr gut nutzbar ist. Es handelt vom digitalen Informationsdschungel, in dem das Zurechtfinden wirklich nicht leicht ist. Es soll deshalb ausdrücklich hier empfohlen und wenn möglich den angehenden Erzieherinnen und Erziehern im Unterricht vorgestellt werden:

Der Internet-Guide für Schüler von Günter Kienitz (Moses Verlag, Kempen)
Der Autor hat sich gründlich und gut im Internet umgesehen und die besten bzw. nützlichsten Adressen gemäß der Lehrpläne herausgefiltert. Das Buch ist ein praktischer Wegweiser für die kompetente Nutzung des Internets. Es hilft Schülern bei Hausaufgaben, Referaten u.v.m. Es sind auch Links mit einer eigenen Erklärung enthalten, die nicht unter den Fächerkanon fallen, aber trotzdem wichtig für Recherchen werden können.

Weiterführende Literatur

Arbeitskreis für Jugendliteratur e.V.: Broschüre „Deutscher Literaturpreis 1985", hrsg. vom Arbeitskreis für Jugendliteratur e.V., München, 1985

Doderer, Klaus: Das Sachbuch als Literaturpädagogisches Problem. Diesterweg Verlag, Frankfurt 1961, S. 14

Hussong, Martin: Das Sachbuch. in: Kinder- und Jugendliteratur, hrsg. von Gerhard Haas, 3. Auflage, Reclam Verlag, Stuttgart 1984, S. 63–87

Maier, Karl Ernst: Das Sachbuch. in: Jugendliteratur, 10. Auflage, Klinckhardt Verlag, Bad Heilbrunn 1993, S. 226–237

Ossowski, Herbert: Sachbücher für Kinder und Jugendliche. in: Taschenbuch der Kinder- und Jugendliteratur, hrsg. von Günter Lange, Bd. 2, 1. Auflage, Schneider Verlag, Hohengehren, Baltmannsweiler 2000, S. 657–683

Psaar, Werner: Sachbuch. in: Kinder und Jugendmedien, hrsg. von Dietrich Grünewald und Winfried Kaminski, 1. Auflage, Beltz Verlag, Weinheim 1984, S. 481–490

Steitz-Kallenbach, Jörg-Dietrich: Bildersachbücher und Sachgeschichten. Wissensvermittlung durch Bild und Text. in: Handbuch Kinderliteratur, hrsg. von Jens Thiele und Jörg-Dietrich Steitz-Kallenbach, 1. Auflage, Herder Verlag, Freiburg 2003, S. 114–156

10 Religiöse Kinder- und Jugendbücher

10.1 Der Begriff „religiös" ist weit gefasst

10.2 Formale und inhaltliche Ansprüche

10.3 Religiöse Kinderbücher

10.4 Gebetbücher für Kinder

10.5 Kinderbibeln

10.6 Religiöse Jugendbücher

10.7 Aspekte der Beurteilung

10.8 Literatur zur pädagogischen Arbeit

10.1 Der Begriff „religiös" ist weit gefasst

Zum erzählenden Kinder- und Jugendbuch mit religiösem Inhalt oder religiösem Fragehorizont lassen sich alle Texte zählen, die am literarischen Beispiel explizit oder implizit die **menschlichen Grundfragen** „nach dem Woher und Wohin, dem Wozu und Warum, nach dem Sinn und Wert oder der Sinn- und Wertlosigkeit des Ganzen und des Einzelnen in der Welt" (Rabl, 1982, S. 265) thematisieren.

Der Begriff „religiös" ist somit keineswegs eng gefasst, etwa nur im Sinne von „christlich – kirchlich – konfessionell", sondern „religiös ist jedes Übersteigen (Transzendieren) der empirisch fassbaren, vertrauten, endlichen Wirklichkeit, auf der Suche nach einem tieferen Sinn-Grund, der seinerseits dazu ermutigt, sich nicht mit den Endlichkeiten abzufinden" (Dinges/Lange, 1978, S. 4).

Nach Hubertus Halbfas lassen sich zu den Autoren des religiösen Kinder- und Jugendbuches in diesem erweiterten Verständnis nicht nur Christen, sondern auch Nichtchristen zählen. Denn „nicht diese Etiketten, sondern die Wahrhaftigkeit des Fragens, der Mut zur Wirklichkeit und der Ernst des sozialen Engagements geben ihren Werken religiöse Qualität" (Halbfas, 1984, S. 431). Es lassen sich daher durchaus auch zahlreiche problemorientierte Kinder- und Jugendbücher zum religiösen Kinder- und Jugendbuch zählen, zumindestens aber in der Peripherie dieses Genres ausmachen.

10.2 Formale und inhaltliche Ansprüche

Zu den formalen Ansprüchen, die an religiöse Kinder- und Jugendbücher zu stellen sind, lässt sich feststellen: „In derselben Weise, wie es in der Vergangenheit üblich war, im Stofflichen das Religiöse oder Christliche eines Buches gegeben zu sehen, herrschte zugleich eine Geringschätzung bzw. ein völliges Übersehen von Stil, Formen und Strukturen. Mit der Neigung, von den Ansprüchen an das sprachliche und bildliche Niveau eines Buches zu abstrahieren, um stattdessen pädagogische oder katechetische Brauchbarkeit hervorzuheben, beginnt aber bereits ein ausweglose Missverständnis. Fragen der Form sind auch Fragen der Gültigkeit, darum kann es keine akzeptable Kinderliteratur geben, die in Stilfragen ohne Niveau und Qualität wäre" (Halbfas, 1984, S. 235).

Die allgemeinen Kriterien für gute Kinder- und Jugendbücher gelten genauso für das religiöse Kinder- und Jugendbuch.

Es gibt gegenwärtig zahlreiche Anzeichen, dass die literarische Qualität der Bücher dieses Genres zahlenmäßig ansteigt. Damit ist Grund zur Hoffnung, dass die eher trivialen Produkte dieser Buchgruppe zurückgehen.

10.3 Religiöse Kinderbücher

Das religiöse Kinderbuch lässt sich vom religiösen Jugendbuch im Blick auf seine pädagogischen Perspektiven und seine leserkreisspezifischen Voraussetzungen sowie Interessenslagen unterscheiden, analog der Trennung von Kinderbuch und Jugendbuch.

Im Kinderbuch (und Bilderbuch) geht es um die Heranführung an religiöse Inhalte. Es geht um die altersspezifischen Fragen des Kindes, die sich deutlich von den Fragen des Jugendlichen unterscheiden.

Bei der Auswahl der Bücher sollte eindeutig den Kinderbüchern der Vorzug gegeben werden, die **ohne belehrende Hervorhebung** religiöse Inhalte und Grundfragen in Geschichten, Gedichten und Sachtexten thematisieren und darstellen. Die Bücher, die von vornherein den gläubigen Leser voraussetzen, mögen sie auch in noch so guter Absicht verfasst sein, die Antworten geben, noch bevor Kinder eigene Erfahrungen und Fragen formulieren, können kaum geeignet sein, eine eigene Einstellung zur Religion bzw. zu den zentralen Lebensfragen zu finden. Vorzuziehen sind also die erstgenannten Bücher. Dazu folgende Beispiele:

In *Tinogeschichten* von Lene Mayer-Skumanz (Herder Verlag, Freiburg) werden kurze Episoden dargeboten, die humorvoll und hintergründig kindliches Welterleben einfangen – einer Welt, die über sich hinausweist. Die einzelnen Episoden bieten gute Gesprächsanlässe mit Kindergarten- und Hortkindern.

In *Elf-Minuten-Geschichten* von Eckart zur Nieden (Oncken und R. Brockhaus Verlag, Haan) wird in 13 einfühlsam erzählten Geschichten eine Brücke vom Alltag der Kinder zu dem, was sie von Gott erfahren haben, geschlagen.

In *Die weite Reise* von Mig Holder (Brunnen Verlag, Gießen) wird die Geschichte von Artaban, dem vierten Weisen, der nicht an der Krippe erscheint, erzählt. Immer wieder wird er unterwegs aufgehalten und in Abenteuer verwickelt: Er versorgt einen Überfallenen, rettet einem Kind das Leben oder kauft eine junge Sklavin frei. Damit gibt er nicht nur ein eindrucksvolles Beispiel echter Mitmenschlichkeit und Nächstenlieben, er selbst kommt auch einem großen Geheimnis auf die Spur.

In *Der verlorene Sohn* von Regine Schindler und Eleonore Schmid (Kaufmann Verlag, Lahr) wird das bekannte Gleichnis Kindern nahe gebracht. Nicht nur vom ausziehenden, später „verlorenen" jüngeren Sohn wird erzählt, sondern auch vom älteren, eifersüchtigen Bruder. Kinder erfahren, wie weit die Liebe des barmherzigen Vaters für alle geht, die sich elend und verloren fühlen. Zum Zeigen und Vorlesen in Kindergruppen sehr geeignet.

In *Wie sieht eigentlich Gott aus?* von Willi Fährmann (Arena Verlag, Würzburg) wird zwischen Enkelin und Oma über Gott und sein Aussehen diskutiert. In den Kindergeschichten dieses Erzählbandes wird aus der Weltsicht der Kinder von heute auf die Symbolgehalte von Kirche und Alltag auf humorvolle Weise eingegangen.

In *Weißt du, dass die Sterne singen?* von Erich Jooß (Herder Verlag, Freiburg) sind gelungene Texte und Geschichten vom Wünschen und Träumen zusammengestellt. Es sind die beiden menschlichen Grundhaltungen, Wünsche und Träume, aus denen sich Glaube speist. In seiner Mischung aus Märchen und realistischer Kindergeschichte, Sage und Fabel versucht dieses Buch, zeitgenössische Antworten zu geben.

In *Und das alles wegen Hannah* von Sigrid Zeevaert (Dressler Verlag, Hamburg) geht es um Jugendliche, die eine bange Nacht mit ihren Betreuern während einer Bergtour verbringen. Alptraum und Rettung aus einer fast ausweglosen Situation werden glaubhaft geschildert. Erinnerungen, Reflexionen und Hoffnungen der Handelnden sind gut nachvollziehbar dargeboten.

In *Das Buch von Jesus in seiner Zeit* (Patmos Verlag, Düsseldorf) von Dietrich Steinwede und Günther Jakobs bietet ein großartiges Panorama zum Leben Jesu in seiner Zeit. Bild und Text lassen den Leser bzw. die Leserin eintauchen in das Leben zur Zeit Jesu. Sie laden unaufdringlich ein, zu erfahren, wie Jesus in der Zeit vor 2000 Jahren lebte und wirkte. Dieses Buch will einen Zugang zu diesem Jesus und zu dem Christus von Ostern ermöglichen. Es ist für Kinder ab 8 Jahren zu empfehlen.

Dietrich Steinwede/Günther Jakobs: Das Buch von Jesus in seiner Zeit. Patmos Verlag, Düsseldorf 2007

10.4 Gebetbücher für Kinder

Aus dem Alltag vieler Menschen ist heute das Gebet verschwunden, hat bestenfalls noch vor dem Essen oder dem Schlafengehen seinen Platz, wird dabei automatisch dahergesagt, ohne über die Inhalte ein Nachdenken zu bewirken.

„Über dieses unlebendige Beten hinauszuführen – zu vermitteln, dass Beten ein persönliches Gespräch mit dem lebendigen Gott ist – das ist das Ziel vieler Bücher, die das Kindergebet zum Inhalt und zum Thema haben. Dabei ist den meisten Verfassern klar, dass der Weg, der beschritten werden muss, um Kindern ein lebendiges Gebetsleben nahezubringen, über die Eltern und Erzieher führt" (Voss, 1993, S. 13).

In *Deine Welt ist schön und rund* von Regine Schindler (Kaufmann Verlag, Lahr) wird Eltern Mut gemacht, mit ihren Kindern zu beten. So enthält dieses Buch nicht nur Kindergebete, sondern auch Begleittexte für Eltern und Erzieher zum Thema Beten.

Wichtig ist, „dass die Gebete wirklich das Sprechen und Empfinden von Kindern treffen" (Voss, 1993, S. 13).

So zeichnen sich z. B. Detlef Blocks *Leselöwen-Kindergebete* (Loewes Verlag, Bindlach) durch kurze, verständliche Sätze aus. Auch die gereimten Gebete wirken in der Regel nicht gezwungen und erfüllen so auch den Anspruch der Einprägsamkeit.

In *Meistens ist das Leben schön* von Ilse Jüntschke (Kaufmann Verlag, Lahr) wird Kindern und Eltern Mut gemacht zum frei formulierten Gebet, in dem das Kind ohne Scheu vor Gott bringt, was es bewegt.

In *Beten* von Oliviero Toscani (Pattloch) sind Gebete von Kindern und Jugendlichen aus aller Welt zusammengetragen worden. Ein Nationen übergreifendes und höchst anregendes Buch zum Thema Beten.

In *Vor 2000 Jahren fing es an* von Gerhard Vidal (Kaufmann Verlag, Lahr) geht es darum, Kindern Jesus in kurzen, sehr bibelnahen Texten nahe zu bringen und daran anknüpfend Gebete zu formulieren.

In *Sonne und Mond sind Geschwister. Geschichten und Gebete für Familien* (Patmos Verlag, Düsseldorf) von Hermann-Josef Frisch und Anne-Katrin Piepenbrink sind auf stimmungsvoll gestalteten Seiten kindgerechte Geschichten und Gebete rund um den kleinen Ben und seine Licht-und-Schatten-Erfahrungen. Das Buch stimmt insgesamt hoffnungsvoll, es verschweigt dabei auch nicht, dass Gebete nicht immer sofort „Wirkung zeigen".

In *Wie fröhlich bin ich aufgewacht. Die schönsten Kindergebete* (Patmos Verlag, Düsseldorf) von G. Hafermaas sind zahlreiche „klassische" Morgen-, Abend- und Tischgebete, die sich durch ihre Reimform und Kürze sehr gut einprägen, zusammengestellt und Kindern ab 3 Jahren verständlich.

In *Bevor du einschläftst* (Herder Verlag, Freiburg) von M. Bollonger und Verena Pavoni ist eine stimmungsvolle Sammlung von Gebeten und Geschichten zur guten Nacht enthalten. Es sind Texte für die kleinen und großen Fragen des Lebens, über die abends noch nachgedacht werden kann.

10.5 Kinderbibeln

Eine große Gruppe innerhalb des religiösen Kinderbuches stellen die Kinderbibeln dar. „Wer das große Angebot der Bibel für Kinder durchforstet, staunt und erschrickt, was sich hinter dem Namen ‚Kinderbibel' alles verbirgt. Obwohl die Titel der Werke fast identisch sind (*Kinderbibel – Bibel für Kinder – Die Bibel erzählt* usw.), weichen Anliegen, Inhalt und Aufbereitung weit voneinander ab. Wer sich beim Kauf einer Kinderbibel nur nach ihrem Titel richtet, braucht sich nicht zu wundern, wenn er statt einer kindgemäßen Vorstellung der wichtigsten Inhalte der Bibel manipulierte und einseitig dargestellte Interpretationen der jeweiligen Verfasser erhält" (Krenzer, 1985, S.12). Die Kinderbibeln entsprechen am ehesten ihrer Vorlage, wenn sie nichts anderes tun, „als in kindgemäßer Sprache ohne religionspädagogische Kommentare ausgewählte Texte jungen Lesern zu vermitteln" (Krenzer, 1985, S.12).

Dies geschieht z. B. in *Die Bibel für Kinder* (Georg Bitter Verlag, Recklinghausen), in *Die große bunte Kinderbibel* (Loewes Verlag, Bindlach), in *Kommt, wir sind eingeladen!* (Brockhaus Verlag, Haan), in *Kinderbibel* (Kaufmann Verlag, Lahr) und in *Die große Patmos-Bibel* (Patmos Verlag, Düsseldorf), die alle aus diesem Grunde empfohlen werden können.

In *Meine Bilderbibel* wird in sehr schönen und einprägsamen Bildern von dem holländischen Maler Kees de Kort die Bibel für Kinder ab 4 Jahren in einer altersgemäßen Auswahl dargeboten. Einfache und leicht verständliche Texte regen zum Fragen und Weiterdenken an.

In sprachlich noch einfacherer Form (daher auch gut im Kindergarten einsetzbar) werden biblische Erzählungen in der *Elementarbibel* (mehrere Bändchen, Kaufmann Verlag, Lahr und Kösel Verlag, München) dargeboten.

Die Illustrationen in den Kinderbibeln zeigen, „dass sich die Grafiker schwer tun, wenn sie biblische Motive für junge Betrachter gestalten. Die Menschen werden oft missgebildet, unecht, verklärt und in den kuriosesten Proportionen dargestellt" (Krenzer, 1985, S. 12).

Meine Bilderbibel. Deutsche Bibelgesellschaft, Stuttgart 2000

Als Beispiel mit besonders gelungenen Illustrationen soll *Die neue Patmos Bibel* von José Maria Rovira Belloso, übersetzt von Dr. Hans Hoffmann, illustriert von Carme Solé Vendrell (Patmos Verlag, Düsseldorf), hervorgehoben werden.

Die einfachen, farblich sehr ansprechenden Bilder, die durch ihren eigenen, frischen und unkonventionellen Stil eine besondere Ausdruckskraft erlangen, ergänzen den Bibeltext in eindrucksvoller Weise.

Aber auch der Text selbst ist ebenso bemerkenswert: In frischer, dem Verständnis von Kindern angemessener Sprache wird der Bibeltext nacherzählt, ohne ihn zu verfremden oder zu verfälschen. Eine Kinderbibel, die rundherum empfohlen werden kann.

Ebenfalls gelungen sind die Illustrationen in *Die große bunte Kinderbibel* von Gisela Röder (Loewes Verlag, Bindlach), die Bilder von außerordentlicher Frische geschaffen hat. Der Text von Detlef Block ist ohne Schnörkel, in klaren und kurzen Sätzen entfaltet er den Stoff in kindgerechter Weise.

Sehr empfehlenswert ist auch *Mit Gott unterwegs. Die Bibel für Kinder und Erwachsene neu erzählt* (bohem Press, Zürich) von Regine Schindler und Stephan Zavrel (Illu). Text und Bilder laden geradezu zum Vorlesen und Anschauen ein. Für die Familie ebenso wie für den Kindergarten und die Grundschule hervorragend geeignet.

Schließlich soll auch noch die *Gütersloher Erzählbibel* von Diana Klöpper und Kerstin Schiffner mit Bildern von Juliana Heidenreich (Gütersloher Verlagshaus, Gütersloh) empfohlen werden. Sie überzeugt durch ihren kindgerechten Text und die gelungenen Illustrationen.

Diana Klöpper und Kerstin Schiffner:
Gütersloher Erzählbibel mit Bildern von Juliana Heidenreich.
1. Auflage, Gütersloher Verlagshaus, Gütersloh 2004

10.6 Religiöse Jugendbücher

Im religiösen Jugendbuch geht es um die Suche nach einem eigenen Standort. Die existenziellen Grundfragen haben hier einen erweiterten Fragehorizont (im Vergleich zum Kinderbuch), die Auseinandersetzung mit religiösen Themen und Lebensfragen ist wichtiger Teil der Lebensphase „Jugend". Viele problemorientierte Jugendbücher sind daher gleichzeitig auch religiöse Jugendbücher.

An folgenden Beispielen soll das weite Spektrum der **Inhalte und Themen der religiösen Jugendbücher** verdeutlicht werden.

In *Lieber Niemand* von Grete Randsborg-Jenseg (St. Gabriel Verlag, Mödling) wird eine vielschichtige, sensible Erzählung dargeboten, die von Freundschaft, erster Liebe, Pubertät und von Verzweifeltsein und Glücklichsein einer Fünfzehnjährigen handelt.

In *Eine Wolke zum Abschied* von Katrien Seynaere (Herder Verlag, Freiburg) geht es um ein mit 17 Jahren an Knochenkrebs gestorbenes Mädchen. Während des Trauergottesdienstes kreisen die Gedanken der Eltern, Geschwister, Freunde und Bekannten um Fragen und Eindrücke, die ihr Leben und Sterben hinterließ.

In *Der sprechende Stein* von Josephine Croser (Oetinger Verlag, Hamburg) werden durch die christliche Haltung einer Lehrerfamilie die Vorurteile gegen ein taubes Mädchen in einem australischen Dorf überwunden.

In *Der Schatten des Vaters* von Cynthia Voigt (Sauerländer Verlag, Aarau) geht es um zwei ungleiche Brüder, die sich auf die Suche nach ihrem Vater machen. In vielen kritischen Situationen, die sie gemeinsam bewältigen müssen, erweist sich ihre Verschiedenartigkeit auf einmal nicht mehr als Problem, sondern als wahrer Segen.

In *Die ohne Segen sind* von Richard Van Camp (Ravensburger Verlag, Ravensburg) versucht Larry, der Ich-Erzähler und Held, sich in der sozialen Misere seines kleinen Wohnortes im kanadischen Norden zu behaupten.

In *Der Tag, an dem die Welt untergeht* von Jane Yolen und Bruce Coville (Arena Verlag, Würzburg) erzählen die Jugendlichen Marina und Jed abwechselnd, wie ihre Familien den Verlockungen einer Sekte verfallen. Es gelingt ihnen aber auch, sie diesen Verlockungen wieder zu entziehen.

Im *Jugendhandbuch Die Bibel entdecken* (Brunnen Verlag, Giessen) wird dem jugendlichen Leser eine Entdeckungsreise in die Welt des biblischen Glaubens geboten. Biblische Ereignisse werden in ihrem geschichtlichen Zusammenhang verständlich dargeboten und erläutert. Karten und Diagramme unterstützen diese Entdeckungsreise. Für Jugendliche geeignet, die bereits eine Nähe zum christlichen Glauben haben.

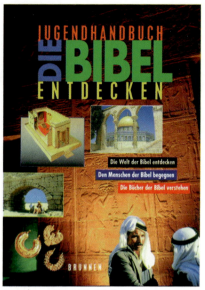

Jugendhandbuch Die Bibel entdecken.
7. Auflage, Brunnen Verlag, Gießen 2005

10.7 Aspekte der Beurteilung

Es wurde aufgezeigt, dass das religiöse Kinder- und Jugendbuch nicht nur die Texte einschließt, die sich durch explizit religiös definierte Inhalte auszeichnen. „Neben Büchern, die manifest-religiöse Inhalte thematisieren (ohne dass dieser Umstand bereits etwas über ihre religiöse Qualität besagen müsste), gibt es die wesentlich größere Menge solcher Bücher, deren materiale Inhalte religiös gänzlich unspezifisch sein können, wohingegen deren innerer Gehalt von hoher religiöser Relevanz zu sein vermag. Dabei kann offen bleiben, ob die religiöse Relevanz dieser zweiten Kategorie immer in einem positiven Korrespondenzverhältnis zum Christentum steht. Denkbar sind hier auch solche Bücher, die zwar eine offene, sich selbst überschreitende Humanität artikulieren, doch nicht in jeder Hinsicht überlieferte religiöse, christliche oder kirchliche Wertmaßstäbe respektieren" (Krenzer, 1985, S. 12).

Kinder- und Jugendbücher können dann als „religiös" bezeichnet werden, wenn in ihnen folgende Fragen, Themen und Inhalte aufgegriffen und behandelt werden:

„wenn Anfang und Ende des Daseins in den Blick genommen, wenn Leben als geschenkt, der Mensch als Geschöpf gedeutet wird;

wenn in ihnen ermutigt wird, in das Leben Vertrauen zu setzen, wenn Hoffnung erfahrbar gemacht wird;

wenn in ihnen Grundfragen gestellt werden nach Normen, Werten, Gewissen und Verantwortung des Einzelnen und der Gesellschaft;

wenn Kritik dieser Verhältnisse – an diesen Grundlagen orientiert – erkennbar wird" (Krenzer, 1985, S. 12).

Religiöse Kinder- und Jugendbücher sind also danach zu beurteilen, inwieweit es ihnen gelungen ist, die vorgenannten Fragen, Themen und Inhalte literarisch zu verarbeiten.

Werden **ohne Dogmatismus, ohne aufdringliche Belehrungs- und Bekehrungstendenz** die religiösen Stoffe literarisch glaubhaft und psychologisch überzeugend verarbeitet, wie es in nicht wenigen Büchern aus den letzten Jahren bereits der Fall ist, so sind ihre Wirkmöglichkeiten von kaum zu unterschätzender Bedeutung.

Geschieht dieses nicht, so wie es in den traditionellen Ausgaben dieses Genres so zahlreich der Fall ist, ist eher kritische Distanz oder Ablehnung angebracht. Auf moralträchtige und bekehrungssüchtige Titel lässt sich sehr wohl verzichten, da sie den jugendlichen Leser mit Formeln und Floskeln traktieren, statt ihm Hilfen bei der Auseinandersetzung mit religiösen Grund- und Lebensfragen zu bieten.

10.8 Literatur zur pädagogischen Arbeit

Betrachtungen zur religiösen Erziehung im Vorschulalter auf der Grundlage der Montessori-Pädagogik bietet das Buch *Das religiöse Potenzial des Kindes* von Sofia Cavalletti (Herder Verlag, Freiburg).

Das Buch *Was Kinder von Gott erwarten* von Regine Schindler (Kaufmann Verlag, Lahr) ist eine zeitgemäße Gebetschule, die zum Nachdenken über christliche Erziehung in unserer Zeit anregt.

Im Kindergarten Glauben erleben von Ilse Jüntschke und Werner Böse (Kaufmann Verlag, Lahr) werden Anregungen und Hilfen für die Glaubensvermittlung im Kindergarten gegeben, die die religionspädagogische Kompetenz in diesem Arbeitsfeld zu stärken vermögen.

Behüte mich auch diesen Tag ist ein Gebetbuch für die ganze Familie, das aber auch für die Erziehung in Kitas und Schulen Orientierung und Anregung zu geben vermag. Der Illustratorin Susanne Janssen sind spirituell berührende Bilder gelungen, die die Gebete in diesem Buch auf wunderbare Weise begleiten. Mit einem Geleitwort von Ursula von der Leyen.

Arnd Brummer (Hrsg.): Behüte mich auch diesen Tag. 1. Auflage, Frankfurt, Hansisches Druck- und Verlagshaus, Frankfurt a. M. 2008

Anregungen für den Unterricht

Dieses Thema lässt sich gut mit dem Jugendbuch Mensch sucht Sinn. Fünf Erlebnisse mit den Weltreligionen von Ghazi Abdel-Quadir u. a. (Thienemann Verlag, Stuttgart) eröffnen, da dieses Buch unterhaltsam und eindringlich von dem besonderen Kern der jeweiligen Religion (Buddhismus, Christentum, Hinduismus, Islam und Judentum) zu erzählen weiß, ohne dabei das Verbindende der Religionen aus dem Blick zu verlieren.

Die Studierenden könnten des Weiteren unterschiedliche Titel zu Hause durchlesen, um kurze Rezensionen anzufertigen. Anhand der Rezensionen ließe sich recht gut eine Diskussion über die pädagogischen Möglichkeiten der religiösen Kinder- und Jugendbücher führen. Möglicherweise können die angehenden Erzieher bei diesem Vorgehen ihren eigenen religiösen Standort überprüfen, ihn festigen oder verändern.

Weiterführende Literatur

Born, Monika: Religiöse Kinder- und Jugendliteratur. in: Taschenbuch der Kinder- und Jugendliteratur, hrsg. von Günter Lange, Bd. 1, 1. Auflage, Schneider Verlag Hohengehren, Baltmannsweiler 2000, S. 399–414

Dinges, Otilie: Religion. in: Kinder- und Jugendmedien, hrsg. von Dietrich Grünewald und Winfried Kaminski, 1. Auflage, Beltz Verlag, Weinheim 1984, S. 373–384

Dinges, Otilie/Lange, Günter: Literaturbericht: Religiöse Kinderbücher. in: Christ in der Gegenwart, Herder Verlag, Freiburg 1978

Fährmann, Willi (Hrsg.): Spurensuche 5+6. Religion in der Kinder- und Jugendliteratur. 1. Auflage, Plöger Verlag, Annweiler 1995

Halbfas, Hubertus: Das religiöse Kinder- und Jugendbuch. in: Kinder- und Jugendliteratur, hrsg. von Gerhard Haas. 3. Auflage, Philipp Reclam Verlag, Stuttgart 1984, S. 229–246.

Krems, Gerhard (Hrsg.): Kinder- und Jugendbücher in der religiösen Erziehung. 1. Auflage, Schöningh Verlag, Paderborn 1981

Krenzer, Rolf: Kinderbibeln im Test. in: Eselsohr, Informationsdienst für Kinder und Jugendmedien, Heft 7, Leseabenteuer GmbH, München 1985

Rabl, Josef: Religion im Kinderbuch – Analyse zeitgenössischer Kinderliteratur unter religionspädagogischen Aspekten. In: Religion, Heft 3, Eulenhof Verlag, Hardenbeck 1982

Schaufelberger, Hildegard: Das religiöse Kinderbuch. in: Kinder- und Jugendliteratur heute. 1. Auflage, Herder Verlag, Freiburg 1990, S. 90–110

Voss, Michael: Gebetbücher für Kinder. „Komm Herr Jesus herunter …" in: Bulletin Jugend + Literatur, Heft 1, Neuland Verlag, Geesthacht 1993, S. 13–20

Werner, Anneliese (Hrsg.): Es müssen nicht Engel mit Flügeln sein. Religion und Christentum in der Kinder- und Jugendliteratur. 1. Auflage, Christian Kaiser Verlag, München 1982

11 Comics

- 11.1 Was sind Comics?
- 11.2 Geschichte der Comics
- 11.3 Gestaltungselemente der Comics
- 11.4 Manga
- 11.5 Beurteilung und Empfehlungen
- 11.6 Didaktische Anregungen
- 11.7 Literatur zur pädagogischen Arbeit

Comics zählen weltweit zu den populärsten Literaturproduktionen und sind seit Jahrzehnten fester Bestandteil der Kinder-, Jugend-, aber auch Erwachsenenkultur. Sie gehören nicht nur zum bevorzugten Lesestoff von Kindern und Jugendlichen, sondern sie sind für die Altersgruppe der Acht- bis Zehnjährigen häufig der hauptsächlich konsumierte Lesestoff.

In Bildern und Geschichten bieten Comics nicht nur spannende und vergnügliche Unterhaltung, sie spiegeln auch, mal realitätsnah, mal ironisch verfremdet, unsere Wirklichkeit. Comic-Helden wie z. B. Micky Maus, Asterix & Obelix und Batman sind zu Kultfiguren geworden, die aus unserem Alltag nicht mehr wegzudenken sind.

Als spezifische Literaturform, nämlich die der gezeichneten Bildfolge mit begleitendem Text, können Comics auch ein Mittel der Leseförderung sein. Sie können selbstständiges Lernen fördern. Insofern verdienen sie auch von pädagogischer Seite besondere Beachtung im Blick auf ihre Möglichkeiten, die sich bei weitem nicht in ihrem Unterhaltungswert erschöpfen.

11.1 Was sind Comics?

„Der Comic ist ein eigenständiges Medium, das durch bildliche oder andere Zeichen charakterisiert wird, die zu räumlichen Sequenzen angeordnet sind. Ein Comic ist dann als solcher zu bezeichnen, wenn er unter diesem Namen produziert worden ist und Informationen vermitteln und ästhetische Wirkung beim Betrachter erzeugen soll" (Gundermann, 2007, S. 9).

So die einleuchtende Definition von Gundermann, die die drei anerkanntesten Theorien (Eisner, Barker, McCloud) zum vorgenannten Comicbegriff zusammengefügt hat. Leider existiert jedoch bis heute keine allgemein anerkannte Definition dafür, was überhaupt genau unter Comics verstanden werden soll. Außerhalb der Forschung wurden – und werden immer noch – Comics meist als ein Mix aus Literatur und Kunst wahrgenommen. Aufgrund ihrer Popularität werden sie jedoch als keines von beiden zugehörig eingeordnet.

11.2 Geschichte der Comics

Das Medium Comic ist bereits über hundert Jahre alt. Eine konkrete „Geburtsstunde" ist aber nicht auszumachen, da Comics nicht erfunden wurden, sondern vielmehr aus einer Vielzahl von Vorformen entstanden sind, deren populärste wohl die Bildergeschichte darstellt. Grob lassen sich fünf unterschiedliche Phasen in der Geschichte der Comics ausmachen, mit denen auch gleichzeitig die Entstehung der verschiedenen Comic-Arten verdeutlicht werden können.

Phase I: 1895–1930 „Es war einmal in Amerika"

Genre: Funnies (Durch Situationskomik, Slapstick-Humor und karikaturistische Überzeichnung von Menschen und Tieren wird das „Lustige" hervorgerufen.)
Format: Comic Strip
Comics: *The Yellow Kid, The Katzenjammer Kids, Crazy Cat, Little Nemo, Mut and Jeff, Felix the Cat*

Ende des 19. Jahrhunderts begann der Comic seinen Siegeszug in den Sonntagsbeilagen der Tageszeitungen, die sich davon eine verkaufsfördernde Wirkung versprachen. „Comic" bezeichnete in dieser Zeit weniger ein neues Medium, sondern gab vielmehr Auskunft über den Inhalt dieser Bildergeschichten, in dessen wortwörtlicher Bedeutung als „komisch" bzw. „lustig".

Richard Outcault's *The Yellow Kid* von 1895 – Gelb fand über diesen als die erste Farbe ihren Weg in die Tageszeitungen, sodass bis heute von der „Yellow Press" gesprochen wird – und Rudolph Dirks *The Katzenjammer Kids*, eine amerikanische Adaption von Wilhelm Buschs *Max und Moritz* Geschichten, trieben die Auflagen der zwei größten New Yorker Zeitungsverleger Pulitzer und Hearst in neue Rekordhöhen und machten die Lektüre zum Familienerlebnis, durch das die Leserschaft generationenübergreifend an die entsprechende Zeitung gebunden wurde.

„Dass sich Comics überhaupt als eigenständiges Medium etablieren konnten, lag zu einem großen Teil an deren frühen Vermarktung in den USA. Diese wurde sehr schnell durch Syndikate organisiert, was zu einer Standardisierung der Comics führte und die Ausprägung und Beibehaltung von signifikanten Merkmalen förderte. Die Popularität der Comics führte zur Herausbildung von verschiedenen Genres und einer Differenzierung des Zielpublikums" (Gundermann, 2007, S. 17).

Phase II: 1930–1950 „The Golden Age"

Genre: Funnies, Adventure Comics (Verzicht auf das karikierende Moment, weitestgehend ernst und humorlos, historische und erfundene Vorgänge und Figuren werden dargestellt, durch Übermenschen und Superhelden gekennzeichnet)
Format: Comic-Strip, Comic-Heft
Comics: *Micky Maus, Tarzan, Buck Rogers, Phantom, Superman, Batman, Dick Tracy, Prinz Eisenherz, Flash Gordon*

Durch die Weltwirtschaftskrise und auch durch das teilweise Überhandnehmen des Gangstertums in den Vereinigten Staaten, sehnten sich breite Massen der amerikanischen Bevölkerung nach einem Helden, der alle diese Probleme meistern konnte. Dieser Held wurde zwar nicht in der Wirklichkeit, wohl aber in den Supermännern der Abenteuer-Comics gefunden.

Abenteuer von *Tarzan* (1929), die Science-Fiction-Geschichten über *Buck Rogers* (1929) oder die Kriminalfälle des *Dick Tracy* (1931) sprachen durch ihre Inhalte ein eher jugendliches Publikum an. Auch wenn diese Geschichten nicht mehr komisch waren, wurde der

Name Comic beibehalten und die komischen Geschichten erhielten die bis heute gültige Genre-Bezeichnung „Funny".

Comics waren seit den 1930er Jahren in den USA nicht nur in den Beilagen der Zeitungen zu lesen, sondern konnten auch als Geschichtensammlung in Form eines Comic-Heftes erworben werden. Gegen Ende der 30er Jahre besaßen bereits mehrere erfolgreiche Serien ihr „eigenes" Heft, und damit war jene Grundform des Comic-Heftes entstanden, in der noch heute die amerikanischen Serien erscheinen.

In Europa wurden die traditionellen Bildergeschichten als Massenmedium bereits nach Ende des ersten Weltkrieges nahezu bedeutungslos und blieben Kinder- und Jugendzeitschriften vorbehalten. Allein Frankreich und Belgien öffneten sich dem neuen Medium Comic. Hergé legte mit *Tintin* (*Tim und Struppi*) 1929 den Grundstein für die franko-belgische Comictradition, die sich nicht nur inhaltlich von der amerikanischen absetzte, sondern auch formal durch Hergés eigens entwickelten neuen Zeichenstil der „ligne claire" (Personen/Gegenstände werden durch einfache, schwarze Linien konstrastiert).

Deutsche Comics haben – mit Ausnahme des 1934 entstandenen Strips *Vater und Sohn* von Erich Ohser Plauen und *Fix und Foxi* (1953) von Rolf Kauka – zu keiner größeren Verbreitung geführt.

Phase III: 1950–1970 „Stagnation und Repression"

Genre: Funnies, Adventure-Comics, Horror- und Crime-Comics (explizite Darstellung von Gewalt und Sexualität, größtenteils Verzicht auf Übermenschen- Charaktere und Happy End, oft Geschichten aus Sicht der Opferrolle, für ältere Jugendliche und Erwachsene erdacht)
Format: Comic-Strip, Comic-Heft, Piccolos
Comics: *Tierzoo*, *Peanuts*, *Fix und Foxi*, *Tales from the Crypt*

„Nur wenige Länder waren so erfolgreich in der Diffamierung und Ausblendung eines gesamten künstlerischen Mediums (...) wie die beiden deutschen Staaten" (Schnurrer, 1990, S. 25 f.). Auf den kurzen Comic-Boom nach Kriegsende, als die Comics ihren Weg in die Bundesrepublik fanden, Serien wie *Micky Maus* oder *Tarzan* zum ersten Mal in deutscher Sprache erschienen und sensationelle Erfolge feiern konnten, folgte Mitte der 50er Jahre die große Welle der Anti-Comic-Propaganda, die, ebenso von Amerika ausgehend, eine negative Grundeinstellung gegenüber diesem Medium – welche z. T. noch bis heute vorherrscht – prägen sollte.

Der Tiefenpsychologe Fredric Wertham traf mit seinem Werk *Seduction of tue Innocent* von 1954 den Nerv der Zeit. „Hatten die Crime- und Superhero-Stories durch die Darstellung von Gewalt und Sexualität schon eine ganze Zeit unter schärfster Kritik gestanden, wurde es in der McCarthy-Ära möglich, das Symptom kurzerhand zur Ursache zu erklären" (Gundermann, 2007, S. 25 f.).

Wertham und seine Kollegen behaupteten, Comics würden Jugendliche zu Gewalt, Straftaten und abartiger Sexualität verführen oder pädophile Neigungen begünstigen. Insbesondere das neue Genre der Horror- und Crime-Comics, deren bekanntester Vertreter wohl die *Tales from the Crypt* Serie darstellt, sollte Jungen wie Mädchen frühreif werden lassen und die männliche Jugend zu Vergewaltigungen anstiften. Darauf kam es zu Boykotten von Geschäften, die Comics anboten, sogar zu öffentlichen Comicverbrennungen.

In Deutschland wurden Comics für Pädagogen so zum „Blasenfutter für Analphabeten", „Opium in der Kinderstube" oder schlicht und einfach zu „Schmutz und Schund", wie es in einschlägigen Publikationen hieß. Die Bundesprüfstelle für jugendgefährdende Schriften in Bonn überwachte argwöhnisch jeden Comic, „damit auf Sprechblasen wie ´Steh, Schurke!´ möglichst keine blutigen Taten folgten, die dann, so die These, umgehend Nachahmungen provozieren würden (wie es heute ja auch Computerspielen unterstellt wird). Comics waren Müll im öffentlichen Bewusstsein, durch die Bank weg, ihre Lektüre ein Armutszeugnis" (Knigge, 2007, S. 13).

Die Produzenten reagierten auf diese Protestwelle und brachten die „Funnies" wieder in größeren Auflagen auf den Markt. Diese gelangten unter anderem auch mithilfe des Fernsehens zu einer neuen Blüte, die bis heute anhält. Insbesondere die Produktionen von Walt Disney wie z. B. *Tierzoo*, aber auch die *Peanuts* von Charles M. Schultz waren die Gewinner dieser Entwicklung.

Phase IV: 1970–1990 „Neues Comicbewußtsein"

Genre: „Graphic Novels" (Ausdifferenzierung in nahezu alle denkbaren Genres für jede Altersstufe)
Format: Comic-Strip, Comic-Heft, Comic-Album, Comic-Buch
Comics: *Asterix, Micky Maus, Lucky Luke, Leutnant Blueberry, Michel Vaillant, Dan Cooper, Corto Maltese, Spirou und Fantasio*

Mit *Asterix* (1959; dt. ab 1965) von René Goscinny und Albert Uderzo begann schließlich eine lange Phase der Aufwertung von Comics. *Asterix* führte vor, dass der Comic intelligentes Vergnügen auf hohem Niveau bieten kann, denn seine Geschichte schien politische Satire für Erwachsene, Unterhaltung für Kinder und pädagogische Wissensvermittlung über die Antike beispielhaft zu vereinen. Das Bild begann sich zu wandeln.

Das „Comic-Tabu" schien in den 70er Jahren in dem Maße zu fallen, wie in Kunst, Literatur und Kommerz Comic-Elemente aufgenommen wurden. Die Bundeszentrale für politische Bildung trug 1976 zur Aufklärung über Comics bei, indem sie eine Schrift für Eltern und Pädagoginnen und Pädagogen publizierte mit dem griffigen Titel „Massenmedium Comic". Die beteiligten Autoren reflektierten die Schmutz-

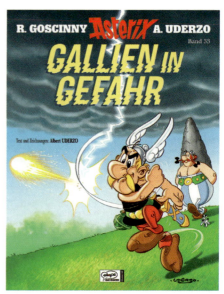

Albert Uderzo/René Goscinny: Asterix. Gallien in Gefahr. 1. Auflage, EGMONT Verlagsgesellschaft mbH, EHAPA Comic Collection, Köln 2005

und Schundkampagnen der 50er Jahre und klärten in Ansätzen über den aktuellen Markt und die Funktionsweisen von Comics auf.

„1971 nahm der französische Literatur- und Filmkritiker Francis Lacassin die Gattung als ‚Neunte Kunst' in die ‚Grande Enyclopédie Alphabétique Larousse' auf, in den USA verarbeitete Art Spiegelmann in *Maus* den Holocaust, den seine Eltern nur knapp überlebt hatten, und erhielt für seine eindrucksvolle Bilderzählung 1992 den Pulitzerpreis. Vor allem mit den jetzt aufkommenden ‚graphic novels' entstand ein neues, äußerst spannendes Genre, dessen Autoren ganz individuelle und unverbrauchte Blicke auf unsere Welt werfen" (Knigge, 2007, S. 8).

Phase V: 1990–2010 „Manga-Boom"

„1990 wies laut UNESCO die ‚Miky Maus' eine größere Verbreitung auf der Welt auf als die Bibel oder die Werke von Lenin. Ein Prototyp des US-amerikanischen Comicbooks hat sich demnach weltweit durchgesetzt. In den letzten 20 Jahren hat jedoch eine andere Comicform den deutschen Markt geprägt und verändert: die Manga. In Deutschland erlebten sie Anfang der 1990er Jahre einen Boom […]. Seit einigen Jahren zeichnen sie sich durch eine starke Marktposition aus und sind heute die Comicgattung mit den höchsten Verkaufszahlen in Deutschland" (Gundermann, 2007, S. 41).

Aufgrund dieser Entwicklung wird später das Thema „Manga" vertieft.

11.3 Gestaltungselemente der Comics

Der Comic setzt mit der für ihn charakteristischen Einheit von Text und Bild neue ästhetische Maßstäbe, die unsere Sehgewohnheiten verändert haben.

Wie der Film erzählt der Comic seine Geschichte in einer Abfolge aus Bildern und Szenen und kann dabei über eine Vielzahl kinematographischer Techniken verfügen, doch seine Bilder bleiben starr. Jedes Panel zeigt in einem vom Zeichner gewählten Ausschnitt eine bestimmte Situation, die im Moment des Lesens zur Schlüsselszene und somit mythisch aufgeladen wird. So macht uns der Comic auf wundersame Weise alles glauben, was er uns vorführt: sprechende Mäuse, Enten, die astronomische Vermögen anhäufen, und Supermänner, die Raum und Zeit besiegen.

„Im Gegensatz zu den vorbeieilenden Bildern des Films lässt sich ein Comic-Bild beliebig lange betrachten, und dennoch existiert es einzig aufgrund des erzählerischen Rahmens, den die vorangegangenen und die folgenden Szenen definieren. Der permanente Widerstreit zwischen suggerierter laufender und geronnener Zeit kennzeichnet das Wesen des Comics und seine Originalität" (Knigge, 2007, S. 8).

Die wichtigsten Bestandteile eines Comics sind Text, Bild und Symbol. Die narrativen Eigenschaften des Comics ergeben sich aus dessen räumlichen Aufbau: Panel, Habitus, Hiatus und Sequenz. Diese ermöglichen die für das Comic-Lesen wichtigste Operation der

Induktion, die wiederum an Erfahrung und Imagination gebunden ist. Die zwei in diesem Zusammenhang für die Pädagogik bedeutsamen Wirkungsmechanismen sind die Emotionalisierung und die Synästhetisierung (obwohl nur ein Reiz, nämlich ein visueller Reiz geboten wird, sprechen mehrere Sinne auf diesen Reiz an) (vgl. McCloud, 2001, S. 131).

„Diese Komplexität muss dem Kreativen und dem Lehrenden bewusst sein, wenn sie sich dem Comic nähern möchten. Dass die Auseinandersetzung mit diesem recht fremden Medium gerade erst am Anfang steht, macht einen Großteil der Spannung aus. Aber um zu dem Geheimnis der Comics zu gelangen, ist es wichtig, sich mit Form und Inhalt auseinanderzusetzen, Strukturen zu erkennen. All das bedeutet nur, dass das Regelwerk eines Comics erst einmal vom Laien erarbeitet werden muss. Das Lesen muss erst noch erlernt werden. Denn das Potenzial, das diese erzählerische Kunstform birgt, wartet immer noch darauf, in seiner Gänze erkannt zu werden" (Schikowski, 2007, S. 15).

11.4 Manga

„Manga" lässt sich als „komisches" oder „spontanes Bild" übersetzen und bezeichnet vornehmlich die aus Japan kommenden Comics. „Manga" zeichnen sich durch eine eigene, von westlichen Comicstilen unterschiedliche Ästhetik aus und werden von rechts oben nach links unten gelesen.

„Manga haben eine lange Vorgeschichte, die in einer reichen und hoch geschätzten Tradition der Bildgeschichte Japans beginnt" (Gundermann, 2007, S. 51). Sie sind in einer Modernisierungsphase während der letzten Hälfte des 19. Jahrhunderts entstanden, als westliche Einflüsse, wie z. B. westliche Karikaturen, nicht mehr rigoros unterbunden wurden.

Manga waren und sind heute überwiegend bis auf Titelbildern oder als Kapitelanfänge aus ökonomischen Gründen in schwarzweiß gehalten. Ihre Popularität hing nicht wie bei den US-amerikanischen Comics von der Möglichkeit des Bunt-Druckes ab.

Melanie Schober: Raccoon. Carlsen Verlag, Hamburg 2007

Manga sind inhaltlich und kulturell ursprünglich für den japanischen bzw. asiatischen Markt konzipiert worden. Da allein die Übersetzungskosten der im Verhältnis zu den klassischen Comic-Heften um ein Vielfaches höher waren, dauerte es relativ lange, bis sie auch in der westlichen Welt angeboten wurden.

Einen ersten Manga-Boom löste *Akira* von Katsuhiro Otomo aus. Allein in Japan verkaufte sich der erste Band 1984 in kürzester Zeit über 700.000 mal (USA ab 1988; Deutschland ab 1991). „Die Tatsache, dass sich Manga nach diesem ersten Popularitätsschub in Deutschland etablieren konnten, liegt nicht zuletzt an den Marketingstrategien privater Fernsehsender und Comic-Verlage. Manga wurden in den 90er Jahren gezielt für das jüngere Publikum im Medienverbund zur Verfügung gestellt: So strahlte der Sender RTL II parallel zu den erfolgreichen Serien *Dragon Ball* und *Sailor Moon* die gleichnamigen Animes aus" (Gundermann, 2007, S. 57).

Heute finden neben Action- und Kindermanga vor allem auch viele niveauvolle Manga und Comics mit spezifischen japanischen Motiven wie historischen Epen und sozialkritischen Themen zur japanischen Kultur ihren Weg nach Europa. Manga sind, ein Vorteil für die pädagogische Arbeit mit ihnen, zuvorderst nach ihrem Zielpublikum sortiert. Von besonderem Interesse sind so:

1. Yonen: Kinder-Manga, für Grundschüler bis etwa 10 Jahren
2. Shojo: Manga für Mädchen von ca. 10–18 Jahren (hauptsächlich Magical Girls wie bei *Sailor Moon*, Liebe, Humor, Romantik)
3. Shonen: Manga für Jungen von ca. 10–18 Jahren (überwiegend Action wie bei *Dragonball*, aber auch Science Fiction und altersgerecht abgeschwächte Elemente aus Horror und Erotik)

Diese drei Gattungen unterscheiden sich nicht bloß durch ihre Inhalte, sondern auch in ihrem Zeichenstil und ihrer Bildsymbolik.

„Manga machen heute in Japan 40 Prozent aller Druckerzeugnisse aus und sind seit einigen Jahren auch in Europa ein unglaublich erfolgreiches Medium" (Gundermann, 2007, S. 57). Seit 2000 gibt es einen kontinuierlichen Anstieg der Verkaufszahlen von Manga bei allen produzierenden Verlagen. Ein Ende dieses Aufstiegs der Manga in Deutschland ist derzeit noch nicht abzusehen.

„Manga können heute als Massenmedium gelten, dennoch findet eine wissenschaftlich-pädagogische Auseinandersetzung mit ihnen nur in geringem Umfang statt, und auch die Berichterstattung über Manga in deutschen Tages- oder Wochenzeitungen und -Journalen ist eher als defizitär zu beschreiben. Während ‚Der Spiegel' z. B. seit einigen Jahren zu europäischen und US-amerikanischen Comics und Comiczeichnerinnen und -zeichner immer wieder Stellung bezieht, scheinen beim Thema Manga eher Vorurteile der Eltern reproduziert zu werden, ohne dass man sich der Mühe unterzieht, sich näher damit zu beschäftigen" (Gundermann, 2007, S. 58).

11.5 Beurteilung und Empfehlungen

Comics sind aus unserem Leben kaum wegzudenken. Sie sind Teil unserer Kultur. „Die Comicszene verfügt über etablierte Messen, wie z.B. den ‚Comic-Salon' in Erlangen, aber auch neuere Festivals, wie die ‚Comic Time Hildesheim' oder den ‚Comicologischen Kongress' in München. Die ICOM betreibt eine wissenschaftliche Auseinandersetzung mit ihrem Medium, die z.B. in Veröffentlichungen wie dem ‚Comic! Jahrbuch' ihre Diskurse auch für nicht- und semiprofessionelle Comicleserinnen und -leser zugänglich macht. Eine Vielzahl an Ausstellungen rund um Comics sprechen für eine Emanzipation des Mediums" (Gundermann, 2007, S. 48). Seit einigen Jahren sind Comicverlage auch auf den großen Buchmessen vertreten und dabei in der Regel gut besucht. Trotzdem lässt sich in diesem Zusammenhang kritisch feststellen: „Die pädagogische Aufwertung der Comics hat trotz deren ökonomischer Erfolge und kultureller Anerkennung zu einem großen Teil nur oberflächlich stattgefunden. Obwohl empirische Forschungen belegt haben, dass sich Comic-Leserinnen und -leser keinen sozialen Schichten zuordnen lassen, und dass es nicht möglich war, negative Folgen von Comic-Konsum wie etwa eine Einschränkung der Lesefähigkeit oder Nachahmung von Gewalt nachzuweisen, scheint an Comics immer noch ein Etikett der niederen und trivialen Auswüchse einer eigentlich hohen Kultur zu haften. Comics erfahren trotz ihrer ‚offiziellen' Aufwertung vor über 20 Jahren immer noch nicht die Aufmerksamkeit und Akzeptanz, die ihnen als weit verbreitetes und in allen sozialen Schichten repräsentiertes Medium gebühren" (Gundermann, 2007, S. 49).

Etwa 90% aller Kinder lesen Comics, „zumindest gelegentlich, Jungen häufiger als Mädchen. Für etwa 20% der Grundschüler sind sie die bevorzugte Lektüre (EuW Niedersachsen 6/90). Sechs- bis Dreizehnjährige geben für Comics mehr Geld aus als für andere Printmedien oder Tonträger. Die Gruppe der Sechs- bis Neunjährigen nutzt Comics sogar zeitaufwendiger als Bücher. Mit zunehmendem Alter lässt bei Kindern das Interesse an der Comic-Lektüre nach" (Heidtmann, 1992, S. 21).

An dieser in den neunziger Jahren formulierten Feststellung hat sich bis heute kaum etwas geändert.

Kinder und Jugendliche beurteilen die Comics als so schön lustig, witzig und komisch, aber auch als spannend und aufregend. Zudem lassen sie sich schnell und einfach am nächsten Kiosk vom eigenen Taschengeld kaufen. Von der Buntheit der meisten Hefte und der verwirrenden Fülle der Figuren und Ereignisse werden schon die kleineren Kinder angezogen, wenngleich sie die Ereignisse einer längeren Geschichte noch nicht erfassen, bleibt doch der Spaß an den hervorgehobenen Figuren wie: Miky Maus, Donald Duck, Fix und Foxi, Bugs Bunny und anderen Gestalten.

„So vielfältig sich die Literaturform Comic insgesamt entwickelt hat, so trivial, so eingegrenzt ist das Angebot der marktführenden Kinder-Comics, deren Spannungsstruktur sich auf das Prinzip ‚Gut gegen Böse' reduzieren lässt, deren Humor auf dem Prinzip ‚Lachen über den Schaden anderer' basiert. Die Serien arbeiten mit deutlichen, (wieder-) erkennbaren visuellen Stereotypen, was Vorurteile verfestigen kann: Böse haben schräge Augen, sind schwarz, weichen körperlich von der Norm ab" (Heidtmann, 1992, S. 22).

Kinder sollten im Umgang mit Comics unterstützt werden, indem ihnen ein breites, vielfältiges Angebot zugänglich gemacht wird. Gemeinsames Lesen und Sprechen über die Comiclektüre tragen darüber hinaus zur Herausbildung eines kritischen Urteilsvermögens bei, ohne dass dabei die Anregung der Fantasie, Spielfreude und Unterhaltung zu kurz kommen muss.

Für Eltern und Erzieher ist es daher wichtig, bei der Beurteilung der Comics zu differenzieren. Comic ist nicht gleich Comic. Neben genialen und unverwechselbaren Bildstreifen sind viele höchst triviale und banale Hefte und Geschichten als Massenangebotsware anzutreffen. Empfehlenswert ist, dass Eltern und Erzieher selbst Comics lesen, nach Möglichkeit unterschiedliche Produktionen, um sich ein genaueres Bild zu machen. Erst die Kenntnis vieler unterschiedlicher Beispiele ermöglicht die Herausbildung einer kritisch wertenden Kompetenz, die für Eltern und Erzieher ebenso notwendig ist wie für das jugendliche Leserpublikum.

Comics können so auch der Leseförderung dienen, sie können eine Brücke zur Textliteratur sein, besonders dann, wenn Kindern nicht die Begeisterung auf die Text-Bild-Botschaften der Comics genommen wird, die sie ja viel schneller als reine Textliteratur selbstständig erschließen können. Insofern unterstützen die Comics auch das selbstständige Lernen der Kinder, die durch den unbestreitbaren Unterhaltungswert der Comics ihre Motivation erhält.

Empfehlenswerte Comics

Asterix und Obelix von René Goscinny/Albert Uderzo (Egmont Ehapa Verlag, Berlin). Bereits kleine Kinder lachen über die Situationskomik und die Kontrastspannung zwischen dem kleinen, pfiffigen Krieger Asterix und seinem großen, runden Gefolgsmann Obelix. Ältere Leser lachen über den ironischen Hintergrund der einzelnen Episoden. Bisher sind über 30 Sonderhefte erschienen. Empfehlenswert für alle Altersstufen.

Walt Disneys Micky Maus, *Donald Duck* und *Strolchi* (Egmont Ehapa Verlag, Berlin). Zumeist gelungene Mischung zwischen Phantasie und Realität, humoristischer Gehalt. Neben den regelmäßig erscheinenden Heften auch in Sonderheften und dickeren Taschenbuchausgaben erhältlich. Unbedenklich bis empfehlenswert. Für alle Altersstufen geeignet.

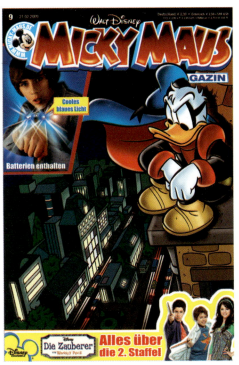

Walt Disney: Micky Maus. Heft Nr. 9, Egmont Ehapa Verlag, Berlin 2009

Snoopy und die Peanuts von Charles M. Schulz (Carlsen Verlag, Hamburg). Snoopy, Charlie Brown, Lucie und all die anderen Helden wirken in den knapp und gehaltvoll verkürzten Episoden, die komisch und tiefgründig viele Alltagsbezüge beinhalten und zwischenmenschliche Beziehungen und Verwicklungen aufzeigen. Bisher sind zahlreiche Einzelbände erschienen. Empfehlenswert für alle Altersstufen.

Lucky Luke (Egmont Ehapa Verlag, Berlin) der glorreiche Westernheld. In diesen Heften wird den Lesern eine glänzende Parodie auf die Pionierzeit Amerikas dargeboten. Der Text stammt vom Asterix-Vater und Erfinder René Goscinny. Empfehlenswert für Kinder ab 11./12. Lebensjahr. Bisher sind über 50 Einzelhefte erschienen.

Spirou und Fantasio von Jean-Claude Fournier/André Franquin (Illu.) (Carlsen Verlag, Hamburg). Nichts ist aufregender als ein Tag im Leben von Spirou und seinem Freund Fantasio. Komischlustige Abenteuergeschichten zweier Freunde und ihrem Marsupilami, dem zweifellos interessantesten fiktiven Tier in der Welt der Comics. Empfehlenswert für Kinder ab 9/10 Jahren. Bisher sind über 40 Einzelbände erschienen.

Tim und Struppi (Carlsen Verlag, Hamburg) bieten Spannung und Humor in einer Vielzahl von Abenteuergeschichten, die weitgehend realistisch aufgebaut sind. Durchweg besteht eine anspruchsvolle Bildgestaltung. Bisher sind über 30 Einzelbände in Buchform erschienen. Empfehlenswert für alle Altersstufen.

Bone von Jeff Smith (Carlsen Verlag, Hamburg) ist Fantasy vom Feinsten. Smith hat mit seinen Hauptfiguren, den Vettern Phoncible, Fone und Smily, märchenhafte Fortsetzungs-Erzählungen (Schwarz-weiß-Comicgeschichten) geschaffen, die durch eine überzeugende und vielfältige Zeichnung der Charaktere, die sich einer simplen Einordnung entziehen, sowohl ein junges wie auch älteres Leserpublikum zu fesseln vermögen. Bisher sind 15 Einzelbände erschienen. Empfehlenswert für Jugendliche und Erwachsene.

Das *Marsupilami* von Jean-Claude Fournier/André Franquin (Illu.) (Ehapa Verlag, Berlin) ist eines der beliebtesten Fantasie-Tierfiguren in der Comicwelt. Das gelbschwarze Dschungeltier, zunächst als Nebenfigur von Spirou und Fantasio eingeführt, nun als Haupthandlungsträger einer eigenen Reihe, erweist sich als ausgesprochen liebenswerte Comicfigur in zahlreichen Einzelbänden. Empfehlenswert für Kinder ab 9/10 Jahren.

Lanfeust von Troy von Scotch Arleston und Didier Tarquin (Carlsen Verlag, Hamburg). Troy ist ein zeitloses Universum, eine geheimnisvolle Welt, in der Magie den Alltag bestimmt. Die Hauptfigur, der junge Lanfeust, besitzt wie jeder Bewohner von Troy eine spezielle Zauberkraft. Die einzelnen Erzählungen (bisher 8 Bände) sind abenteuerlich, sehr fantasievoll und dabei auch zuweilen derb-humorvoll. Schon für jüngere Leser und Leserinnen ab 10/11 Jahren, sehr unterhaltsam und anregend.

Empfehlenswerte Manga

Astroboy (Carlsen Verlag, Hamburg) von Osamu Tezuka, dem „Urvater" des modernen Manga, ist ein Klassiker japanischer Funnies. Als Tobio, der Sohn des Kybernetikers Dr. Tenma, bei einem Autounfall ums Leben kommt, baut dieser einen Roboter, der seinem Sohn aufs Haar gleicht. Er stattet den kleinen Kerl mit zahlreichen besonderen Fähigkeiten aus, die ihn zum stärksten Roboter der ganzen Welt machen. Mit seinen schier unglaublichen Kräften setzt er sich schon bald in aller Welt für den Kampf gegen das Böse ein. Empfehlenswert für alle Altersstufen.

Kimba, der weiße Löwe (Carlsen Verlag, Hamburg) ist vielen noch als Trickfilmserie aus den 80er Jahren des 20. Jahrhunderts ein Begriff. Das Leben der wilden Tiere im Herzen Afrikas ist vom Kampf mit der Natur und der Bedrohung durch den Menschen bestimmt. Ein kleiner weißer Löwe, der Sohn von Panja, dem einstigen König des Dschungels, ist dazu auserwählt, den Tieren den Frieden zu bringen. Kann er diese schier unlösbare Aufgabe bewältigen? Unbedenklich bis empfehlenswert für alle Altersstufen.

Sailor Moon (Egmont Ehapa Verlag, Berlin) richtet sich hauptsächlich an ein weibliches und sehr junges Publikum (Alter 10+). Themen wie Freundschaft und erste Liebe stehen im Vordergrund. Darin integriert werden Magie und der Kampf gegen überirdische, böse Mächte zu einem actionreichen Gesamtbild. Die reduzierten Zeichnungen wirken oft kindlich und schematisch, haben aber zugleich eine große Ausdruckskraft. Unbedenklich bis empfehlenswert für Mädchen ab 10 Jahren.

Dragon Ball (Carlsen Verlag, Hamburg) ist ein wunderbar durchgedrehtes Abenteuer-Märchen, so wüst und schnell erzählt, wie es nur die Manga-Meister vermögen. Die Suche nach den sieben Dragonballs, die dem Finder alle Wünsche erfüllen sollen, wird von Prügeleien, Hinterhalten, Verschwörungen, Scherzen und allerlei Monstern begleitet. Abenteuerlich ist auch das Lesen, denn *Dragon Ball* wird wie im Original von hinten nach vorn erzählt. Empfehlenswert für Jungen ab 10 Jahren.

Die Anthologie *Grimms Manga* (Tokyopop Verlag, Hamburg) der in Deutschland lebenden Japanerin Keiko Ishiyama beinhaltet mehrere Parodien auf die Märchen der Brüder Jacob und Wilhelm Grimm. So werden „Rotkäppchen", „Hänsel und Gretel",

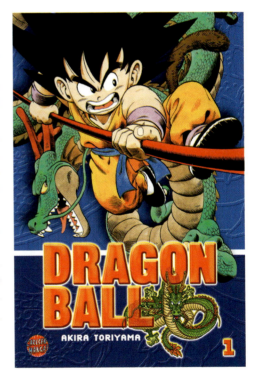

Akira Toriyama: Dragon Ball, Carlsen Verlag, Hamburg

Original erkennen. Jede dieser Märchenvariation hat ihren eigenen Charme und besticht mal durch Humor, mal durch Gefühlsvielfalt, immer aber durch erfrischende Originalität. Empfehlenswert für Jungen wie Mädchen ab 10 Jahren.

11.6 Didaktische Anregungen

Durch Übungen mit begleitenden Gesprächen kann die Erzieherin gezielt die Medienkompetenz der Kinder und Jugendlichen entwickeln und stärken. Comics beurteilen und kritisch einschätzen lernen, heißt dabei nicht, den Unterhaltungswert gering zu schätzen, sondern es geht darum, ein differenziertes Beurteilungsvermögen schrittweise zu entwickeln. Comics können für Leseanfänger durchaus motivierend sein, da sie ja die parallele Verarbeitung von Wort und Bild erfordern. Insofern können sie durchaus auch das Lesenlernen unterstützen. Bei älteren Kindern und Jugendlichen kann das Lesen/Schauen von Comics durchaus auch Brücke zum Lesen sein, wenn dafür Anreize geschaffen werden.

Bei den jüngeren Kindern sind zumeist die witzigen Comics beliebt, sodass es sich anbietet, mit ihnen über die Stellen und Figuren zu sprechen, die sie als besonders witzig empfinden. Mit den Kindern lässt sich so gemeinsam über die **Witzqualität** der einzelnen Serien sprechen, welchen „Gag" sie beispielsweise gut finden und welcher als abgenutzt beurteilt wird. Weiterhin kann man feststellen, inwieweit sie schon **ironische und satirische Passagen** erkennen und begreifen. Ausgehend von diesen Überlegungen kann der Erzieher den Kindern in Gesprächen helfen, die Geschichten und Figuren bewusster und damit kritischer zu sehen und zu beurteilen.

Mit älteren Kindern und Jugendlichen sollten die Abenteuer-Comics und Manga diskutiert werden. An Beispielen wie *Superman* oder *Dragon Ball* lässt sich mit ihnen gut über die **Verhaltens- und Konfliktlösungsmodelle** dieser Helden reden. Durch das Vergleichen von eigenem Verhalten und Verhalten der Helden, durch das Herstellen von Beziehungen der Science-fiction-Welt mit der real erfahrbaren Welt lassen sich viele Ansatzpunkte finden zu einer interessanten und kritischen Durchleuchtung der Abenteuer-Comics.

Der schon für Kinder ab 8 Jahren zugedachte Comic *Störtebecker* von Kim Schmidt/Patrick Wirbeleit (Carlsen Verlag, Hamburg), ist eine modern verpackte Abenteuergeschichte (in Folgen), in dem das Piratenleben des Klaus Störtebeckers erzählt wird. Dieser historische Stoff in bunten Bildern bietet sich für eine Diskussion über die Verhaltens- und Konfliktmuster der handelnden Personen an.

Wichtig ist natürlich auch, neben diesen Gesprächen, praktisch mit dem Medium Comics umzugehen, indem Kinder und Erzieher selbst kreativ werden. In selbst hergestellten Comics können Kinder und Erzieher die in den zuvor geführten Gesprächen gewonnenen kritischen Einsichten umsetzen. Hierzu einige **Anregungen**:

1. Kinder schneiden aus alten Heften Handlungsmotive und Figuren aus und stellen aus diesen eine Bildergeschichte zusammen.

2. Kinder schneiden Einzelelemente aus verschiedenem Bildmaterial aus und erstellen eine Geschichte, die sie durch eigene Zeichnungen ergänzen und ausschmücken.
3. Erzieher und Kinder versuchen gemeinsam, eine völlig neue Bildergeschichte zu erfinden. Eigene Ideen können so ohne Vorlage realisiert werden, wobei die technischen Schwierigkeiten erfahrbar werden, etwas ohne vorhandene Modelle entstehen zulassen.
4. Kinder vermischen Comics-Strips-Elemente mit anderem Bildmaterial, wodurch neue und heitere Effekte zustande kommen.
5. Kinder erstellen ein Comic-Buch auf der Grundlage einer Kindergeschichte bzw. eines Kinderbuchs.

Eine anregende Lektüre ist *Comics richtig lesen* von Scott McCloud (Carlsen Verlag, Hamburg) für alle, die sich mit Kindern und Jugendlichen über dieses Medium auseinandersetzen wollen. McCloud öffnet auf unterhaltsame und fantasievolle Art den Blick auf die Formen und Zeichen dieses Mediums mit genau den Mitteln, die es verwendet. Ein Comic, der intelligent die Bild- und Zeichensprache der Comics untersucht und erklärt.

11.7 Literatur zur pädagogischen Arbeit

In *Die Comic-Werkstatt* von Birgit Brandenburg (Verlag an der Ruhr, Mühlheim a. d. R. 2007) werden didaktisch gut durchdachte Arbeitsmaterialien für Grundschulkinder geboten, die sich für eine Beschäftigung mit Thema „Comics für Kinder" auch in der sozialpädagogischen Arbeit hervorragend eignen. Die Arbeitsblätter erleichtern die Vorbereitung erheblich und betonen den Werkstattcharakter.

In *Werkstatt Kunst – Cartoon und Comic* von Margot Michaelis (Schroedel Verlag, Braunschweig 2006) werden vielfältige Anregungen für den Kunstunterricht in der Sekundarstufe I gegeben, die auch in der sozialpädagogischen Arbeit in dieser Altersgruppe hilfreich sein können. Theoriesequenzen, Handwerkszeug und praktische Anleitungen machen dieses Arbeitsbuch zu einer wertvollen Hilfe für alle, die das Thema Comics (Cartoons) bearbeiten wollen.

Scott McCloud: *Comics machen. Alles über Comics, Manga und Graphic Novels* (Carlsen Verlag, Hamburg 2007) ist ein empfehlenswerter Wegweiser für alle, die Comics selbst machen bzw. es lernen wollen. Dieses Werk ist viel mehr als ein Ratgeber, es beinhaltet auch die notwendigen theoretischen Grundlagen für den Prozess des Comic-Schaffens. Geeignet für die Arbeit mit Jugendlichen.

Anregungen für den Unterricht

Die Beschäftigung mit dem Thema „Comics" kann gut mit dem Austausch der eigenen Comcicerfahrungen der Schülerinnen und Schüler beginnen. Viele werden Walt Disneys Micky Maus und Donald Duck, Lucky Luke oder Asterix und Obelix kennen und berichten können, was ihnen besonders gefallen hat bzw. worin der Reiz dieser Lektüre gelegen hat.

Im weiteren unterrichtlichen Vorgehen wird es nun darauf angekommen, einen Querschnitt gegenwärtiger Comic-Produktionen kennenzulernen, um die Spannweite dieser besonderen Literaturform, die sich von eher trivialen bis zu ganz ausgezeichneten Produktionen verteilt, zu erleben und Kriterien einer differenzierten Beurteilung zu gewinnen.

Folgende Comics sollten im Unterricht besprochen und analysiert werden:

- Patrick Wirbeleit/Kim Schmidt: Störtebeker. Carlsen Verlag, Hamburg.
- René Goscinny/Albert Uderzo: Asterix und Obelix. Egmont Ehapa Verlag, Berlin.
- Jeff Smith: Bone. Carlsen Verlag, Hamburg.
- Charles Dixon/David Wenzel nach J. R. R. Tolkien Der kleine Hobbit. Carlsen Verlag, Hamburg.

Für die Beschäftigung mit dem Thema **„Manga"** kann der Band Manga-Talente 2004. Eine Auswahl der besten Beiträge (Carlsen Verlag, Hamburg) empfohlen werden. Mangas üben ja ein große Fazination auf Jugendliche aus und verdienen durchaus eine kritische Würdigung. Erzieherinnen und Erzieher sollen deshalb auch diese Comicform kennen und berurteilen lernen.

Weiterhin ist es denkbar, dass die Studierenden selbst Comics herstellen, um zu kreativem und produktivem Umgang mit diesem Medium angeregt zu werden. Hierbei kann in etwa wie im Abschnitt „Didaktische Anregungen" aufgezeigt vorgegangen werden. Folgende Schritte zu Eigenproduktionen von Comics wären außerdem noch möglich:

- Die Wiedergabe von Comic-Dialogen in Prosa
- Verfassen von Dialogen für Comic Strips ohne Text
- Neufassung von Blasentexten
- Schriftliche und mündliche Nacherzählung des Inhalts von ausgewählten Comics

Weiterführende Literatur

Berndt, Jaqueline: Phänomen Manga. 1. Auflage, edition q, Berlin 1995

Dolle-Weinkauf, Bernd: Comics für Kinder und Jugendliche. in: Taschenbuch der Kinder- und Jugendliteratur, hrsg. von Günter Lange, 1. Auflage, Schneider Verlag Hohengehren, Baltmannsweiler 2000, S. 495–524

Dinter, Stefan/Krottenthaler, Erwin (Hrsg.): Comics machen Schule. 1. Auflage, Kallmeyer/Friedrich Verlag, Seelze 2007

Farr, Michael: Auf den Spuren von Tim & Struppi. 1. Auflage, Carlsen Verlag, Hamburg 2006

Gravett, Paul: Manga. Sechzig Jahre japanische Comics. 1. Auflage, Egmont Verlag, Köln 2007

Grünewald, Dietrich: Comics. 1. Auflage, Niemeyer Verlag, Tübingen 2000

Gundermann, Christine: Jenseits von Asterix. Comics im Geschichtsunterricht. 1. Auflage, Wochenschau Verlag, Schwalbach Ts. 2007

Heidtmann, Horst: Kindercomic. Vom Bilderpossen zum Wellenreiten. in: Kindermedien. 1. Auflage, Verlag J. B. Metzler, Stuttgart 1992, S. 13–26

Knigge, Andreas C.: Comics. 50 Klassiker. 1. Auflage, Gerstenberg Verlag, Hildesheim 2004

Knigge, Andreas C.: Alles über Comics. 1. Auflage, Europa Verlag, Hamburg 2004

Knigge, Andreas C.: Die Mechanik im Zwischenraum. in: Comics machen Schule, hrsg. von Stefan Dinter und Erwin Krottenthaler, Kallmeyer/Friedrich Verlag, Seelze 2007

McCloud, Scott: Comics neu erfinden. 1. Auflage, Carlsen Verlag, Hamburg 2001

Platthaus, Andreas: Im Comic vereint. Eine Geschichte der Bildgeschichte, 1. Auflage, Alexander Fest Verlag, Berlin 1998

Sackmann, Eckart: Deutsche Comicforschung. Bd. 1–4, Comicplus + Sackmann und Hörndl Verlag, Hildesheim 2004, 2005, 2006, 2007

Schikowski, Klaus: Die Bilder lesen lernen. in: Comics machen Schule, hrsg. von Stefan Dinter und Erwin Krottenthaler, 1. Auflage, Kallmeyer/Friedrich Verlag, Seelze 2007

Schnurrer, Achim: Leichtmetall: Eine Dokumentation. Comics in der DDR. 1. Auflage, hrsg. von Volker Handlock, Basis Verlag, Berlin 1990

12 Kinder- und Jugendliteratur multimedial

12.1 Kinder- und Jugendliteratur als Film/DVD

12.2 Kinder- und Jugendliteratur zum Hören

12.3 Kinder- und Jugendliteratur auf CD-ROM

12.4 Aspekte der Beurteilung

12.5 Didaktische Anregungen

12.6 Literatur zur pädagogischen Arbeit

Angesichts des übergroßen Angebotes an elektronischen Medien kann das Buch schnell ins Hintertreffen geraten, da der Bildschirm oder der Monitor Kinder von Anfang an fasziniert und einen hohen Interessegrad schon bei kleinen Kindern erreicht.

Doch Kinder sehen nicht nur fern, sie hören genauso gern Geschichten. Der Erfolg der Hörbücher bestätigt dieses eindrucksvoll. Wie beim Lesen entstehen beim Hören die Abenteuer im Kopf und erfordern dadurch eine aktive Aufnahme.

Vor allem lieben Kinder besonders dann Bilderbücher, Märchen und Erzählungen, wenn sie diese in einer Beziehung mit einer liebevollen und empathischen Bezugsperson anschauen oder hören können.

Oskar Wilde: Das Gespenst von Canterville. Headroom Sound Production, Köln 2006

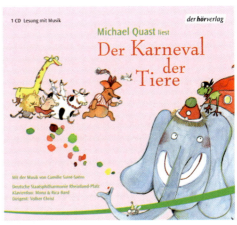

Camille Saint-Saens: Der Karneval der Tiere. Der Hörverlag, München 2008

12.1 Kinder- und Jugendliteratur als Film/DVD

Der Film hat von Anbeginn Kinder und Erwachsene wie kaum ein anderes Medium fasziniert. Die ersten Produktionen (etwa ab 1910) waren Inszenierungen von Märchen- und Sagenstoffen. Später, als der Film zu einem wichtigen wirtschaftlichen Faktor wurde, wurden amerikanische Produktionen – Slapstick-Komödien und Trickfilme nach Comicfiguren – immer zahlreicher. Daneben entwickelte sich auch der Film nach erfolgreichen Literaturvorlagen. So waren Buchvorlagen seit Beginn der Filmgeschichte für dieses Medium bedeutsam. Viele Filme für Kinder und Jugendliche basieren auf literarischen Vorlagen, sind dabei aber nicht selten reduzierte Versionen der Bücher, auf denen sie beruhen. Eine originalgetreue Verfilmung wird schließlich durch die Faktoren Zeit und Kosten bestimmt, und so bleibt nicht selten der Film hinter dem Buch zurück. Gleichwohl gibt es auch hervorragend gemachte Filme, die durch ihre sorgfältige Machart und ihren künstlerischen Anspruch zu überzeugen vermögen. Nachfolgend aufgeführte Beispiele gehören zu diesen.

Hände weg von Mississippi. Deutschland 2006, Regie Detlev Buck, nach dem gleichnamigen Buch von Cornelia Funke. DVD, 98 Minuten, FSK 0, empfohlen für Kinder ab 6 Jahren.

Die 10-jährige Emma fährt in den Sommerferien aufs Land zu ihrer Großmutter Dolly, um sich dort sogleich in ein Rettungsabenteuer für die Stute Mississippi zu stürzen, die zum Pferdeschlachter gebracht werden soll. Das Kinderbuch von Cornelia Funke ist liebevoll und mit einer gelungenen Besetzung umgesetzt worden, die auch Nicht-Pferde-Narren gut zu unterhalten vermag.

Die drei ??? – Das Geheimnis der Geisterinsel. Deutschland 2007, Regie Florian Baxmeyer, nach den Krimiabenteuern von Robert Arthur. DVD, 94 Minuten, FSK ab 6, empfohlen für Kinder ab 8 Jahren.

Die drei Helden Peter Shaw, Bob Andrews und Justus Jonas lassen sich nicht lange bitten, als Peters Vater die drei Jungs nach Südafrika auf die Geisterinsel einlädt. Kaum eingetroffen haben die drei einen neuen Fall: Ein merkwürdiges Ungetüm – der Tokolosch – treibt sein Unwesen und sorgt für Angst und Schrecken. Ein sehr spannendes und unterhaltsames Abenteuer mit den drei Hobbydetektiven.

Die rote Zora. Deutschland 2008, Regie Peter Kahane, nach dem gleichnamigen Jugendroman von Kurt Held. DVD, 99 Minuten, FSK ab 6, empfohlen für Kinder ab 8 Jahren.

Freundschaft, Freiheitsliebe und Gerechtigkeit sind die bestimmenden Elemente dieses Jugendbuchklassikers, um die Rote Zora und ihre Bande. Ein Filmabenteuer über die Macht der Freundschaft und über Treue und Mut, das Bausteine hat, die es zu einem Klassiker machen können.

Paulas Geheimnis. Deutschland 2006, Buch und Regie Gernot Krä. DVD, 90 Minuten, FSK ab 6, empfohlen für Kinder ab 8 Jahren.

Sommerferien – und dann das: Paula wird in der U-Bahn ihr Tagebuch aus dem Rucksack gestohlen. Dieses ist schlimm, denn Paula hat ihrem Tagebuch alles anvertraut. Das Tagebuch muss also zurück. Es entwickelt sich ein spannendes und humorvolles Detektivabenteuer, das ausgezeichnet unterhält.

Max Minsky und ich. Deutschland 2007, Regie Anna Justice, nach dem Jugendroman Prinz William, Maximillian Minsky und ich von Holly-Jane Rahlens (die auch das Drehbuch schrieb). DVD, 99 Minuten, FSK ab 0, empfohlen für Kinder ab 10 Jahren.

Die 13-jährige Nelly hat für oberflächlichen Smalltalk keine Zeit. Sie will einmal Astronomin werden. Doch diese Ausgangsperspektive wird durch Erfahrungen über die erste große Liebe und die Bedeutung wahrer Freundschaft ziemlich verändert. Der Film erzählt einfühlsam von den Schwierigkeiten des Erwachsenenwerdens aber auch des Erwachsenenseins. Insofern ist der Film für junge wie für ältere Zuschauer zu empfehlen.

12.2 Kinder- und Jugendliteratur zum Hören

Noch vor wenigen Jahren waren die meisten Tonträger (Schallplatten, Kassetten, CDs) in der überwiegenden Mehrzahl Billigproduktionen vornehmlich für Kinder. Heute hat sich das Hörmedium (vornehmlich CDs, aber auch noch Kassetten) zu einem dem Buch gleichwertig eingeschätzten Medium für Kinder und Erwachsene entwickelt. Der neu eingeführte Begriff „Hörbuch" verdeutlicht diesen Aufstieg, der in der veränderten Qualität dieses Medium liegt. Gleichwohl gibt es Literatur zum Hören schon sehr lange, genau seit es den Rundfunk gibt und dieser mit der Produktion von Hörspielen begann. Heute kann man unter den Hörbüchern alle wichtigen Titel aus der klassischen und modernen Kinder- und Jugendliteratur finden. Kinderlieder sowie Musik und Sachthemen werden zunehmend auch stärker in den sich entwickelnden Programmen angeboten. Nachfolgend einige der gelungenen Beispiele.

Kirsten Boie: *Linnea rettet Schwarzer Wuschel*, gesprochen von Julia Nachtmann. 2 CD, ca. 105 Minuten, JUMBO Verlag, Hamburg 2008. Für Kinder ab 4 Jahren.

Es werden zwei Episoden von Magnus und Linnea erzählt. In der Hauptgeschichte geht es um das schwarze Kaninchen, den schwarzen Wuschel, der durch Entführung gerettet werden muss. Kindliches und erwachsenes Denken und Fühlen wird in dieser Geschichte mit viel Humor sehr eindrucksvoll erzählt.

Burkhard Spinnen: *Belgische Riesen*, erzählt von Boris Aljinovic, 2 CD, ca. 170 Minuten, Patmos Verlag, Düsseldorf 2006. Für Kinder ab 8 Jahren

Im Mittelpunkt steht der 10jährige Konrad. Er lernt das Mädchen Fridz kennen, die ein Riesenkaninchen und Sorgen hat. Es ist eine amüsante und abenteuerliche Familien- und Alltagsgeschichte. Sie wird musikalisch abwechslungsreich unterstützt und kommt glaubwürdig daher.

Rico, Oskar und die Tieferschatten ist ein spannender Entführungskrimi mit zwei ganz unterschiedlichen Kindern, die sich auf erstaunliche Weise ergänzen. Das Thema „tief- und hochbegabt" wird weise, voller Schalk und Wärme, glaubwürdig und kindgerecht entwickelt.

In *Töne für Kinder und Jugendliche. Kassetten und CDs im kommentierten Überblick 2007/2008* von Heide Germann u.a . (Kopaed Verlag, München) werden über 900 Hörmedien vorgestellt und besprochen. Es ist ein hervorragender Ratgeber, um CDs/Kassetten thematisch und hinsichtlich der Alterseinordnung auszuwählen.

Andreas Steinhöfel: *Rico, Oskar und die Tieferschatten*. 4 CD, ca. 220 Minuten, Hörbuch, Hamburg 2008. Für Kinder ab 8 Jahren

12.3 Kinder- und Jugendliteratur auf CD-ROM

Im Folgenden geht es nicht um die zahllosen Computerspiele für Kinder und Jugendliche, auch nicht um das fast unüberschaubare Angebot an Lernsoftware, sondern um das zuvor genannte vergleichsweise kleine Angebot, „das unter Bezeichnungen wie ‚living book' oder ‚Spielgeschichte firmiert. Es handelt sich dabei um Multimedia-Präsentationen auf CD-ROM, die in unterschiedlicher Gewichtung literarisch-erzählende und spielerische Komponenten aufweisen" (Dolle-Weinkauff, 2001, S. 35). Es geht also um multimediale Verarbeitungen aus dem Bereich der Kinder- und Jugendliteratur, in denen alle existierenden Darstellungsformen simuliert werden können. „Die Multimedia-CD vereinigt auditive Angebote von Musik und Text, Präsentationen mit Schriftzeichen, fotografischen Aufnahmen, Grafiken ebenso wie Animations- und Realfilm" (Dolle-Weinkauff, 2001, S. 35).

Kinder können *Käpt'n Blaubär* steuern, Abgründe überwinden, Berge erklimmen und fiese Ziegen abwehren. Statt zu ballern werden die Gegner mit Sprüchen erledigt. Für Kinder ab 6/7 Jahren geeignet.

TKKG. Das unheimliche Zimmer. Tivola Verlag, Hamburg 2008
In diesem Spiel können die Kinder TKKG dabei helfen, dem Täter auf die Spur zu kommen. Für Kinder ist es eine schöne Herausforderung, die Rätsel zu lösen. Sehr ansprechende Grafiken. Für Kinder ab 8/9 Jahren zu empfehlen.

Harry Potter und der Orden des Phönix. ELECTRONICS ARTS, Köln 2007
Die fantastische Zauberwelt von Harry Potter zieht sehr viele Kinder und Jugendliche in den Bann. Dank dieses Computerspiels ist es für die Kinder- und Jugendliche möglich, in Harrys „Haut" zu schlüpfen und geheimnisvolle Abenteuer zu erleben. Für Kinder ab 12 Jahren geeignet.

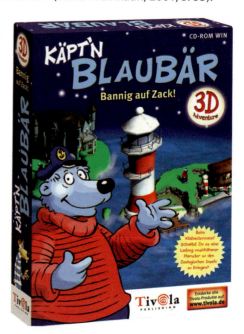

Bannig auf Zack: Käpt´n Blaubär. Tivola Verlag, Hamburg 2005

12.4 Aspekte der Beurteilung

Filme/Hörbücher/CD-ROMs sollten durch ihre sorgfältige Machart überzeugen. Mediengerechte und medienspezifische Produktionen zeichnen sich dadurch aus, dass sie ihre jeweiligen Ausdruckselemente in geeigneter Weise einsetzen. Nicht die Anzahl der technischen Möglichkeiten macht ihre Qualität aus, sondern das Zusammenspiel und die Nutzung der Mittel und Elemente im Sinne des Vorhabens.

Wesentlich ist auch die inhaltliche Komponente, also wird in den jeweiligen Medien die Lebenswelt der Kinder ernst genommen, werden ihnen phantasievolle Denk- und Handlungsmöglichkeiten bzw. Konfliktlösungsmöglichkeiten aufgezeigt. Neben der Unterhaltung können sie auch Lebens- und Entwicklungshilfe für Kinder und Jugendliche sein.

Bei den Hörbüchern ist bei der Beurteilung auf den Umgang mit den eingesetzten akustischen Mitteln (Wort, Klang, Musik, Geräusche) zu achten, die richtige Besetzung der Rollen und Sprecher ist auch von großer Bedeutung. Über das Hören kann sich ein (neuer) Zugang zur Literatur erschließen. Dieses gilt eingeschränkt auch für den Film und die CD-ROM, da diese Medien stärker die eigene Vorstellung und Phantasie einengen.

12.5 Didaktische Anregungen

Für die pädagogische Arbeit in den sozialpädagogischen Arbeitsfeldern ist es wichtig, dass die Erzieherin bzw. der Erzieher die Möglichkeiten erkennt, die die elektronischen Medien bieten.

Folgende fünf Punkte bilden den Bezugsrahmen für die Arbeit mit DVD/Hörmedien:.

1. Medien können und sollen die/den Erzieher/in nicht ersetzen. Medien verlangen immer die Begleitung durch vor- und nachbereitende Gespräche, z. B. um Verständnisfragen zu klären und um kritische Fragen zum Handlungsablauf und zu den Personen anzuschließen.

2. DVD und Hörbücher können ein (gleichwertig neben Büchern) Gestaltungselement beim Verlauf eines Vormittags in einer Einrichtung, einer pädagogischen Einheit oder einer Gruppenstunde sein.

3. DVD-Bilderbücher und Hörbücher bieten gegenüber der/dem erzählenden bzw. vorlesenden Erzieher/in einige nicht unerhebliche Vorteile. Die Bild- oder Hörgeschichten können mit Musik und Geräuschen unterlegt sein, nicht zu vergessen die Dialoge in den Hörbüchern. Dadurch werden die Geschichten erheblich lebendiger als die der/des erzählenden Erziehers/Erzieherin.

4. DVD-Filme und Hörbücher können die Erreichung von Lernzielen neben anderen Medien und Methoden wirksam unterstützen. So können Tonmedien besonders die Kreativität, die Konzentrationsfähigkeit, Sprachfertigkeit und akustische Wahrnehmungsfähigkeit fördern helfen.

5. DVD-Filme und Hörbücher, die neben ihren Unterhaltungsabsichten in ihren Inhalten auch das kritisch Denken und Beurteilen fördern, können den Bildungsprozess unterstützen und bereichern. Sie überlegt einzusetzen, ist Aufgabe der Erzieherin bzw. des Erziehers.

Für den Einsatz in Kindergruppen eignen sich gut die „Schirmbücher", die auch unter der Bezeichnung „Bilderbuch-DVD" erhältlich sind. Sie sind eine Alternative zu den schnellen Bildern des Fernsehens und laden zur ruhigeren Bildbetrachtung ein. Die auf DVD übertragenen Bilderbuchgeschichten bieten Kindern einzelne Bilder mit einer Erzählstimme und musikalischer Untermalung an, die der Bilderbuchbetrachtung ähnlich sind. Ein schönes Beispiel hierfür ist *Oh, wie Schön ist Panama* von Janosch.

Von Janosch: Oh, wie schön ist Panama. Vorgelesen von Marek Erhardt. ca. 52 Min., Tivola Verlag, Berlin 2005, ca. 52 Min.

12.6 Literatur zur pädagogischen Arbeit

Im Heft 6, 2007, TPS *Leben, Lernen und Arbeiten in der Kita* ist das Thema Kinder und Medien für Erzieherinnen und Erzieher zum Schwerpunktthema gemacht worden. Es bietet in verschiedenen Beiträgen ausgezeichnete Grundlagen und Praxisüberlegungen, um die Medienkompetenzentwicklung von Kindern gezielt zu fördern.

Im *Handbuch Kinderliteratur* von Sabine Wallach und Renate Hinz wird im Kapitel III das Thema „Kinderliteratur im Medienverbund" (Literaturverfilmungen, Hörkassetten) praxisnah für Erzieherinnen und Erzieher behandelt. Erschienen ist der Artikel im Handbuch für Kinderliteratur, hrsg. von Jens Thiele und Jörg-Dietrich Steitz-Kallenbach. 1. Auflage, Herder-Verlag, Freiburg 2003, S. 206–247.

> **Anregungen für den Unterricht**
> **Kinder- und Jugendliteratur auf DVD**
>
> *Die Studierenden könnten verschiedene DVD-Filme, die nach Kinderbuchvorlagen entstanden sind, ansehen und mit der Vorlage vergleichen. Dabei könnte besonderes Augenmerk darauf gelegt werden, was verändert und was weggelassen wurde. In gut geleiteten „Filmgesprächen" könnten Fragen zum Inhalt, Fragen zur Form und Fragen zur Wirkung die Medienkompetenz fördern und stärken.*

Kinder- und Jugendliteratur zum Hören

Die Studierenden sollten verschiedene Hörbuchbeispiele in kleinen Gruppen hören und im Blick auf die eingesetzten Mittel (Wort, Klang, Musik, Geräusche) untersuchen, um so das kritische Urteilsvermögen für dieses Medium zu fördern und herauszubilden. Dabei sollte natürlich auch die jeweilige Kinderbuchvorlage im Blick auf ihre akustische Umsetzung einbezogen werden.

Kinder- und Jugendliteratur auf CD-ROM

Neben dem Vergleich mit der jeweiligen Kinderbuchvorlage könnte an ausgewählten Beispielen untersucht werden, welche interaktiven Möglichkeiten die CD-ROM den Kindern eröffnet. Eine Geschichte aktiv mitzuerleben und auch verändernd einzugreifen, kann durchaus interessant sein.

Wenn es der Zeitrahmen erlaubt, könnten Studierende auch ein eigenes Hörbuch oder eine DVD erstellen, um zu erproben, wie mit einfachen Mitteln etwas in Szene gesetzt und wie eine Textvorlage in „Action" und „Dramatik" umgesetzt werden kann.

Weiterführende Literatur

De Jong, Theresa Maria: So mache ich mein Kind fernseh- und medienfit. 1. Auflage, Eichborn Verlag, Frankfurt a. M. 2003

Dolle-Weinkauff, Bernd: Wenn der Computer erzählt … . in: Sehen, Hören, Klicken, hrsg. von Hannelore Daubert, Arbeitskreis für Jugendliteratur, München 2001, S. 35–50

Frölich, Margrit (Hrsg.): Computerspiele. Faszination und Irritation 1. Auflage, Brandes & Apsel Verlag, Frankfurt a. M. 2007

Gatterburg, Angela: Aliens im Kinderzimmer. in: Der Spiegel, Heft Nr. 20/14.05.2007, S. 42–54

Josting, Petra/Maiwald, Klaus (Hrsg.): Kinder- und Jugendliteratur im Medienverbund. 1. Auflage, Kopaed Verlag, München 2007

Kaminiski, Winfried/Wittig, Tatjana (Hrsg.): Basiswissen Computer- und Videospiele. 1. Auflage, Kopaed Verlag, München 2007

Marci-Boehncke, Gudrun/Rath, Matthias.: Medienkompetenz für Erzieherinnen. 1. Auflage, Kopaed Verlag, München 2007

Müller, Stefanie: Computerspaß in der Kita. 1. Auflage, Don Bosco Verlag, München 2005

Payrhuber, Franz-Josef/Schulz, Gudrun (Hrsg.): Lesen – Hören – Sehen. 1. Auflage, Schneider Verlag Hohengehren, Baltmannsweiler 2007

Richter, Karin/Riemann, Sabine (Hrsg.): Kinder – Literatur – „neue" Medien. 1. Auflage, Schneider Verlag Hohengehren, Baltmannsweiler 2000

Theunert, Helga: Medien im Leben Null- bis Sechsjähriger. in: TPS – Leben, Lernen und Arbeiten in der Kita, Ausgabe 6, Friedrich Verlag, Seelze 2007, S. 10–16

13 Kinder- und Jugendzeitschriften

13.1 Zum Begriff „Kinder- und Jugendzeitschriften"

13.2 Zur Geschichte der Kinder- und Jugendzeitschriften

13.3 Kinderzeitschriften

13.4 Jugendzeitschriften

Kinder- und Jugendzeitschriften können als Kommunikationsmedien besonderer Art verstanden werden, da sie wie kein anderes jugendliterarisches Medium aktuelle Trends und Entwicklungen aufgreifen und verarbeiten. Sie versuchen, gegenwärtige Wünsche und Bedürfnisse kind- bzw. jugendgerecht zu thematisieren und aufzuarbeiten.

13.1 Zum Begriff „Kinder- und Jugendzeitschriften"

Kinder- und Jugendzeitschriften sind zumeist selbstständige Publikationsorgane, die periodisch (wöchentlich, monatlich, zweimonatlich und vierteljährlich) erscheinen. Sie werden speziell für Kinder und Jugendliche produziert und enthalten in der Regel eine Mischung aus **Unterhaltung, Wissensvermittlung und Verhaltensanleitung**.

Kinder- und Jugendzeitschriften werden als kommerzielle oder nichtkommerzielle Periodika vertrieben und werden entweder von Erwachsenen oder gar vom Jugendlichen selbst redigiert und editiert. Weiterhin sind sie danach zu unterscheiden, „ob sie sich an Vorschüler oder Schüler wenden, ob sie frei verkäuflich oder an einzelne Träger (z. B. Kirchen, Gewerkschaften oder politische Parteien) gebunden sind" (Rogge/Jensen, 1980a, S. 178).

Im Folgenden sollen die **Kinderzeitschriften** getrennt von den **Jugendzeitschriften** behandelt werden, da beide Gruppen sowohl vom Inhalt als auch von der formalen Gestaltung ganz erheblich voneinander abweichen. Hierbei soll folgende Alterszuordnung im Auge behalten werden, die sich im individuellen Fall nach oben oder unten verschieben kann: Der Begriff „Kinderzeitschriften" meint die Publikationen für Leser im Vor- und Grundschulalter, der Begriff „Jugendzeitschriften" benennt die Publikationen für Leser ab ca. 11 Jahren.

Die Comic-Hefte werden aus den weiteren Überlegungen ausgeklammert, da diese bereits als eigenständige jugendliterarische Erscheinungsform dargestellt wurden. Dabei wird freilich nicht übersehen, dass viele Kinderzeitschriften Comic-Elemente verwenden und nicht selten sogar einen obligatorischen Comic Strip einbauen. Insofern sind einige Publikationen sowohl Kinderzeitschriften als auch Comics.

Bei den **Kinderzeitschriften** lassen sich drei Erscheinungsformen unterscheiden (vgl. Rogge/Jensen, 1980, S. 178):

1. Die selbstständig – in Heftform – erscheinenden Publikationsorgane wie *Benni und Teddy, Bimo, Flohkiste, Benjamin, Nele leile, Gecko, Philipp, Treff, Der Bunte Hund, mach mit, Geolino*.

2. Die kostenlosen Werbezeitschriften für Kinder, die in Banken, Drogerien, Apotheken und Geschäften zur Mitnahme ausliegen. Zu nennen sind z. B. *Medizini* (Apotheken), *Hallo* (Sparkassenverlag) und *Jo* (AOK Jugendmagzin).

3. Die den Zeitungen und Zeitschriften der Erwachsenen beigelegten Kinderseiten.

Für die Erzieherin bzw. den Erzieher ist die erste Erscheinungsform am bedeutsamsten, daher geht es im Folgenden ausschließlich um diese.

13.2 Zur Geschichte der Kinder- und Jugendzeitschriften

„Kinderzeitschriften und Beilagen für Kinder in Presseerzeugnissen für Erwachsene sind in der Folge der europäischen Aufklärung des 18. Jahrhunderts und des Emanzipationskampfes des Bürgertums gegen den Feudaladel entstanden. Druckmedien waren im 18. Jahrhundert jene Produkte, mit der das fortschrittliche Bürgertum versuchte, sein Selbstverständnis auszudrücken und eine eigene, gegen den Adel gerichtete Form von Öffentlichkeit herzustellen" (Rogge/Jensen, 1980b, S. 170).

Mit der Entstehung der Kinderzeitschriften setzt überhaupt die Entwicklung der Kinder- und Jugendliteratur ein. Die beiden ersten selbstständigen Kinderzeitschriften im deutschen Sprachraum waren das *Leipziger Wochenblatt* für Kinder (1773–1775) von Johann Christoph Adelung und der *Kinderfreund* (1775–1784) von Christian Felix Weiße. Vom Inhalt und der Gestaltung waren diese ersten Periodika für Kinder nach dem Vorbild der englischen moralischen Wochenschriften entstanden. „Einen eigenen ‚Kinderteil' mit Lesegut und -empfehlungen hängte aber z. B. schon der Nördlinger Diakonus Christian Gottfried Böckh seiner 1771/72 bei Cotta in Stuttgart herausgegebenen ‚Wochenschrift zum Besten der Erziehung und der Jugend' an" (Gärtner, 1977, S. 166).

In den letzten 20 bis 25 Jahren des 18. Jahrhunderts entstanden ca. 40 Kinderzeitschriften, von denen der *Kinderfreund* die erfolgreichste Zeitschrift war.

Am Anfang des 19. Jahrhunderts traf dann eine gewisse Stagnation ein, die aber durch inhaltliche Veränderungen ab etwa 1830 beendet wurde. Die bislang vorwiegend belehrenden Erzählungen, zumeist moralisch-christlich orientiert, wurden durch populärwissenschaftliche, in der Regel naturwissenschaftliche, Themen aufgelockert oder gar abgelöst.

„Inhaltlich änderten sich die Kinderzeitschriften in der zweiten Hälfte des 19. Jahrhunderts nicht wesentlich. Formal waren jedoch einige Wandlungen festzustellen. Da es nun technisch möglich war, Bilder zu reproduzieren, wurden sie in steigendem Maße in den Zeitschriften abgedruckt. Damit setzte sich allmählich ein Magazincharakter durch" (Rogge/Jensen, 1980b, S. 173).

Auch die zunehmende Verbreitung der Comics konnte die Existenz der Kinderzeitschriften nicht gefährden. Sie begannen vielmehr, Comic-Elemente und Comic Strips als integrative Elemente aufzunehmen, sodass heute die Grenzen zwischen Kinderzeitschriften und Comics nicht mehr genau zu ziehen sind.

Selbst das Fernsehen konnte die Kinderzeitschriften nicht verdrängen. Bereits 1967 wurden im *Handbuch der Jugendarbeit und Jugendpresse* (Konrad von Friesicke/Heinz Westphal, Juventa Verlag, München) 174 Kinder- und Jugendzeitschriften gezählt. Die Entwicklung hat sich sprunghaft in den 70er Jahren fortgesetzt, sodass in der zuletzt erschienenen Analyse von Rogge und Jensen folgende Aussage gemacht wird: „Man kann wohl davon ausgehen, dass es über tausend periodisch erscheinende Publikationen für Kinder und Jugendliche gibt, deren Auflagenhöhe von einigen Hundert bis zu 1,7 Millionen Exemplaren reicht. Einen beachtlichen Anteil nehmen dabei die Zeitschriften von Interessenverbänden, Tierschutzvereinen, der Verkehrswacht, dem Jugend-Rotkreuz, den Gewerkschaften und den Kirchen ein" (Rogge/Jensen, 1980a, S. 179).

Inzwischen ist der Anteil der Verbandzeitschriften zurückgegangen, doch die Zahl der eher kommerziell, zeitgeistorientierten Kinderzeitschriften weiter angewachsen. Ihre Macher reagieren jeweils schnell auf neue Bedürfnislagen und sich verändernde pädagogische Orientierungen.

Zusammenfassend lässt sich feststellen, dass den Kinderzeitschriften eine wichtige, **die Erziehung begleitende Funktion** zuzuschreiben ist. „Auch wenn sich zunehmend unterhaltende Elemente in den Druck-Erzeugnissen durchsetzten, waren die Vermittlung von Wissen und Verhaltensanleitung die wesentlichen ‚Schwerpunkte' der Kinderzeitschriften bis in das 20. Jahrhundert hinein. Obgleich die Bedeutung der Kinderzeitschrift als Sozialisationsinstanz gegenüber dem 18. und 19. Jahrhundert zurückgegangen ist, haben sich doch ihre Intentionen bis in die 70er Jahre des 20. Jahrhunderts hinein fortgesetzt" (Rogge/Jensen, 1980b, S. 177). In dieser Zeit entstanden folgende Zeitschriften: *Deutsche Jugend, Die Jugendlaube, Der gute Kamerad, Das Kränzchen* und *Der heitere Fridolin*. Die letzten drei Titel existierten bis weit in das 20. Jahrhundert hinein.

Die Zielgruppe der Kinderzeitschriften des 18./19. Jahrhunderts waren die Kinder des Bürgertums. Mit dem Erstarken der Arbeiterbewegung gegen Ende des 19. Jahrhunderts wurden zu Beginn des 20. Jahrhunderts auch proletarische Kinderzeitschriften herausgegeben. Nennenswerte Beispiele: *Die Hütte, Arbeitende Jugend, Junge Garde* und *ArbeiterJugend*. Den meisten dieser Beispiele war allerdings nur ein kurzes Erscheinen beschieden.

„Erst in der Weimarer Republik kam den sozialdemokratischen und kommunistischen Kinder- und Jugendzeitschriften mit ihrem explizit sozialistischen Bildungs- und Erziehungsprogramm wieder eine relevante politische Sozialisationsfunktion zu. Ähnliches ist aber auch von der bürgerlichen Kinderpresse zu berichten. So waren allein 1931 449 Kinder- und Jugendzeitschriften mit einer Gesamtauflage von 18 Millionen Exemplaren auf dem Markt" (Rogge/Jensen, 1980b, S. 174).

Zurzeit des NS-Regimes wurden fast alle diese Kinder- und Jugendzeitschriften eingestellt. Presseerzeugnisse wie *Hilf mit* (vom NS-Lehrerbund herausgegebene Schülerzeitung) und *Junge Welt* (Organ der Hitler-Jugend) traten an ihre Stelle, propagierten die Ziele und Inhalte der nationalsozialistischen (Jugend-)Politik.

Nach dem Kriege waren schon sehr schnell wieder neue Kinderzeitschriften auf dem Markt. Sie setzten inhaltlich und formal dort wieder ein, „wo sie 1933 aufgehört hatten: mit naturwissenschaftlichen und technischen Themen, Unterhaltung und Humor" (Rogge/Jensen, 1980, S. 176).

Die **Kritik an den Kinderzeitschriften** ist fast genauso alt wie ihre Existenz. „Hatte schon F. Gedicke 1787 die Kinderzeitungen, -almanache und -journale als ‚literarischen Puppenkram' abzutun versucht, brachte die Jugendschriftenbewegung (H. Wolgast, O. Hild) die Kritik an den kinder- und jugendeigenen Periodika zum Kulminationspunkt (Gärtner, 1977, S. 166). Doch auch die grundlegende Kritik der Jugendschriftenbewegung, die in der Wende vom 19. zum 20. Jahrhundert einsetzte, und die Reformpädagogik konnten den Erfolg der Kinderzeitschriften nicht stoppen. „Sie hatten sich im 19. Jahrhundert (neben der Kinderliteratur) zu einer wichtigen Sozialisationsinstanz entwickelt und blieben dies auch im 20. Jahrhundert" (Rogge/Jensen, 1980b, S. 173).

13.3 Kinderzeitschriften

13.3.1 Zur Marktsituation der Kinderzeitschriften

Durch die unübersichtliche Marktlage, bedingt durch Neugründungen, Fusionen und Einstellungen des Pressemarktes für Kinder, ist es außerordentlich schwer, sich einen Überblick zu verschaffen. Trotz dieser Einschränkungen lassen sich aber doch die Trends auf dem Pressemarkt für Kinder aufzeigen, sodass daran zumindest die wichtigsten Strukturen und Tendenzen ableitbar sind.
„Pädagogische Absichten, Comics mit viel Klamauk, Zerstreuung durch Basteltipps, Rätsel und Witze oder die kostenlose Vorpromotion durch fernsehbekannte Stoffe sind die herausragenden Strategien im Zeitschriftenmarkt für Kinder" (Rogge/Jensen, 1980a, S. 187). Die jeweiligen Untertitel wie „pädagogisch empfohlen", „Lernen mit Spaß", „wissenschaftlich empfohlene Vorschule", „Raten, knobeln, malen und suchen" und „so macht Lesen lernen Spaß!" machen ihre jeweilige Einordnung im Blick auf die Absichten leicht.
Alle diese Kinderzeitschriften sind eindeutig kommerzielle Kinderzeitschriften, man kann sie auch treffend Kioskzeitschriften nennen. Sie werden im Vergleich zu anderen wie z. B. *Benjamin*, *Benni und Teddy*, *Bimbo* oder *Flohkiste*, die nur im Abonnement zu erwerben sind, am Kiosk bzw. an Zeitschriftenständen in Warenhäusern verkauft.
Es gibt natürlich auch Mischformen, also Kinderzeitschriften, die sowohl am Kiosk als auch im Abonnement erworben werden können. Hier ist zum einen die *GEOlino* zu nennen, die auf spielerische Art Wissen aus Technick/Forschung und Menschen/Kulturen zu vermitteln sucht. Zum anderen gehört der *Leserabe* in diese Kategorie, der mit didaktischem Anspruch der Leseförderung daherkommt.

GEOlino. Das Erlebnisheft. Gruner + Jahr Verlag, Heft Nr. 7, Hamburg 2009

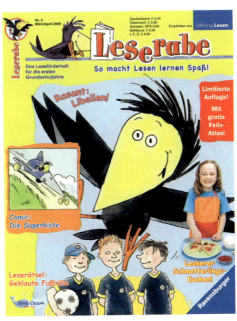

Leserabe. Heft Nr. 2 (März/April) Blue Ocean Entertainment AG, Stuttgart 2009

13.3.2 Kioskzeitschriften

Die Kioskzeitschriften sind in den letzten 30 Jahren aufgekommen. „Sie verdanken ihre Entstehung der Vorschuldiskussion in den 60er Jahren, den Auseinandersetzungen um die kompensatorische Erziehung, der Weiterverwertung von beliebten Fernsehfiguren in Druckmedien, der zunehmenden Bedeutung des Kindermedienverbunds, aber auch dem wachsenden Stellenwert der Kinder als marktrelevantem Faktor und, damit zusammenhängend, einem veränderten Bild von Kindheit. Diese Entstehungszusammenhänge lassen sich ebenso an *Bussi Bär* ablesen wie an der *Sesamstraße*, an der *Spielzeitung* wie an *Heidi*, *Biene Maja* oder *Wickie*. Gerade bei den Zeitschriften für die 6–8jährigen wird durch die Art der Ansprache versucht, den Kindern eine gewisse Selbstständigkeit zuzumessen" (Rogge/Jensen, 1980a, S. 187).

Entschieden weiterentwickelt wurde die Auswertung von erfolgreichen Kinderstoffen im Medienverbund. Denn nur so gelingt es vielen Kiosk-Kinderzeitschriften, sich für längere Zeit erfolgreich auf dem Kinderpressemarkt zu behaupten. Als Beispiel können die *Sesamstraße* und *Die Maus-Lach-und-Sachgeschichten* genannt werden, die sich ja ganz an den Erfolg der gleichnamigen TV-Vorschulserie gehängt haben. Auch die Kinderzeitschriften, wie z. B. *Die Glücksbärchis*, die nach den bekannten gleichnamigen TV-(und Kino-)Trickfilmfiguren benannt sind, mischen Bastel- und Rätselspaß zwischen die Comic-Abenteuer.

Allerdings bringt das Anhängen an eine bekannte Kinderfernsehserie allein in der Regel kein längerfristiges Bestehen einer Zeitschrift zustande. Als die erfolgreichen TV-Serien *Biene Maja*, *Heidi* und *Pinocchio* nicht mehr im Fernsehen zu sehen waren, stellten die gleichnamigen Zeitschriften ihr Erscheinen ein, da der Verkauf merklich zurückging. Doch die Macher dieser Kinderzeitschriften sind so flexibel, wie der Markt es erfordert. Bekanntlich folgt nach dem Auslaufen einer alten Serie in der Regel eine neue.

13.3.3 Abonnementzeitschriften

Im Gegensatz zu den Kioskzeitschriften können die Abonnementzeitschriften auf eine erheblich längere Tradition ihres Erscheinens zurückblicken. *Der Sommergarten* (Thienemann Verlag, Stuttgart) erscheint bereits seit 1919, inzwischen allerdings als Schülermagazin *Flohkiste 1* und *Flohkiste 2*. Der *Teddy* erscheint seit 1949 und, um ein jüngeres Beispiel zu nennen, das Schülermagazin *Treff*, das seit Anfang der 70er Jahre existiert. Die Abonnementzeitschriften sind nicht nur durchweg billiger, sie sind auch zum größten Teil sorgfältiger und anspruchsvoller aufgemacht. Ihre Auflagenziffern liegen in der Regel unter denen der Kioskzeitschriften, von einigen Ausnahmen einmal abgesehen.

Die Abonnementzeitschriften müssen beim Verkauf den Weg über die Erwachsenen gehen, insofern ist es kaum verwunderlich, dass sie qualitativ besser sind und stärker pädagogisch zu überzeugen versuchen. Sie empfehlen sich besonders bei Lehrern und Erziehern, die dann ihrerseits wieder die Eltern auf das Angebot dieser Zeitschriften aufmerksam machen sollen. Hinzufügen wäre noch, dass eine ganze Reihe der Abonnementzeitungen von Verbänden mitgetragen bzw. herausgegeben wird, so wird z. B. der *Tierfreund* vom Deutschen Tierschutzbund mitgetragen, *Weite Welt* vom Steyler Missionswerk verlegt, *Die junge Schar* vorn CVJM herausgegeben. Insofern können diese Zeitschriften nicht als kommerzielle Kinderzeitschriften eingestuft werden, da ihre Zielsetzung (ob pädagogisch, politisch oder konfessionell) den ökonomischen Interessen der herausgebenden Verlage in der Regel übergeordnet ist.

13.3.4 Zur Beurteilung der Kinderzeitschriften

Bei genauer Betrachtung der meisten Kinderzeitschriften, bei den Kioskzeitschriften wie bei den Abonnementzeitschriften, kann man sehr schnell feststellen, dass nach **einheitlichem Erfolgsrezept** verfahren wird: „Man nehme zwei oder drei Comics bzw. Bildergeschichten, gebe ein paar Kurzgeschichten, Lieder und Gedichte hinzu, würze das Ganze mit Freizeittipps, garniere es mit Rätseln und Witzen und serviere alles im Vierfarbdruck – fertig ist die Kinderzeitschrift" (Rogge/Jensen, 1980a, S. 188 f.). Aber auch in inhaltlicher Hinsicht lassen sich übergreifende Tendenzen erkennen. Bei fast allen Kinderzeitschriften dominieren technische und naturwissenschaftliche Themen, als Weiteres folgen geschichtliche Themen, nicht selten an spektakulären Ereignissen aufgezogen. Ausgespart wird allzu oft die kindliche Lebensumwelt mit ihren besonderen Anforderungen an die Kinder, sodass in diesem Sinne viele Kinderzeitschriften emanzipatorischen Ansprüchen in keiner Weise genügen können. Rogge bemerkt dazu treffend: „Kinderzeitschriften tun zwar einiges, um Wissen zu verbreiten; sie tun aber wenig, um Kinder zum Nachdenken anzuregen" (Rogge/Jensen, 1980a, S. 192).

Die **Sprache** in den meisten Kinderzeitschriften ist kindgemäß, gekennzeichnet durch einen einfachen Satzbau und durch Wort- und Begriffserklärungen verständlich aufgebaut.

Das entscheidende Gestaltungselement bei den Kinderzeitschriften sind die **Bilder**: An ihnen lassen sich die Qualität und der ästhetische Standard einer Kinderzeitschrift messen und beurteilen. Obwohl die Bildgestaltung bei den einzelnen Kinderzeitschriften naturgemäß recht unterschiedlich ist, herrschen insgesamt eher anspruchslose Abbildungen vor, die verniedlichend, kitschig und kindertümelnd (besonders Bussi Bär) die jeweiligen Themen aufbereiten. Ausnahmen in positiver Hinsicht lassen sich allerdings in der Gruppe der Abonnementzeitschriften durchaus finden.

Insgesamt lässt sich Folgendes zusammenfassen:

„Nur wenige Kinderzeitschriften kommen dem Anspruch nahe, Kinder nicht als Objekte eingreifender Belehrung und Verhaltensanleitung oder kindertümelnden Klamauks zu begreifen, sondern als Subjekte zu respektieren, gemeinsam mit ihnen ihre Probleme anzusprechen, sie öffentlich zu machen und zu lösen; nicht oberflächliches Wissen und isolierte Fakten zu vermitteln, sondern soziale Handlungsfähigkeit, Phantasie und Kreativität in den Vordergrund zu rücken; nicht oberflächlichen Klamauk zu verbreiten, sondern hintergründige, phantasievolle Unterhaltung" (Rogge/Jensen, 1980a, S. 194).

Abschließend soll zwar keine einzelne Kinderzeitschrift besonders empfohlen werden, dafür aber soll herausgestellt werden, dass die Abonnementkinderzeitschriften dem vorgenannten Anspruch näher kommen als die Kioskzeitschriften; insofern ist es gut, wenn möglichst viele Eltern, Erzieher und Lehrer sich selbst einen Angebotsüberblick dieser Zeitschriften verschaffen, um dadurch zu einem einschätzenden Urteil zu gelangen. Kurzportraits der Abonnementzeitschriften für Kinder und Jugendliche können auf der Internetseite der Stiftung Lesen (Fischtorplatz 23, 55116 Mainz) unter der Adresse *www.stiftunglesen.de* aufgerufen und ausgedruckt werden. Wichtige Angaben zum Inhalt und zur pädagogischen Nutzung sämtlicher Abonnementszeitschriften geben eine gute Orientierung.

13.3.5 Didaktische Anregungen

Da die **Abonnementzeitschriften** in den privaten Haushalten gegenüber den Kioskzeitschriften eine eindeutig untergeordnete Rolle spielen, bietet es sich für den Erzieher an, eine oder besser mehrere Abonnementkinderzeitschriften über den Träger seines Kindergartens (Hort/Freizeitheim) zu bestellen. So wird erreicht, dass den Kindern die Möglichkeit geboten wird, einige pädagogisch-anspruchsvollere Kinderzeitschriften kennenzulernen. Durch das Auslegen der Zeitschriften in einer Leseecke können die Kinder motiviert werden, diese Zeitschriften ohne den Erzieher durchzublättern und als „Lückenfüller" zwischendurch zu nutzen.

Bei der Planung und Durchführung einer didaktischen Einheit lassen sich bestimmte Themen, gerade auch wegen der dazu angebotenen Bilder, aus den Kinderzeitschriften gut einbauen. Die zu den Einzelbeiträgen dann noch notwendigen Ergänzungen können von den Kindern selbst mithilfe des Erziehers erarbeitet werden. In diesem Fall wird die Kinderzeitschrift nicht nur Stifter für ein Gruppenerlebnis. Es ergibt sich auch die Möglichkeit, die dargebotenen Themen in direkte Beziehung zur Lebenswirklichkeit der Kinder zu bringen.

Bei den **Kiosk-Kinderzeitschriften** ist es sicher wichtig, die Kinder zu einem etwas kritischeren Umgang zu befähigen. Es bietet sich von daher an, die Kinder aufzufordern, ihre Kinderzeitschriften von zu Hause mitzubringen. Dadurch erfährt der Erzieher zunächst schon eine ganze Menge über den Zeitschriftenkonsum seiner Kindergruppe. Darauf aufbauend kann er im Gespräch und in Übungen von den Kindern selbst herausfinden lassen, ob diese Zeitschriften eigentlich ihre Bedürfnisse, Angste und Träume, kurzum ihre Lebenswirklichkeit angemessen berücksichtigen.

Falls die Zeit dazu reicht, kann der Erzieher von seiner Kindergruppe selbst eine Zeitung oder Zeitschrift zusammenstellen lassen. Dieses sollte allerdings erst nach längerer Behandlung und Auseinandersetzung mit den Kinderzeitschriften erfolgen, da sonst die Gefahr besteht, dass die Kinder nach dem gängigen Rezept ihrer Kioskzeitschriften verfahren.

13.4 Jugendzeitschriften

13.4.1 Zur Marktsituation der Jugendzeitschriften

Auch bei den Jugendzeitschriften muss zwischen den **kommerziellen** und **nichtkommerziellen Zeitschriften** unterschieden werden, um eine differenzierte Betrachtung zu ermöglichen. Folgende Definition ermöglicht die Unterscheidung: „Als kommerziell gelten Verlagsobjekte wie *Bravo*, die primär unter dem Gesichtspunkt der Gewinnerzielung herausgebracht werden und demzufolge Marktmechanismen unterworfen sind, die eine Orientierung an Anzeigenkunden und Konsumgewohnheiten jugendlicher Leser erfordern. Demgegenüber gelten als nichtkommerzielle Jugendzeitschriften diejenigen Publikationen, die ohne Gewinnerzielungsabsicht zum Beispiel mit dem Ziel der politischen Bildung, der Interessenvertretung, der kulturellen und politischen Information, der Selbstdarstellung und -artikulation von Jugendlichen beziehungsweise ihren Organisationen herausgegeben werden" (Lindgens, 1980, S. 289).

Die beiden Grundtypen kommerziell und nichtkommerziell reichen nun aber für eine Differenzierung des Marktes noch nicht aus, da es eine ganze Reihe von Jugendzeitschriften gibt, die Elemente von beiden Grundtypen in sich vereinigen, quasi eine Art Mitteltyp darstellen. Es sind die Abonnementzeitschriften wie z. B. *yaez*, *Spot on* und *floh!*, die hinsichtlich ihrer Produktionsweise (u. a. Verlag als Herausgeber), Gestaltung und Anzeigenorientiertheit den kommerziellen Jugendzeitschriften nahe kommen. Trotzdem ist eine Zuordnung dieser Zeitschriften zu den kommerziellen Jugendzeitschriften nicht gerechtfertigt, genausowenig wie bei den Kinderzeitschriften, da sie über klar ersichtliche politische, pädagogische oder konfessionelle Zielsetzungen verfügen. „Die Popszene ist kein zentrales Thema; sie wird allenfalls eher kritisch betrachtet. Entscheidendes Kriterium für die Zuordnung dieser Titel zum nichtkommerziellen Bereich ist allerdings, dass die ökonomischen Interessen der herausgebenden Verlage den publizistischen Zielsetzungen der Publikationen untergeordnet bleiben. Das hat zur Folge, dass die für die kommerziellen Produkte charakteristische Anzeigen- und Konsumorientierung nicht vorhanden ist" (Lindgens, 1980, S. 298).

13.4.2 Die kommerziellen Jugendzeitschriften

Die kommerziellen Jugendzeitschriften sind von der äußeren Aufmachung und von der inhaltlichen Gestaltung relativ ähnlich. „Sie erscheinen alle im Magazinformat in bunter Aufmachung und präsentieren auf der Titelseite zumeist Pop- oder Filmstars. Auch in ihrer inhaltlichen Gestaltung gleichen sie sich insofern, als ihr Schwergewicht auf der Präsentation von Musik-, Film- und Sportstars liegt" (Lindgens, 1980, S. 296).

Beispiele für kommerzielle Jugendzeitschriften

Unterscheiden lassen sich mehrere Gruppierungen:

Bravo, Popcorn, Yam, Hey

Berichte über Popstars stehen im Mittelpunkt, ergänzt durch Berichte über Film- und Sportstars. Daneben werden Geschichten, Berichte und Ratschläge zur Liebe und Sexualität gebracht. Als ständige Rubriken erscheinen Freundschaftsanzeigen, Psycho-Tests, Foto-Comics, Witze/Rätsel/Horoskop, Fortsetzungsromane, TV- und Filmkritiken, Mode und Reportagen. In der Mitte der Hefte sind auseinander faltbare Star-Poster.

Musik-Express/Sounds, Metal Hammer, Spex Hard Rock International, HIP HOP SPECIAL

Diese Zeitschriften lassen sich zur Gruppe der Musikzeitschriften zusammenfassen. Obwohl auch in diesen Starberichte und entsprechende Fotos, teilweise auch auseinander faltbare Star-Poster, vorherrschen, werden hier in längeren Artikeln genauere Informationen über die Pop-, Rock- und Jazzszene gegeben. Vieles knüpft insofern an die Bravo-Masche an, doch sind in diesen Heften ältere Jugendliche und junge Erwachsene die Zielgruppe. Ausführliche Musiktitelbesprechungen, aber auch TV-, DVD- und Filmkritiken runden das Bild (neben den üblichen Rubriken) ab.

Mädchen, Bravo Girl, Brigitte Young Miss, Freche Mädchen

Aufmachung und Inhalt orientieren sich an den kommerziellen Frauenzeitschriften. Themen wie Mode, Schönheit, Kosmetik, Kochen und Aufklärung/Liebe/Partnerschaft dominieren. Weiterhin folgen Reportagen/Interviews, Psycho-Tests, Horoskop, Kochtipps und Fortsetzungsgeschichten.

Bravo Sport, Bike – Das Mountain Bike Magazin, Mountain Bike, Skate

Diese Zeitschriften lassen sich zur Gruppe der Sportzeitschriften – im weitesten Sinne – zusammenfassen. In diesen Zeitschriften werden insbesondere Sport- und Freizeitinteressen von Jugendlichen aufgegriffen, um den jeweiligen Trend mit aktueller Unterhaltung, aber auch praktischen Tipps und Informationen zu unterstützen.

Bravo Screenfun, PC Games, Game Star, PC Player, PC Aktion

Diese Zeitschriften lassen sich zur Gruppe der Computer- und DVDspielzeitschriften zusammenfassen. In ihnen geht es vorwiegend um Spielbeschreibungen, Spieltests und Spielkritiken. Teilweise sind diesen Zeitschriften auch Demoversionen von PC-Spielen beigefügt.

„Die kommerziellen Jugendzeitschriften werden überwiegend in hohen Auflagen gedruckt, jedoch ist eine relativ große Differenz zwischen der gedruckten und verkauften Auflage festzustellen.

Der Anteil der Remissionsexemplare liegt zwischen 20 Prozent (*Bravo*) und 54 Prozent (*Popcorn*) der Druckauflage. Hierin zeigt sich das Risiko des Einzelverkaufs über den Handel mit geringem Anteil an festen Abonnements. Dabei ist für *Bravo* als dem konstantesten Faktor (Gründungsjahr: 1956) auf dem ansonsten sehr bewegten Jugendzeitschriftenmarkt (Einstellungen, Fusionen, Neugründungen) die geringste Remissionsquote verzeichnet" (Lindgens, 1980, S. 290).

Bravo nimmt in jeder Beziehung eine Spitzenstellung ein. Doch die Konkurrenz ist groß und wird nicht müde, ihren Marktanteil zu vergrößern, zumindestens aber zu sichern. So nutzen Zeitschriften wie *Manga Szene* oder *Animania* (mit DVD-Edition) den Manga-Boom, um über die Szene und Neuerscheinungen zu informieren und zu werben.

13.4.3 Die nichtkommerziellen Jugendzeitschriften

Bei der nichtkommerziellen Jugendpresse bedarf es einer Unterscheidung zwischen zwei Zeitschriften-Gruppen:

1. Die Verbandsjugendpresse
2. Die jugendeigene Presse

Zur **1. Gruppe** gehören die Jugendzeitschriften der Jugendverbände, der Jugendringe auf Länder-, Kreis- und Stadtebene; die Jugendzeitschriften der konfessionellen, politischen, gewerkschaftlichen und sonstigen Jugendorganisationen.

Zur **2. Gruppe** gehören die Schüler- und Lehrlingszeitungen, kurzum alle die Jugendpublikationen, die von Jugendlichen selbst in eigener Regie ohne Verbindung zu Organisationen herausgegeben werden.

„Nichtkommerzielle Jugendzeitschriften erscheinen vielfach nicht in festen zeitlichen Intervallen; bei jeder dritten variiert die Erscheinungshäufigkeit auch von Jahr zu Jahr. Dies ist vor allem bei der jugendeigenen Presse der Fall. Von den Zeitschriften, die regelmäßig erscheinen, werden die meisten vierteljährlich herausgebracht. Die für die kommerzielle Jugendpresse charakteristische monatliche Erscheinungsweise wird nur selten erreicht und dann nur im Verbandsbereich. Eine wöchentliche Erscheinungsweise wie von *Bravo*, *Mädchen*, *Rocky*, *Das Freizeit Magazin* und *Zack* gibt es im nichtkommerziellen Bereich nicht" (Lindgens, 1980, S. 295).

Ein weiteres Merkmal der nichtkommerziellen Zeitschriften ist, dass die Auflagenhöhe ganz deutlich unter der der kommerziellen Jugendpresse liegt. Es dominieren Klein- und Kleinstauflagen.

Viele der nichtkommerziellen Zeitschriften werden gratis verteilt, besonders die Schülerzeitungen, insofern spielen bei diesen Anzeigeneinnahmen als Finanzierungsquelle eine wichtige Rolle. Aber auch die verbandlichen Jugendzeitschriften finanzieren sich nicht durch den Verkauf, sie werden zum größten Teil aus den Mitteln der herausgebenden Organisationen gefördert und finanziert. Alles in allem kann so die nichtkommerzielle Jugendpresse kaum als Konkurrenz der kommerziellen eingeschätzt werden. Dieses wollen die Redakteure dieser Zeitschriften nach eigenem Bekunden auch nicht. Sie sehen die Funktion und Chance der nichtkommerziellen Publikationen darin, „dass sie Jugendlichen Artikulationsmöglichkeiten bieten, die ihnen die übrigen Massenmedien weitgehend nicht zur Verfügung stellen" (Lindgens, 1980, S. 296).

Beispiele für nicht-kommerzielle Jugendzeitschriften

- *Turnerjugend (Deutscher Turner-Bund/Deutsche Turnerjugend)*
- *Jugend unter dem Wort (CVJM Gesamtverband Deutschland)*
- *Mitteilungen Der Kath. Jugend (Erzbischöfliches Jugendamt Freiburg)*
- *Der Hammer (DGB)*
- *Jugendpost (DAG Bundesjugendleitung)*
- *JRK-Magazin (Deutsches Rotes Kreuz)*
- *JO, das Jugendmagazin (Allgemeine Ortskrankenkasse)*
- *Aha! (Deutsche Angestellten Krankenkasse)*
- *Jugendeigene Zeitschriften*
- *'sBladl (Schülerzeitung des Gymnasiums Schongau)*
- *Die Buche (Landjugend Bünsdorf für den Kreis Rendsburg-Eckernförde)*
- *Copyright (Jugendclub KLA-DA-RA-DATSCH)*

Wie zu Beginn des Abschnittes Jugendzeitschriften bereits ausgeführt, gehören weiterhin zu den nichtkommerziellen Jugendzeitschriften, die nichtkommerziellen Verlagspublikationen wie z. B. *Junge Zeit* und *G – Geschichte mit Pfiff*.

„Sie erscheinen alle in Verlagen mit vergleichsweise hohen Auflagen, werden professionell hergestellt und haben Magazincharakter" (Lindgens, 1980, S. 289). Ihre Erscheinungsweise ist regelmäßig, zumeist monatlich, sie werden aber ebenso wie die nichtkommerziellen Kinderzeitschriften überwiegend im Abonnement vertrieben.

13.4.4 Zur Beurteilung der Jugendzeitschriften

Die Hauptthemen der kommerziellen Jugendzeitschriften bzw. der Kioskzeitschriften sind die **Popmusik**, **Stars**, **Mode** und das **Erwachsenwerden** der Jugendlichen, zumeist reduziert auf **Sexualität**. Die Spitzenstellung nimmt die Zeitschrift *Bravo* ein, die alle vorgenannten Themen konsumorientiert aufbereitet.

Bei allen Kiosk-Jugendzeitschriften lässt sich das Zeitschriftenprogramm schon aus der Gestaltung der jeweiligen Titelseiten entnehmen. Diese Zeitschriften müssen sich von Woche zu Woche (bzw. von Monat zu Monat) neu verkaufen und die schnell wechselnden (Mode-)Strömungen und Trends der Jugend aktuell verarbeiten, um die jugendlichen Leser immer wieder neu an sich zu binden.

Zusätzliche Kaufanreize werden durch sogenannte „Extras" bewirkt, die den Heften beigelegt sind.

Die **Leser** der kommerziellen Jugendzeitschriften sind Mädchen und Jungen zwischen 10 und 18 Jahren. In der Regel wird kurz vor dem Eintritt in die Pubertät mit der Lektüre begonnen. Beendet wird sie, wenn diese Phase weitgehend abgeschlossen ist.

„Die Problembereiche des Pubertierenden lassen sich mit zwei Schlagworten kennzeichnen: Sozialisation und Sexualität. Das Sexualleben des Heranwachsenden ist geprägt von der Diskrepanz zwischen dem physischen Vermögen zur Sexualität und den gesellschaftlichen Verboten, sie tatsächlich auszuleben. Dazu kommt noch die Angst vor dem Unbekannten, die Angst, es nicht richtig zu machen, die Angst vor den scheinbar unübersehbaren Folgen. Die Folgen sind Unsicherheit und allgemeine Hilflosigkeit, die wiederum die Sozialisation des Heranwachsenden bestimmen, das zweite Schwergewicht in dieser Phase. Er verlässt nun den engen Kreis der Familie und orientiert sich an seiner sozialen Umwelt. Die Normen und Regeln, die bisher anerkannt wurden, dominieren nicht mehr. Eltern, bislang Schutz und Unterdrückung zugleich, verlieren ihre absolute Vormachtstellung. Andere Bezugspersonen gewinnen an Bedeutung. Die Folge ist Flucht aus dem Elternhaus, Orientierung in Jugendgruppen und -Cliquen, fremde Erwachsene werden zum Vorbild" (Neißer, 1977, S. 120).

Wesentliches Merkmal der Pubertät ist das **Lernen**, das Lernen, „mit der eigenen Sexualität umzugehen, Partnerbeziehungen anzuknüpfen, sich in Gruppen einzufügen, sich unterzuordnen und dennoch seine Stellung zu behaupten, Verantwortung zu übernehmen für sich und andere, ohne die Hilfestellung und den Schutz von Vater und Mutter zu leben und eigene Entscheidungen, sei es in religiöser, beruflicher oder emotionaler Hinsicht, zu fällen" (Neißer, 1977, S. 120).

In diesem Sinne ist der Jugendliche im **Stadium des Überganges**. „Sein Gesamtverhalten ist deshalb geprägt von Unsicherheit und Minderwertigkeitsgefühlen, ein Zustand, der allzu leicht Aggressionen, Trotzhaltungen und starke Stimmungsschwankungen hervorruft. Mit Problemen belastet, ohne Autoritäten, an die er sich halten kann, ohne festes Normensystem und Orientierungsmaßstab fühlt er sich häufig unverstanden und allein gelassen" (Neißer, 1977, S. 121).

Genau hier setzen die Themen der kommerziellen Jugendzeitschriften ein. Sie bieten dem Jugendlichen eine Form von „Lebenshilfe", die er ganz offensichtlich braucht. So werden durch die spezifische Aufbereitung der Themen Ideologien vermittelt, Vorbilder geschaffen und Konsumverhalten propagiert. Die „Stars" sind dabei ein wichtiges Hilfsmittel, sie geben den Jugendlichen Orientierungsmöglichkeiten und setzen ihnen Verhaltensmaßstäbe. Die Identifikation mit dem Idol führt zur Flucht aus der Realität, bietet dem Jugendlichen die Möglichkeit zum Nacherleben von Luxus und Glück, so wie es die Stars vorleben oder vorzuleben scheinen.

Themen aus dem realen Umfeld der Jugendlichen wie z. B. berufliche Zukunftsängste, Jugendarbeitslosigkeit, Konkurrenz und Leistungsdruck in der Schule werden ausgeklammert. Zwar werden die Sozialisation des Jugendlichen und seine Sexualität in fast jedem Heft behandelt, doch kaum in ernstzunehmender Weise. Das Thema Sexualität wird fast durchweg nur konsumorientiert aufbereitet, um den Verkaufserfolg des Heftes zu garantieren. So können die kommerziellen Kiosk-Jugendzeitschriften emanzipatorischen Ansprüchen kaum genügen.

Alternativen Charakter kann man der Jugendzeitschrift *yaez* zuschreiben. In ihr stehen Themen aus dem gesellschaftlichen Umfeld der Jugendlichen im Mittelpunkt. So werden Themen aus der Arbeitswelt, Schule, Drogen, Partnerschaft usw. angesprochen. Der Jugendliche wird in seiner spezifischen Lebenssituation ernst genommen.

Popmusik und Stars werden nicht ausgenommen, allerdings mit veränderter Akzentsetzung, nämlich in kritischer und distanzierter Weise.

13.4.5 Didaktische Anregungen

Für Erzieher und Lehrer ist es wichtig, ab und zu die neuesten Hefte der kommerziellen Jugendzeitschriften durchzuschauen und möglichst gründlich durchzulesen. „Auch wenn inhaltliche Tendenzen vieler Artikel verärgern, so muss er dennoch wissen, welche Inhalte und Präsentationsformen das sind, die viele Jugendliche begierig aufnehmen und als wichtig/unterhaltend betrachten. Nur wer genau Inhalt und Machart kennt, kann über das Akzeptieren (und nicht das Dulden oder Verbannen) dieser Zeitschriften in einen offenen Dialog mit Jugendlichen kommen. Und daraus können sich Motivationen ergeben, mit Text- und Bildcollagen mal selbst eine Zeitschrift zu machen oder gar regelmäßig eine jugendeigene und unabhängige Zeitschrift erscheinen zu lassen. Denn beherrschen Jugendliche dieses ‚Medien-Handwerk' des Zeitschriftenmachens, können sie die großen Produkte viel besser beurteilen (finden beispielsweise heraus, welcher Teil einer Nachricht erfunden ist oder aus Meinung besteht) und sehen diese mit ganz anderen Augen. Ein lohnendes Ziel" (Plenz, 1981, S. 151).

Anregungen für den Unterricht

Thema: Kinderzeitschriften

Wichtig ist es, bekannte Kinderzeitschriften zu analysieren, etwa nach folgenden Kriterien:

- Wie ist die Sprache und Textform gestaltet, wie der Sprachduktus (Wortwahl, Stil, „Kindgemäßheit" der Sprache)?
- Welche Funktion haben die Bilder?
- Welche Interessen und Motivationen stehen hinter dem verlegerischen Konzept der verschiedenen Zeitschriften?

Mögliche Aufgaben:

1. Vergleichen Sie Form und Inhalt der Kiosk-Kinderzeitschriften mit den Comics.
2. Wie erklären Sie sich die Tatsache, dass in fast allen Kinderzeitschriften technische und naturwissenschaftliche Themen dominieren?
3. Inwiefern kommt der Magazincharakter der Kinderzeitschriften den Wahrnehmungsmustern des Fernsehens nahe?
4. Untersuchen Sie anhand von Textbeispielen, wo und wie Kinderzeitschriften versuchen, ihre Leser zu belehren.

Thema: Jugendzeitschriften

Auch hier ist es wichtig, die bekannten Kiosk-Jugendzeitschriften genauer zu untersuchen, zunächst nach den oben genannten Gesichtspunkten und noch nachfolgenden weiteren:

- Welche Funktion haben die Starberichte für den lesenden Jugendlichen?
- Welche Themen werden bewusst nicht angesprochen und aufbereitet?
- Welche Informationen und Orientierungshilfen werden zum Thema „Erwachsenwerden und Sexualität des Jugendlichen" gegeben?
- Wie ist das Verhältnis des redaktionellen Teils zum Anzeigenteil?

Im Weiteren wäre es dann noch gut, dass die Studierenden bestimmte „jugendeigene" Blätter (z. B. Schülerzeitungen) von ihrer Themenwahl und vom Inhalt mit den kommerziellen Jugendzeitschriften vergleichen.

Mögliche Aufgaben:

1. Arbeiten Sie die spezifische Bedürfnisstruktur des Jugendlichen in der Pubertät heraus.
2. Warum kommen politische Themen in den Kiosk-Jugendzeitschriften nur am Rand vor?

3. Untersuchen Sie (Textbeispiele), inwieweit die Kiosk-Zeitschriften das gegenwärtige und auch zukünftige Verhalten der Jugendlichen zu beeinflussen vermögen.

Thema: Online-Zeitschriften

Ohne Frage wird es auch in Zukunft die Kinder- und Jugendzeitschriften auf Papier geben. Sie sind für Kinder und Jugendliche ein Verbrauchsmedium, das einen schnellen und flexiblen Zugang zu Informationen und Unterhaltung bietet. Auch die in ihnen angebotene Ästhetik mit guten Fotografien, Abbildungen und schönen Illustrationen darf nicht unterschätzt werden.

Online-Zeitschriften sind trotzdem mehr als eine gute Ergänzung. Sie scheinen langsam aber sicher ihre eigene Anziehungskraft für Kinder- und Jugendliche zu entwickeln. Es sollen daher im folgenden einige Beispiele vorgestellt werden, die Erzieherinnen und Erzieher kennen und einschätzen lernen sollten, um sie ggfs. in ihrer pädagogischen Arbeit sinnvoll nutzen zu können.

Mögliche Aufgaben:

1. Vergleichen Sie die Kinder- und Jugendzeitschriften in Printform mit den Online-Zeitschriften nach folgenden Kriterien:
   - Form und Bildästhetik
   - Themenschwerpunkte
   - Orientierungshilfen und Tipps
   - Werbung
   - Einsatzmöglichkeiten in der sozialpädagogischen Praxis

2. Diskutieren Sie die Verbindungs- und Trennungslinien zwischen Bildschirminformationen und Printinformationen.

3. Fördern die Online-Zeitschriften die Meinungsbildung bei Kindern in angemessener Form?

Weiterführende Literatur

Archiv der Jugendkulturen e.V. (Hrsg.): 50 Jahre BRAVO. 2. Auflage, Archiv der Jugendkulturen Verlag, Berlin 2006

Baacke, Dieter/Laufer, Jürgen: Nicht nur schöner Schein. Kinder- und Jugendzeitschriften in Deutschland. 1. Auflage, Gesellschaft für Medienpädagogik und Kommunikationskultur der Bundesrepublik, Bielefeld 1996

Bieber-Delfosse, Gabrielle: Kinder der Werbung. Die Einflüsse einer Mediengesellschaft auf das Aufwachsen der Kinder. 1. Auflage, Verlag pro juventute, Zürich 1999

Bruessow, Sandra: Jugendzeitschriften als Ratgeber für Jugendliche am Beispiel der Jugendzeitschrift BRAVO. 1. Auflage, Grin Verlag, München 2003

Gärtner, Hans: Kinder- und Jugendzeitschriften. in: Lexikon der Kinder- und Jugendliteratur, hrsg. von Klaus Doderer, Bd. 2, Beltz Verlag, Weinheim 1977

Heidtmann, Horst: Kinderzeitschriften. in: Kindermedien, hrsg. von Horst Heidtmann, 1. Auflage, J. B. Metzler Verlag, Stuttgart 1992, S. 1-12

Knoche, Manfred/Lindgens, Monika: Erscheinungsbild und Inhaltsstruktur von Jugendzeitschriften. 1. Auflage, R. G. Fischer Verlag, Frankfurt a. M. 1983

Lindgens, Monika: Kommerzielle und nichtkommerzielle Jugendpresse in der Bundesrepublik Deutschland. in: Media Perspektiven, Heft Nr. 5, ARD-Werbung Sales & Services GmbH, Frankfurt a. M. 1980

Meier, Bernhard: Zeitschriften für Kinder und Jugendliche. in: Taschenbuch der Kinder- und Jugendliteratur, hrsg. von Günter Lange, Bd. 2, 1. Auflage, Schneider Verlag Hohengehren, Baltmannsweiler 2000, S. 657-683

Neißer, Horst: Kommerzielle Jugendpresse – eine pädagogische Alternative? in: Kinder und Jugendliche im Spannungsfeld der Massenmedien, hrsg. von Martin Furian, Bonz Verlag, Stuttgart 1977

Plenz, Ralf: Der Jugendzeitschriftenmarkt. in: Kinder und Medien, Beiheft zum Bulletin Jugend + Literatur, Heft Nr. 15, Neuland Verlag, Geesthacht 1981

Rogge, Jan-Uwe: Zeitung/Zeitschrift. in: Kinder und Jugendmedien, hrsg. von Dietrich Grünewald und Winfried Kaminski, 1. Auflage, Beltz Verlag, Weinheim 1984, S. 145-164

Rogge, Jan-Uwe/Jensen, Klaus: Kinderzeitschriften. in: Der Medienmarkt für Kinder in der Bundesrepublik, Tübinger Vereinigung für Volkskunde e. V., Tübingen 1980a

Rogge, Jan-Uwe/Jensen, Klaus: Zur Geschichte der Kinderzeitschriften. in: Der Medienmarkt für Kinder in der Bundesrepublik, Tübinger Vereinigung für Volkskunde e. V., Tübingen 1980b

Thoma, Christoph: Das „wohltemperierte Kind". Wie Kinderzeitschriften Kindheit form(t)en. 1. Auflage, Verlag Peter Lang, Frankfurt a. M. 1992

Bildquellenverzeichnis

© Kristian Sekulic – Fotolia.com: Umschlagfoto
© Christian Schlüter, Essen/Bildungsverlag Eins, Troisdorf: S. 11, 93, 184
© Verlag an der Ruhr GmbH, Mühlheim a. d. Ruhr: S. 14 (oben)
© Ernst Reinhardt Verlag GmbH & Co. KG, München: S. 14 (unten)
© Bildungsverlag Eins, Troisdorf: S. 17, 57
© Gerstenberg Verlag GmbH & Co. KG, Hildesheim: S. 18, 58, 73 (unten), 74, 86 (unten), 122, 151, 153
© Ravensburger Buchverlag, Ravensburg: S. 22, 34
© Beltz & Gelberg, Weinheim/Verlagsgruppe Beltz: S. 26, 49 (oben), 73 (oben), 120, 128, 133
© Hinstorff Verlag GmbH, Rostock: S. 27, 41 (unten)
© Carlsen Verlag GmbH, Hamburg: S. 30, 50, 174, 179
© Brunnen Verlag GmbH, Gießen: S. 33, 164
© Patmos Verlagshaus, Düsseldorf: S. 36, 160
© Esslinger Verlag J. F. Schreiber GmbH, Esslingen: S. 40
© Moritz Verlag GmbH, Frankfurt a. M.: S. 41 (oben)
© Nord-Süd Verlag, Zürich: S. 47
© Annette Betz Verlag, Wien/Verlag Ueberreuter GmbH: S. 48, 49 (Mitte)
© Peter Hammer Verlag GmbH, Wuppertal: S. 49 (unten)
© Herder Verlag GmbH, Freiburg i. B.: S. 72, 106
© picture-alliance/ZB: S. 77, 157
© picture-alliance/maxppp/Bianchetti/ Leemage: S. 78
© G & G Verlagsgesellschaft mbH, Wien: S. 86 (oben)
© Sauerländer Verlag, Düsseldorf/Patmos Verlagshaus: S. 87
© Don Bosco Medien GmbH, München: S. 88
© Carl Hanser Verlag GmbH & Co. KG, München: S. 96, 103
© Verlagsgruppe Oetinger, Hamburg: S. 100
© MEV Verlag, Augsburg: S. 110, 193
© Jumbo Neue Medien & Verlag GmbH, Hamburg: S. 111
© S. Fischer Verlag GmbH, Frankfurt a. M.: S. 112
© Thienemann Verlag GmbH, Stuttgart: S. 113
© Bilderbox, Thening: S. 119, 145
© Susanne Güttler - Fotolia.com: S. 132
© Anaconda Verlag GmbH, Köln: S. 135
© btb Verlag, München/Random House GmbH: S. 136
© Nikol Verlagsgesellschaft mbH & Co. KG, Hamburg: S. 143
© Rowohlt Verlag GmbH, Berlin: S. 147
© Zeitverlag Gerd Bucerius GmbH & Co KG, Hamburg: S. 149
© Deutsche Bibelgesellschaft, Stuttgart: S. 162
© Gütersloher Verlagshaus, Gütersloh/Random House GmbH: S. 163
© Hansisches Druck- und Verlagshaus GmbH, Frankfurt a. M.: S. 165
© picture-alliance/Godong: S. 168
© EGMONT Ehapa Verlagsgesellschaft mbH, Berlin: S. 172, 177
© picture-alliance/dpa: S. 178
© Headroom Sound Production GmbH & Co KG, Köln: S. 185 (links)
© Der Hörverlag GmbH, München: S. 185 (rechts)
© Hörbuch Hamburg HHV GmbH, Hamburg: S. 187
© Tivola Publishing GmbH, Berlin: S. 188, 190
© Gruner + Jahr AG & Co. KG, Hamburg: S. 197 (links)
© Blue Ocean Entertainment AG, Stuttgart: S. 197 (rechts)
© picture-alliance/dpa/dpaweb: S. 202, 203

Sachwortverzeichnis

A

Abenteuerliteratur 133
Abenteuerliche Erzählungen mit Tieren 134, 139
Abonnementzeitschriften 200
Abschied 31
Adoleszenz 121
Aggressivität 125
Ästhetische Früherfahrungen 43
Aufstellbilder 20
Auswahlkriterien Bilderbuch 52
Ausbruch- und Fluchtmotiv 123

B

Behinderung 125
Bilderbuchbetrachtung 50, 52
Bilderbuch-DVD 190
Bilderbücher 18
Bilderbuchgestaltung 39
Bücher als Spielmittel 25

C

CD-ROM 84, 188
Comics 169, 170
Comicszene 176

D

Denkleistungen 42
Detektivgeschichten 134, 139
Didaktische Auswahl 82
Dritte Welt 126
DVD 185, 190

E

Eigenständige Kinderdichtung 62
Einfluss-, Entwicklungs- und Fördermöglichkeiten 42
Entscheidungs- und Lebenshilfen 129
Erlebnishaft gestaltetes Sachbuch 146
Erstlesealter 94
Erwachsenwerden 205

F

Fabeln 79
Fabulierbilderbuch 21
Fantastische Bildergeschichten 33
Fantastische Kinderbücher 103
Film 185
Fluchtmotiv 123
Freundschaft 31
Funktion der Unterhaltung 114

G

Gebetbücher für Kinder 160
Gestaltungselemente der Comics 173
Gewalttätigkeit 125
Grausame Elemente 84

H

Handlungsablauf 141
Hilfen zur Realitätsbewältigung 120
Historisch-orientierte Abenteuergeschichten 133, 137

I

Identität 121
Identitäts- und Rollenfindung 122
Indianergeschichten 133, 138
Ironische und satirische Passagen 180

J

Jugendbuch 120
Jugendphase 122
Jugend-Sachbuch 150
Jugendzeitschriften 201

K

Kinderbibeln 161
Kinderkunstlied 60, 71
Kinderkunstlyrik 70, 71, 72
Kinderlied 59, 61
Kinderlieder 58
Kinderliederbilderbuch 23
Kinderlyrik 59, 72
Kinderreim 59
Kinderreime 58
Kinder-Sachbuch 148
Kinderverse 22
Kindervolkslied 70
Kindervolkslyrik 60
Kinderzeitschriften 200
Kioskzeitschriften 200
Krankheit 125
Kritisch-emanzipatorisch 115
Kunstmärchen 27

L

Leser 205
Liebe 31, 66
Liederbücher 23
Literacy 12
Literarische Ersterfahrungen 43
Literaturklassiker 37

M

Mädchenbücher 111
Mädchenbuch-Mädchen 113
Manga 174
Märchen 78

Märchensammlungen 86
Mediale Märchenfassungen 87
Medienhandwerk 206

O

Online-Zeitschriften 208

P

Pädagogische Arbeit 85
Problemorientierte historische Jugendbücher 127
Problemorientierte Jugendbücher 120, 122

R

Realistische Kindergeschichten 102
Religion 152
Religiöse Bildergeschichten 38
Religiöse Kinderbücher 159
Religiöse Jugendbücher 163
Robinsonaden 133, 135

S

Sachbilderbücher 35
Sachbuch 146
Sacherzählungen 148
Sachlich informierendes Sachbuch 147
Scheidung 31
Schmerz 31
Schrift 12
Seeabenteuergeschichte 136
Seegeschichten 133, 136
Sexualität 153, 205
Spielreime 22
Sprachliche Entwicklung 43
Symbole 12
Szenenbilderbuch 21

T

Textfreie Bilderbücher 20
Tiergeschichten 31, 34, 98
Tod 31, 125
Tonträger 187

U

Utopische Abenteuergeschichten 134
Utopische Geschichten 140
Utopische Jugenderzählungen 128

V

Variationen zu Volksmärchen 81
Visuelle Ästhetik 19
Völkerkundlich-geografisch orientierte Abenteuerbücher 133, 134
Volksmärchen 78, 82
Vorstellungswelt des Kindes 68

W

Witzqualität 180
Wünsche und Träume 103